成本管理会计

主　编　朱　琦　南玮玮
副主编　范莹莹　千　敏
参　编　李　勤　童翠云　张　玥
　　　　江　然　桑晓珮

内 容 简 介

本书是为了适应应用型高校财会专业教学改革的需要，以"学科教育与职业教育"相融合为指导思想而组织编写的。本书最大的特点是将"成本会计"与"管理会计"这两门课程统合起来，繁简适中，言简意赅。以制造业传统的成本核算为主，以其他行业的成本核算为辅，重点介绍了成本管理会计导论、成本与费用的归集与分配、品种法和分批法、分步法、成本性态和本量利分析、变动成本法、作业成本法、标准成本制度、全面预算管理、决策分析和绩效管理等内容。

本书可作为会计学专业、财务管理专业、审计学专业、工商管理专业及相关专业学生的教材，也可以作为企业管理人员和专业人士的参考用书。

版权专有　侵权必究

图书在版编目（CIP）数据

成本管理会计 / 朱琦，南玮玮主编. -- 北京：北京理工大学出版社，2019.8（2025.1 重印）

ISBN 978-7-5682-7326-8

Ⅰ. ①成… Ⅱ. ①朱… ②南… Ⅲ. ①成本会计-高等学校-教材 Ⅳ. ①F234.2

中国版本图书馆 CIP 数据核字（2019）第 152702 号

责任编辑：王晓莉		文案编辑：王晓莉	
责任校对：周瑞红		责任印制：李志强	

出版发行 / 北京理工大学出版社有限责任公司
社　　址 / 北京市丰台区四合庄路 6 号
邮　　编 / 100070
电　　话 /（010）68914026（教材售后服务热线）
　　　　　（010）63726648（课件资源服务热线）
网　　址 / http://www.bitpress.com.cn
版 印 次 / 2025 年 1 月第 1 版第 5 次印刷
印　　刷 / 廊坊市印艺阁数字科技有限公司
开　　本 / 787 mm×1092 mm　1/16
印　　张 / 18.25
字　　数 / 431 千字
定　　价 / 48.50 元

图书出现印装质量问题，请拨打售后服务热线，负责调换

前　言

国家财政部大力推进中国管理会计体系的建设，管理会计成为互联网时代会计体系聚焦的热点。网络技术以及大数据技术在给管理会计的工作带来机遇的同时，也给其带来了全新的挑战。管理会计在我国企业的应用进入了成熟发展的阶段，企业对于管理会计的需求和创新不断增加。2016年以来财政部发布的《管理会计基本指引》和《管理会计应用指引》为企业深入和规范应用管理会计提供了切实可行的方法及研究路径。

本书深入研究这两项规范性文件的精神，吸收了我国成本管理会计工作和成本管理会计教学的实践经验，以及同类教材的优点，根据企业管理会计工作岗位对管理会计人员必备会计基本知识与技能的要求，注重管理会计人员职业能力的培养，主要阐述企业成本核算与生产分析的理论和方法。本书有三个突出特点。（1）根据应用型高校人才培养方案编写，融合了成本会计与管理会计理论与实例，分为成本会计（第一章至第四章）和管理会计（第五章至第十一章）两大部分，言简意赅，学时合理。（2）本教材是安徽省智慧课堂试点项目（2017zhkt200）的配套教材，实现了线上教学资源与教学内容的有效对接，融"教、学、做"为一体。教材内容编写使用案例启发教学模式，表现形式上融情景、体验、拓展、互动为一体，打造了生动、立体课堂，提高了学生的学习兴趣及主动性，体现了"以人为本、终身教育"理念。（3）每个章节均体现了"主体教材+教学资源库"一体化特点，主体教材内容涵盖了结构图、本章学习目标、概念、例题讲解、本章要点、案例讨论、练习题等内容。试图寓教学方法于教材之中，既为教师课堂的教学讲授留有余地，也便于学生独立思考，使其更好地理解必须掌握的知识点。

本书主要内容包括成本管理会计导论、成本与费用的归集与分配、品种法和分批法、分步法、成本性态和本量利分析、变动成本法、作业成本法、标准成本制度、全面预算管理、决策分析和绩效管理等。在编排体例上，立足教师教学和学生学习，在全方位服务师生的同时，兼顾了学生职业方向和用人单位需要。

本书参编教师均为长期从事成本会计、管理会计及其相关课程教学的一线骨干教师，熟悉应用型本科院校学生的认知水平和特征。编者结合多年的教学经验，在大量参阅近年出版的管理成本会计教材的基础上，遵循"学科教育与职业教育相融合"的教学理念，针对成本管理会计相关知识能力的要求，合理地组织安排了教材内容，使教材的内容具有较强的针对性和实用性。

本书由朱琦、南玮玮老师任主编，范莹莹、千敏老师任副主编。第一章至第四章由南玮玮、千敏、李勤、童翠云老师编写，第五章至第十一章由朱琦、范莹莹、张玥、江然、桑晓珮老师编写。朱琦老师负责全书的编写组织工作。另外，瑞华会计师事务所谭龙、郑州华晶金刚石股份有限公司吴玉婷、成都飞机工业（集团）有限责任公司曹静娴、中铁四局上海分公司李峰、中国石化集团西南石油局黄旭兰等专家、学者提出了许多宝贵建议，谨此一并致谢。

本书在编写过程中吸收了国内外专家、学者的研究成果和先进理念，参考了大量相关文献，在此谨向所有专家、学者、参考文献的编著者表示衷心的感谢！同时也感谢出版社编辑们的辛勤付出！

教材配套教学、实训资料请到北京理工大学出版社网站下载。如有意见或建议请发邮件至 zhuqi13579@sohu.com。本书是编者集体智慧的结晶，虽已尽了最大努力，但书中内容不尽成熟，难免有错漏之处，恳请读者批评指正。

目 录

第一章　成本管理会计导论 ……………………………………………………………（1）
　　第一节　成本的含义 …………………………………………………………………（2）
　　第二节　成本会计与管理会计的产生和发展 ………………………………………（4）
　　第三节　成本管理会计的意义及内容 ………………………………………………（7）
第二章　成本与费用的归集与分配 ……………………………………………………（17）
　　第一节　成本与费用概述 ……………………………………………………………（18）
　　第二节　成本核算的原则、程序和方法 ……………………………………………（21）
　　第三节　材料费用的归集和分配 ……………………………………………………（28）
　　第四节　人工费用的归集和分配 ……………………………………………………（34）
　　第五节　其他费用的归集和分配 ……………………………………………………（43）
　　第六节　辅助生产费用的归集与分配 ………………………………………………（46）
　　第七节　制造费用的归集和分配 ……………………………………………………（55）
　　第八节　生产费用在完工产品和在产品之间的分配 ………………………………（58）
第三章　品种法和分批法 ………………………………………………………………（72）
　　第一节　企业的生产类型及成本计算方法 …………………………………………（73）
　　第二节　品种法 ………………………………………………………………………（76）
　　第三节　分批法 ………………………………………………………………………（92）
第四章　分步法 …………………………………………………………………………（106）
　　第一节　逐步结转分步法 ……………………………………………………………（107）
　　第二节　平行结转分步法 ……………………………………………………………（122）
第五章　成本性态和本量利分析 ………………………………………………………（137）
　　第一节　成本性态 ……………………………………………………………………（138）
　　第二节　本量利分析概述 ……………………………………………………………（145）
　　第三节　本量利分析的应用 …………………………………………………………（147）
　　第四节　本量利的敏感分析 …………………………………………………………（155）

第六章 变动成本法 (162)
第一节 变动成本法概述 (163)
第二节 变动成本法与完全成本法的比较 (164)
第三节 变动成本法的应用与评价 (171)

第七章 作业成本法 (182)
第一节 作业成本计算 (183)
第二节 作业成本管理 (189)

第八章 标准成本制度 (197)
第一节 标准成本制度及其作用 (198)
第二节 标准成本的制定 (199)
第三节 成本差异分析 (202)
第四节 标准成本制度的运用 (208)

第九章 全面预算管理 (218)
第一节 全面预算概述 (219)
第二节 全面预算的编制方法 (223)
第三节 全面预算编制案例 (229)

第十章 决策分析 (240)
第一节 决策分析的相关成本 (241)
第二节 生产决策 (243)
第三节 定价决策 (255)

第十一章 绩效管理 (262)
第一节 传统绩效考评工具 (262)
第二节 系统性绩效管理工具 (269)
第三节 战略性绩效管理工具 (273)

参考文献 (284)

第一章

成本管理会计导论

本章结构图

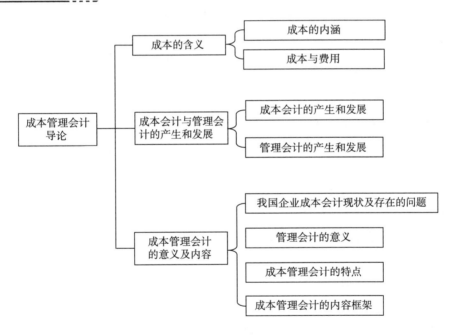

本章学习目标

- ➢ 了解成本管理会计的内涵和特点。
- ➢ 了解成本管理会计的产生背景及发展原因。
- ➢ 了解我国成本管理会计的现状。
- ➢ 掌握管理会计的特点及其与财务会计的主要区别。

➢ 通过案例理解成本控制不能仅限于产品生产方面,应拓展到企业价值链领域的控制与管理中,树立全方位的成本管理理念。学习管理会计应培养创新性思维,并密切联系企业的管理实践。

第一节 成本的含义

一、成本的内涵

成本是商品经济的产物,是商品经济中的一个经济范畴,是商品价值的主要组成部分。

长期以来,主要以马克思在《资本论》中的有关论述来论证成本的含义。马克思指出,产品的价值（W）由三个部分组成,即生产中消耗的生产资料的价值（C）、劳动者为自己创造的价值（V）以及劳动者为社会创造的价值（M）,其中,产品成本由 $C+V$ 构成。因此,从理论上说,产品成本是企业在生产过程中已经耗费的、用货币表现的生产资料的价值与相当于工资的劳动者为自己创造的价值的总和。由于过分强调 $C+V$ 的普遍意义,人们将马克思所界定的产品成本当作一般的成本概念,即将 $C+V$ 当作成本的全部,却忽略了成本的内涵是随着经济的发展而发展的事实。

事实上,产品成本属于成本,但成本并不等于产品成本。由于成本与管理相结合,因此,成本的内涵往往要服从于管理的需要。此外,由于从事经济活动的内容不同,成本的含义也不同。

美国会计学会（American Accounting Association, AAA）下属的成本概念与标准委员会将成本定义为:成本是指为达到特定目的而发生或应发生的价值牺牲,它可以用货币单位加以衡量。

会计学对成本的一般定义是:特定的会计主体为了达到一定的目的而发生的可以用货币计量的代价。

会计人员将成本定义为:为了取得某些财产（如材料）或接受劳务（如人力资源）而牺牲的经济资源。

经济学对成本的定义则较为宏观:凡是经济资源的牺牲都是成本。换言之,成本可以是有形的或无形的,可以是主观认定的或客观认定的,可以是货币性的或非货币性的,也可以包括社会成本（如噪声和污染）所引起的成本。

综上所述,根据不同的经济环境和不同的行业特点,对成本的内涵有不同的理解。但是,成本的经济内容归纳起来有两点是共同的:一是成本的形成以某种目标为对象。目标可以是有形的产品或无形的产品,如新技术、新工艺;也可以是某种服务,如教育、卫生系统的服务。二是成本是为实现一定的目标而发生的耗费,没有目标的支出则是一种损失,不能称作成本。

二、成本与费用

成本（Cost）与费用（Expense）是一组既有紧密联系又有一定区别的概念。区分成本与费用是非常重要的。成本是指生产某种产品、完成某个项目或者说做成某件事情的代价，也即发生的耗费总和，是对象化的费用。费用是指企业在获取当期收入的过程中，对企业所拥有或控制的资产的耗费，是会计期间与收入相配比的成本。成本代表经济资源的牺牲，而费用是会计期间为获得收益而发生的成本。

在财务会计中，成本分为未耗成本与已耗成本两大类。未耗成本是指可以在未来的会计期间产生收益的支出，此类成本在资产负债表上列为资产项目，如设备、存货及应收账款等。已耗成本是指本会计期间内已经消耗且在未来会计期间不会创造收益的支出。这类成本又可分为费用和损失：前者在利润表上列为当期收益的减项，如已销产品的生产成本及各项期间费用等；后者则因无相应利益的产生而在利润表上列为营业外支出等项目，如火灾、水灾等自然灾害造成的损失。

典型的成本是产品成本，其实质就是各项生产耗费的价值凝结，同时，它也被用作存货资产价值的计量。在产品没有被售出之前，产品成本始终作为资产的一个组成部分。一旦产品售出，其成本就转化为出售当期的销售成本，并与当期发生的其他费用一起，由当期营业收入予以补偿。由此可以得出两个结论。第一，费用是成本的基础，没有发生费用就不会形成成本。第二，按对象归集的费用构成成本，其发生期与补偿期并非完全一致；不予对象化的费用可按发生期间归集，由同期收入补偿。成本与费用的关系如图1-1所示。

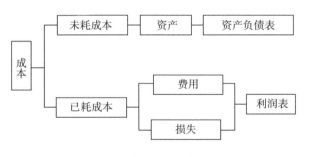

图1-1 成本与费用的关系

成本管理会计关注的是成本而不是费用。成本的两种主要类型是支出成本和机会成本。支出成本是过去、现在或未来的现金流出。机会成本是指因选取一个最优方案而放弃的次优方案的收益。当然，在任何时刻，没有人能知道可利用的所有可能机会，因此，无疑会忽略一些机会成本。尽管会计系统的特征是记录支出成本而不记录机会成本，但是，为了保证所作的决策是最优的，在进行决策时应考虑机会成本。

第二节　成本会计与管理会计的产生和发展

一、成本会计的产生和发展

成本会计是一门不断发展的学科。随着生产技术的不断发展和生产组织结构的演变，成本会计所使用的方法和程序也必然随之发展、演变。因此，在了解成本会计发展的基础上认识管理会计的发展历程，有助于在实践中灵活应用成本管理会计理论与方法并能够有所创新。

1. 成本会计源于成本计算，是工业化的产物

在资本主义的初期，手工制造业作坊的业主为了确定其所生产产品的交换价格，以便在交换中收回投入的各种劳动价值，并且能够获得理想的盈利，就必须确定产品的生产成本。但是那时的生产技术比较落后，没有复杂的生产设备，也不存在因社会化大生产导致的大量管理费用，成本计算比较简单，只包括材料费用和人工费用。而且，当时的成本计算也只是根据经验进行估计，是独立于账簿之外的核算过程。

19世纪英国工业革命的高潮使企业数量日益增多，规模逐渐扩大。同时股份有限公司这一企业组织形式可以筹集巨额资金、兴办大规模企业，企业可将大量资金用在昂贵的生产设备上，这使得间接费用在产品成本中所占的比重越来越大，加上产品品种日益多样化，使间接费用的分配并使之对象化于各种特定产品成为一个难题。为取得各产品的成本数据，要求公司采用完整的会计方法，这就促使会计人员逐步将原来在账外进行的成本记录和计算与复式记账、会计科目设置等方法紧密地结合起来，使成本记录与会计账簿一体化，从而产生了成本会计，并迅速扩展到欧洲的其他国家和美国。成本会计是以计算产品成本为基础，为控制和管理各种成本、分析产生成本原因的方法体系。

1880—1920年是成本会计的迅速发展时期，并被西方会计史学家称为"成本会计的繁荣发展时期"。这一时期是工业革命和科学管理运动的兴起时期，在这一时期，成本会计的发展解决了成本记录与会计账簿的一体化问题，以及间接费用的分摊和标准成本的应用问题。当时，对间接制造费用和销售费用、管理费用的划分，是经过激烈的争论才达成统一认识的。对于间接费用分摊如何确定分配率问题，早期的成本会计实物倾向于使用主要成本（材料成本、人工成本）作为间接费用的分配基准，但以后逐渐转向主张使用人工小时，再后来有人主张使用机器小时。在这期间，英国会计学家已经设计出了订单成本计算和分步成本计算的方法（当时应用的范围只限于工业企业），后来传往美国及其他国家。

2. 从单纯的事后计算发展到成本计算与成本控制相结合

1921—1950年是近代成本会计阶段，美国会计学家提出了标准成本会计制度。在这种情况下，成本会计就不仅是计算和确定产品的生产成本和销售成本，还要事先制定成本标准，并进行日常的成本控制与定期的成本分析。

1951年以后是现代成本会计阶段。为了在激烈的竞争中立于不败之地，企业管理当局

不再满足于仅通过节约和提高劳动生产率来降低成本，他们意识到必须把成本预测、决策和日常控制结合起来，实现成本计算为成本控制提供信息并服务于成本管理的目的。从现代成本会计的意义上看，成本会计与成本管理密切相连，成本管理是企业管理者（高层管理者）为满足顾客要求，同时又持续地降低和控制成本的行为。以美国为主的西方国家的许多会计学家，吸收管理会计的一些专门方法，使管理会计与成本会计密切结合，形成了新型的注重管理的成本会计，其主要内容包括建立预算管理体系，如制定目标成本及责任预算，对广告费用和产品的研究开发等大额、专项费用编制预算并严加控制；以责任预算为基础，对责任成本进行日常控制、考核与评价；等等。

上述成本会计的发展历程说明，成本会计的重点已从产品成本计算扩展到利用不同的成本信息进行企业内部经营管理，包括成本预测、决策、控制、分析考核等方面。

二、管理会计的产生和发展

管理会计的产生，经历了一个在传统会计内部孕育、生长和逐步成型的漫长过程。20世纪初，为配合泰勒制的广泛实施而形成的标准成本会计，可视为成本会计向管理会计过渡的中间环节，标志着侧重于企业内部管理服务的管理会计雏形的形成。管理会计的形成与发展可分为两大阶段。

1. 传统管理会计阶段（20世纪初—50年代）

传统管理会计是以泰勒的科学管理学说为基础形成的会计信息系统。企业管理实践中先后应用了以确定定额为目的的时间与动作研究技术、差别工资制和以计划职能与执行职能相分离为主要特征的预算管理和差异分析，以及日常成本控制等一系列标准化、制度化的新技术、新方法。这一切对拘泥于事后消极反映的传统会计提出了严峻的挑战，带来了巨大的冲击。在这种情况下，企业会计必须突破单一事后核算的格局，采取对经营过程实施事前规划和事中控制的技术方法，更好地促进经营目标的实现。于是，在20世纪初，美国企业会计实务中开始出现以差异分析为主要内容的"标准成本计算制度"和"预算控制"。1922年，美国奎因坦斯所著的《管理会计：财务管理入门》一书中首先提到了"管理会计"这个名词。此后，管理会计的内容不断丰富，许多专著相继问世，标志着管理会计的原始雏形已经形成。

在传统管理会计阶段，管理会计的内容主要包括预算和控制。尽管后来人们又补充了成本性态分析、本量利分析以及变动成本计算法等管理会计的基础理论和方法，但在实践中，管理会计的行为还始终停留在个别或分散的水平上，着眼点仅限于既定决策方案的落实和经营计划的执行，其职能集中体现在控制方面。因此，有人称传统管理会计阶段的特征是以会计控制为核心。

2. 现代管理会计阶段（20世纪50年代—21世纪初）

（1）20世纪50—80年代。20世纪50年代，第二次世界大战结束后资本主义世界进入战后期。战后的资本主义经济有许多新的特点：现代科学技术的迅猛发展及其在生产中的大规模应用，使生产力获得了十分迅速的发展。企业规模越来越大，跨国公司大量涌现，生产经营日趋复杂。企业外部市场瞬息万变，产品更新换代加快，市场竞争更加激烈。企业为了提高竞争能力，已不满足于传统会计的事后算账，要求丰富、发展传统会计的职能，为企业经营预测、决策提供有价值的信息，于是迫切要求实现企业管理现代化。战前泰勒的科学管理学说已不能适应战后资本主义经济发展的新形势和要求，必然被现代管理学科取代。

泰勒的科学管理就现代经济而言有如下两大缺陷。

第一，它仅着眼于对生产过程进行科学管理，而对企业管理全局和外部条件很少考虑。在新的经济形势下，企业的盛衰成败、生存发展，首先取决于采取的方针政策是否正确，所定目标是否与外界的客观经济情况相适应。现代管理科学认为，企业不仅要对生产经营过程的各个环节、各个方面进行严格的、科学的组织和管理，以提高工作效率；更需要把正确的决策放在首位，这是对适应生产力迅速发展而提出的企业管理的指导方针。

第二，它把人当作机器的奴隶，强调严管、单调、高效率劳动，使广大工人处于消极被动和精神极度紧张的状态。这是把人从属于技术和生产设备的命令式管理方法。

为了适应战后资本主义经济发展新形势，20世纪50年代以来，现代管理科学的两大内容——运筹学和行为科学，在企业管理中得到了广泛而有效的运用。运筹学主要应用现代数学和数理统计学的原理和方法，建立许多数量化的管理方法和技术，帮助管理人员对企业极为复杂的生产经营活动进行科学的预测、决策、组织安排和控制，促使企业的生产经营实现最优运转，从而大大提高企业管理的科学化、现代化水平。行为科学主要是利用心理学、社会学等原理，来研究人们的行为以及产生人的各种行为的客观原因和主观动机的科学。行为科学的产生标志着资本主义经济开始研究如何调动人的主观能动性以促进生产的发展。通过调整和改善人与人之间的关系，来激励职工为企业出谋划策，并把这种积极性与企业的奋斗目标结合起来，以争取最大的经济效益。

现代管理科学的发展对管理会计的发展在理论上起着奠基和指导作用，使管理会计吸收了现代管理学和经济学等许多相关学科的研究成果；在方法上，管理会计吸收了现代管理科学的一些专门方法和技术，从而形成了与管理现代化相适应的管理会计体系。在现代管理会计阶段，不仅管理会计的实践内容及其特征发生了较大的变化，其应用范围日益扩大，作用越来越明显，越来越受重视，而且管理会计的理论与方法也更为系统和完善，人们对其本质的认识更为完整深刻，并成立了专业的管理会计团体，出现了管理会计师职业。1952年在伦敦举行的会计师国际代表大会上，正式提出了"管理会计"这一术语。

专业管理会计团体的成立，是现代管理会计形成的标志之一。早在20世纪50年代，美国会计学会就设立了管理会计委员会。1972年，美国全国会计师联合会又成立了独立的管理师会计师协会，1985年该协会改称为执业管理会计师协会。它们分别出版专业刊物《管理会计》（月刊），并在全世界发行。

（2）20世纪80年代—21世纪初。20世纪80年代以后，世界经济进入高新技术蓬勃发展的时期。这一时期的主要特征是在电子技术革命基础上形成了生产的高度计算机化和自动化，表现为计算机一体化的先进制造系统的形成和应用：从产品订货开始，直到设计、制造生产、销售等所有阶段，将所使用的各种自动化系统综合成一个整体，由计算机中心统一指挥。这标志着社会经济形态由工业经济时代步入信息经济时代，并为生产经营管理进行革命性变革提供了技术上的可能，管理会计领域又掀起了一场观念革新的高潮。

管理会计的新发展，形成的许多新领域，使管理会计的内容不断丰富。例如，形成了适应信息化生产技术与管理的准时化生产系统、适应战略绩效考核与评价的平衡计分卡系统，企业管理深入到作业水平形成的作业成本计算与作业成本管理系统，与以人为本的现代管理思想的深入发展相联系的行为会计，与现代市场经济中全社会价值链优化相联系的战略管理会计，与世界经济一体化相联系的跨国公司管理会计，与知识经济的深入发展相联系的人力资本管理会计等。这些领域有的比较成熟，渐趋于定型，有些还在形成和发展之中，有待进一步改进和提高。这一时期总的特点是提供的信息对内深化与对外扩展并重，应用的指标从滞后性指标向前导性指标转变，涉及的内容更趋于学科多元化。

第三节　成本管理会计的意义及内容

通过了解成本会计和管理会计的产生与发展历程可以知道，成本会计是管理会计产生的基础，管理会计是成本会计的延伸和发展。成本会计侧重于对成本进行核算、分析；管理会计利用成本会计、财务会计提供的信息，侧重于进行预测、决策、控制和评价。在现代会计实践中，人们往往把成本会计与管理会计联系在一起，称为成本管理会计。本节从分析我国企业实践中成本会计的现状及发展方向出发，阐述管理会计的意义、特点和本书的内容框架。

一、我国企业成本会计现状及存在的问题

1. 注重核算和管理产品生产过程的成本，忽视产品在供应过程和销售过程中对成本（费用）的管理

我国于1933年开始实施制造成本计算法，把与产品生产没有直接联系的管理费用、销售费用和财务费用，视为期间费用，直接作为当期收益的减项。这种方法的优点是简化了成本核算工作，同时便于对期间费用进行管理与控制。但是在实际执行中，有些企业的管理当局和会计人员对成本核算与成本管理的重要性认识不足，处理比较简化；对期间费用的控制管理也较弱，核算范围囿于产品生产成本，侧重于事后核算，不利于事前预测、事中成本控制和企业全方位的成本控制，因此时效性和控制性差。现代企业要求会计为管理服务，管理上对成本的时效性、控制性的要求不断增强。制造成本计算法的核算功能单一，其主要是为计算利润服务的，不便于满足企业生产经营管理的多种需要。

在市场经济条件下，企业筹集资金、购买设备和原材料、劳动力使用等都是由企业自主决定的，把好材料供应管理是企业成本管理的第一关。因此，如果不加强供应过程的成本管理而盲目采购，势必会提高生产投入要素的成本，给降低产品制造成本带来困难。从企业的销售过程看，销售领域、销售对象的定位，采取什么销售手段等都是企业经营管理的重要部分，也是销售过程费用支出的重要内容。随着科学技术的进步，企业的生产过程和生产组织

发生了重大变革，产品由生产制造作业引起的成本比重会下降，而由管理作业引起的成本会大幅度上升。如果利用传统的成本核算方法，必然会引起产品成本核算和管理与实践需要脱节，误导企业经营管理决策。

2. 注重投产后的成本管理，忽视投产前产品开发设计的成本管理

产品投产后，降低各种消耗、提高生产效率当然是降低成本的途径。但是，如果产品设计本身不合理，存在过剩功能，致使物力、人力浪费，必然造成先天的成本缺陷，给投产后的成本管理带来困难。事实上，正是产品的设计环节决定了产品生产工序（作业）的组成和每一工序预期的资源消耗水平，以及未来产品最终可以对顾客提供的价值。产品成本的60%~80%在产品设计阶段就已经确定了，企业成本管理应该通过不断改进产品工艺设计、研制新产品来提高产品生产率和质量水平。现代市场竞争日趋激烈，产品更新换代快，寿命周期短，产品的开发研究费用和产品设计的成本管理应该列为企业成本管理的重中之重。

3. 注重考核成本本身的水平，忽视成本效益的水平

原材料、劳动力等资源投入生产的目的是生产出产品。评价这种投入的效果，传统成本核算管理往往把成本的升降作为评价成本管理水平的唯一标准，然而孤立地看投入是没有意义的；应以投入与产出的有机结合来评价成本，以提高投入产出比、提高经济效益为目的。降低成本当然是成本管理的一个重要方面，但它毕竟不是企业的唯一目标，因为引起成本升降的原因是复杂的、多方面的。企业应扩大成本控制和成本管理的视野，立足战略成本管理，从企业经营管理的全方位分析成本的投入所产生的效益和效果。

二、管理会计的意义

管理会计相对于财务会计而言是一门比较年轻的新兴学科，于20世纪50年代从传统的财务会计中分离出来，其理论研究方法体系和内容构成等方面还不尽完善。由于管理会计主要是为企业内部管理服务的，对管理方面需要的信息可以不拘一格地采用各种方法加以分析和论证，故国内外学者对管理会计的概念众说纷纭。

美国会计学会管理会计委员会在1958年对管理会计提出以下定义："管理会计是运用适当的技巧和概念，处理和分析企业的历史资料或预测的经济资料，以协助管理当局制定经营目标，编制计划，并做出能达到其经营目标的各种决策。"

1981年，美国会计学会的管理会计实务委员会在其颁布的公告中指出："管理会计是向管理当局提供用于企业内部计划、评价、归集、分析、编报、解释和传递的过程。管理会计还包括为诸如股东、债权人、规章制定机构及税务当局等非管理集团编制财务报告。"这一概念将管理会计从微观扩展到宏观，扩大了管理会计的适用范围。

1988年，国际会计师联合会（International Federation of Accountants，IFAC）所属的财务和管理会计委员会将管理会计解释为："在一个组织中，管理当局用于计划、评价和控制的（财务和经营）信息的确认、计量、收集、分析、编报、解释和传输的过程，以确保资源的合理使用并履行相应的经营责任。"

我国会计学者在解释管理会计定义时，有以下主要观点。

管理会计是将现代化管理与会计融为一体，为企业的领导者和管理人员提供管理信息的会计。它是企业管理信息系统的一个子系统，是决策支持系统的重要组成部分。

管理会计是通过一系列的专门方法，利用财务会计、统计及其他有关资料进行整理、计算、对比和分析，使企业内部各级管理人员能据以对各个责任单位和整个企业日常的和预期的经济活动及其发出的信息进行规划、控制、评价和考核，并帮助企业管理当局对保证其资源的合理配置和使用做出最优决策的一整套信息系统。

根据现代经济的发展和企业生产经营管理的需要，管理会计的定义应立足于不仅是加强内部经营管理，而且是动态的战略性观点。从管理会计的发展历程看，其职能是在财务会计的基础上延伸和发展起来的；管理会计与科学管理息息相关，不可分离。综合上述有关管理会计的描述，可将管理会计定义为："管理会计是向企业管理当局提供信息以帮助其进行经营管理的会计分支；是会计与管理的直接结合，主要是利用会计资料和其他资料对企业的未来进行预测和决策（规划未来），对目前发生的业务进行控制（控制现在）。"以下三方面可表明其意义所在。

（1）管理会计的实质是会计与管理的直接结合，是会计管理的具体体现。管理会计是为适应企业内部管理的预测、决策、控制、考核的需要而产生的，把会计与管理结合起来，为加强企业管理和提高经济效益服务，是实现企业管理现代化的手段，又是企业现代化管理的一项主要内容。

管理会计是为企业内部管理服务的，因此，管理会计要有相应的步骤配合企业管理循环的每一步骤，从而形成管理会计循环。

企业管理部门做出经营决策，为年度生产经营确定奋斗目标，如与目标利润相适应的目标体系；管理会计应参与经营决策的确定并编制全面预算。

企业管理部门为了达到目标，把奋斗目标分解落实到各部门并合理组织实施；管理会计通过建立责任会计制度，以责任预算作为控制和考核的依据。

企业管理部门在责任预算实际执行中，管理会计要严格实施过程控制，定期或不定期地反馈有价值的信息资料。

企业管理部门在对预算实际执行情况进行检查的过程中，管理会计依据责任预算进行业绩考核。

企业管理部门总结预算执行情况，并提出新的规划方案；管理会计要对过去预算执行结果进行分析评价，对新的规划方案进行效果预测，为下一年度经营决策提供依据。

（2）主要利用会计资料。管理会计主要是利用财务会计所收集的数据资料进行预测决策、控制和考核，当然也利用劳动人事、工程技术等其他有关资料和一些非财务性资料，如短期决策需要收集与产品相关的成本资料和贡献毛益的数据，长期决策需要有关设备的购建成本和使用成本数据。一些存货费用和存货水平的数据等可以通过财务会计的记录和报表来反映，一些决策方案的经济效益是否达到需要，最终也必须在财务会计中得到反映，如目标管理中目标成本、目标利润的完成情况，投资项目的实施结果，都需要财务会计通过账簿记录和有关报表反映出来。但管理会计对数据的内容选择和整理方法灵活多样，可以是会计的、统计的或数学的方法。只要能为管理人员正确地进行生产经营管理提供依据，什么样的方法能解决问题，就采用什么样的方法。

（3）管理会计的内容。管理会计的内容是指与其职能相适应的工作内容。现代企业管理的计划、组织协调、规划和控制等诸多职能中，最关键的是规划和控制，因此，管理会计的基本内容不能脱离规划和控制这两大方面。管理会计的内容可概括为规划未来、控制现在和评价过去。具体而言，可分为五个方面。

第一，预测职能。预测是指采用科学的方法推测客观事物未来发展的必然性或可能性的行为。管理会计发挥预测职能就是按照企业未来的总目标和经营方针，充分考虑经济规律的作用和经济条件的约束，选择合理的科学方法，有目的地预计和推测未来企业销售、利润、成本及资金的变动趋势和水平，为企业经营决策提供第一手信息和资料。

第二，决策职能。提高经济效益，关键在于事先的正确决策。决策是在充分考虑各种可能的前提下，按照客观规律的要求，通过一定程序对未来实践的方向、目标、原则和方法做出决定的过程。决策既是企业经营管理的核心，也是各级各类管理人员的主要工作。由于决策贯穿于企业管理的各个方面和整个过程的始终，因而作为管理有机组成部分的管理会计必然具有决策职能。企业的重大决策，都应该有会计部门参与。

管理会计发挥参与经济决策的职能，主要体现在根据企业决策目标搜集、整理有关信息资料，选择科学的方法计算有关长期、短期决策方案的评价指标，权衡利弊得失，从中选择最优方案。

第三，规划职能。管理会计通过编制各种计划和预算来实现其规划职能。管理会计以最终决策方案为基础，把决策方案所确定的目标分解落实到各有关的计划和预算中去，从而合理有效地组织协调企业的各项资源，并为过程控制和责任考核评价奠定基础。

第四，控制职能。控制是为了使实际经营活动按预期计划进行，以求最终达到或超过预期目标。管理会计的控制职能是将经济过程的事前控制与事中控制有机地结合起来，根据事前制定的各种可行的标准，对执行过程中实际与计划的偏差进行分析，促使有关方面及时采取相应的措施进行调整，改进工作，以保证企业实现经营目标。

第五，考核评价职能。现代管理会计提倡"人本管理"，非常重视做好人的工作，引导、激励人们在生产经营活动中充分发挥主动性和积极性。管理会计履行考核评价职能可以通过建立责任会计制度来实现，即在企业各级责任层次明确的前提下，逐级考核责任指标的执行情况，为奖惩制度的实施和以后工作改进措施的形成提供必要的依据。

三、成本管理会计的特点

会计系统是任何企业组织取得财务和管理信息不可缺少的工具。现代会计系统可分为财务会计和成本管理会计两类。与财务会计相比，成本管理会计有着许多显著的特点。

1. 成本管理会计侧重于为企业内部管理服务

成本管理会计的重点在于内部管理决策和业绩考核，成本管理会计的服务对象是企业内部各级管理人员，这是成本管理会计区别于财务会计的一个重要标志。

成本管理会计主要应用一系列特定的理论和专门的技术方法（包括会计的、统计的和数学的方法，其中，用得最多的是运筹学和数理统计的方法），对包括财务会计、统计和业务等在内的各种有关数据进行加工，向企业内部不同层次的管理者提供信息，以帮助他们正确地确定经营目标、制定经营决策、编制计划预算和实施控制考核，从而不断提高企业的管理水平和经济效益。总之，成本管理会计主要是满足企业内部管理的需要，所以，它也被称为"内部会计"。

财务会计的重点在于提供信息和反映情况。财务会计是通过对企业日常经济业务进行记录、整理、汇总和定期编制财务报表，向企业的投资者、债权人和政府管理部门等企业外部有关人员提供企业的资金、成本、利润等主要财务信息，使他们能及时、准确地了解企业的财务状况和经营成果，以保障其切身的经济利益。总之，财务会计主要是向有关信息使用者提供相关信息，所以，它也被称为"外部会计"。

2. 成本管理会计的重点在于规划未来

成本管理会计的内容可以概括为规划未来、控制现在和评价过去，其重点在于规划未来。成本管理会计在决策和计划中以尚未发生的事项作为处理的对象，事先进行科学的预测和分析，为选取最优方案提供客观依据。因此，规划未来是成本管理会计的一项重要内容。虽然成本管理会计也要利用某些历史资料对企业过去的经营情况进行分析与评价，但其目的并不在于说明过去，而是为了将这些资料作为预测、分析的参考，使企业的未来能与过去衔接，以便更正确有效地规划未来。成本管理会计这种面向未来的特点，大大提高了企业经济活动的预见性和计划性，也大大增强了成本管理会计参与企业的决策、控制和业绩评价的功能。

财务会计一般是对企业已经发生的经济业务进行事后的记录和汇总，对过去的经营活动进行客观的核算和监督。所以，如实地反映过去和提供信息，是财务会计的一个重要特点。虽然财务会计的某些记录有时也会涉及对未来情况的估计，如固定资产使用年限的估计及坏账损失率的预计等，但这并未改变财务会计专为有关使用者提供经营活动历史资料这一基本特征。

3. 成本管理会计兼顾企业经营活动的整体与局部

成本管理会计为了更好地服务于企业的经营管理，既要根据企业的经营目标对未来的经营活动进行总体规划和控制，又要从企业的各个局部出发考虑和处理有关业务部门、职能部门、基层单位以至职工个人的各种问题，两者不可偏废。因此，成本管理会计的核算对象既可以是整个企业，也可以是企业内部的各责任中心，如车间、部门、班组，甚至责任人。因此，成本管理会计可按需要确定其核算对象或进行调整。

财务会计是以整个企业作为工作主体，通过定期编制财务报表和计算有关财务指标来全面、系统、连续和综合地反映整个企业在一定时期的经营成果和特定时点的财务状况，提供概括性的资料。因此，财务会计是以整个企业的经营活动为对象的。

4. 成本管理会计不受会计制度（或会计准则）的制约

成本管理会计主要是为企业内部经营管理提供各种信息，其信息正确与否，只影响管理的科学性和有效性，从而影响经济效益，而无须承担法律责任。成本管理会计工作的开展，完全取决于管理者的规划及经营活动的实际需要，服从于企业内部管理的特定要求。因此，成本管理会计不像财务会计那样必须遵守公认会计准则的要求，而可以根据管理的要求，以其认为最适当的方式获取资料。此外，成本管理会计不需要按照规定的格式、内容、时间编制财务报表，不需要按照规定的成本项目进行产品成本的预计和考核。

财务会计要如实地反映一个企业的财务状况和经营成果，要对其信息的正确性承担法律责任。为此，财务会计必须以企业会计制度（或企业会计准则）为准绳，严格按照会计原则和会计程序处理日常经济业务，而且核算方法在前后各期要保持一致和相对稳定，不得随意变更。如确有必要变更，应当将变更的情况、变更的原因及其对企业财务状况和经营成果的影响及时、充分地在财务报告中加以说明和披露。这是使财务会计资料能取信于企业外部的投资人、债权人以及有关政府机构并保障他们的经济利益所必需的。财务会计所采用的方法主要是会计的方法。

5. 成本管理会计提供的信息具有特殊性

由于成本管理会计侧重于预测未来，它在预测和规划未来、参与决策（尤其是风险决策）时，往往遇到的是一些不确定因素和不确定事项。作为管理决策支持系统的成本管理会计，要及时地向企业管理决策者提供有用的信息，以便企业管理决策者能够审时度势，迅速地做出正确的决策。所以，成本管理会计提供的会计信息强调及时和相关。成本管理会计在应用实际数据之外，还应用大量的估计数、近似数、趋势值等。此外，由于有些非货币性的资料可能比货币指标对经营管理更为有利，非货币性的资料常常受到成本管理会计的极大重视。

财务会计由于主要反映的是过去已经发生的确定事项，加之凭证、账簿和报表之间以及各种财务报表之间存在钩稽和平衡关系，要求财务会计提供的信息和数据要准确可靠，注重信息和数据的真实性和精确度。为了如实地反映企业在生产经营中发生的每一笔经济业务，正确核算和监督企业在一定期间的经营成果和特定日期的财务状况，财务会计对数据的要求是严格的、精确的。

6. 成本管理会计报告不具备法律责任

成本管理会计报告不是正式报告，不具备法律责任。成本管理会计完全可根据自身工作的需要，自行选择和确定其所编制的内部报告的种类、格式、内容和方法，并且成本管理会计编制的各种内部报告在时间上是不定期的，它所涉及的期间可长可短，可以是过去的某个特定时期，也可以是未来的某个时期。

财务会计工作是为了向企业外部的投资者、债权人和政府有关部门公开提供全面的、系统的、连续的和综合的财务信息。因此，需要按统一规定的报表种类、格式、内容以及指标体系和填列方法编制财务会计报告，并按月度、季度和年度定期对外报送。财务会计报告是正式报告，具有法律责任。

7. 成本管理会计更多地应用现代数学方法

科学技术不断进步，生产经营日趋复杂，企业规模也不断扩大。为了提高管理水平，现代化企业管理正朝着定量化方向发展。成本管理会计为了在现代化管理中能更好地发挥其积极作用，越来越广泛地应用现代数学方法，如一般代数模型、数学分析模型、数学规划模型、矩阵代数模型及概率模型等。这些经济数学模型可以把复杂的经济活动简明而精确地表达出来，以揭示有关对象之间的内在联系和最优数量关系，使管理人员掌握有关变量在一定条件下的最优数量关系或其相互变化的客观规律，从而为正确地进行经营决策、选择最优方案和有效地改善经营活动提供客观依据。

财务会计虽然也要应用一些数学方法，但范围比较小，一般只涉及初等数学的某些运算，远不及成本管理会计深入和广泛。由此可见，成本管理会计与财务会计有着明显的区别，但这些区别并不是绝对的。从广泛意义上讲，财务会计所提供的会计信息，如产品成本、资产、负债、利润等数据资料，同样是为了满足企业管理的需要；而成本管理会计有关项目投资的可行性分析报告等也常常向相关信息使用者披露。因此，成本管理会计与财务会计很难绝对划分，两者有着密切的联系，它们相互补充，相互配合，共同提供会计信息。此外，成本管理会计对经济活动进行预测决策的结果是否正确，最后还是要通过财务会计进行检验。因此，成本管理会计不可能离开财务会计单独存在。

四、成本管理会计的内容框架

国外往往将成本会计与管理会计的内容写在一本教材中。我国近些年理论界对成本会计、管理会计的课程设置也有讨论，为避免教学内容不必要的重复和有利于会计实践的需要，一种观点认为成本会计应与管理会计合为一门课；另一种观点则认为应将二者分开设置。本书的观点为前者，主要是基于成本会计与管理会计的密切关系。成本会计产生和发展的背景是工业革命和科学管理运动的兴起，成本会计工作的重点逐渐从成本核算转变为提供企业经营管理预测、决策、控制评价等所需的各种成本信息。成本会计的发展逐步形成和丰富了与财务会计平行的新兴学科——管理会计。从这一点来说，成本会计是管理会计产生的基础，管理会计是成本会计内容的延伸和发展，现代管理会计的预测决策、规划控制、分析评价等职能及管理会计的理论结构无一不与成本会计密切相连，这也是本书认为成本会计与管理会计应整合为一门课程的原因。

本书结合我国实际，尽量避免两门课程的重复部分，提供与管理需要有高度相关性和可靠性的信息，并把编者对成本会计、管理会计的创新内容有机结合起来，这也是本书对成本会计、管理会计"扬"和"弃"的结果。

本章要点

成本会计是管理会计产生的基础，管理会计是成本会计的延伸和发展。在高新技术迅速发展的今天，技术创新运用于产业活动，既导致了生产技术体系的变化，也引起了生产组织与管理的变化，从而对会计信息提出新的要求。成本管理会计必须提供与管理需要具有高度相关性和可靠性的信息，而有效的管理要求正确地了解、运用好成本管理会计信息。

本章在阐述成本会计、管理会计产生与发展的基础上，说明了成本会计、管理会计的概念,并指出了成本管理是企业高层管理人员为企业可持续发展而降低和控制成本的行为。从这个意义而言,管理人员的管理理念、市场成本、为降低和控制成本采取有效措施这三项要素,已成为影响一个企业成本管理水平的重要因素。

分析我国成本会计的现状及存在的问题,有利于明确现在与展望未来。管理会计的本质是"控制现在,规划未来",管理会计的内容和方法体系应用于企业管理循环,为提高企业管理水平和经济效益发挥着重要作用。了解管理会计与财务会计之间的区别,可以使我们带着疑问以批判性、开拓性、创新性的思维去学习管理会计理论和洞察我国管理会计实践。通过理解本书阐述的成本管理会计的内容框架及本书对成本会计、管理会计"扬"和"弃"的内容,可以为以后各章的学习打下良好的基础。

需要说明的是,由于第一章主要起到提纲挈领的作用,建议教师讲授和学生自学时,可以把管理会计部分放在第八章后进行,这样更有利于理解和掌握。

案例讨论

中国企业为什么需要管理会计

高顿财经相关负责人 Chis 在第六届 IMA(美国管理会计师协会)校园管理会计案例大赛开启之前接受媒体采访时说道:

中国企业为什么需要管理会计?这和中国经济发展的阶段有着密不可分的关系。改革开放以来,中国经济经历了高速发展的几十年,取得了全球瞩目的成就。但是几十年的高速发展也暴露出中国经济的很多短板:经济效益很大程度上得益于经济规模而非企业的管理水平,在很多企业,尤其是在制造业企业中,管理低效、成本高企、管理思维落后、经营方式不科学、管理模式家族化、企业内部腐败严重等已经成为常态。

在一些国有企业里,企业的经营决策仍然不是以经营和企业数据为导向的,而是以行政命令为导向的,这些企业可能规模很大、营收利润很可观,但企业盈利能力非常有限。最近,央企补贴的新闻曝光后,一些每年纳税高达数千亿的"霸主"型企业,利润率普遍低于国外企业。如果其管理能力能得到提升,创造的价值将不可估量。

中国企业以财务数据作为管理依据比国外晚了很久,这样导致了非常严重的后果。管理和企业数据割裂开来导致孤岛式、碎片化的信息技术应用将本应一体化的各层级、各部门、各单位、各成员机械地撕裂开来,严重地降低了企业价值,目前,因转型而产生的经济下行压力就是最明显的间接后果。企业只知道一股脑地生产、生产、再生产,最终走上了产能过剩的道路。

所以,更新企业价值的信息系统和管理系统,从管理方式上激活企业的创新能力和再生能力,成为企业管理转型乃至中国经济再度腾飞的关键。

资料来源:中国管理会计网,2015 年 11 月 16 日

第一章 成本管理会计导论

练习题

一、单项选择题

1. 马克思界定的产品成本是指（　　）。
   A. 生产中消耗的生产资料的价值（C）　　B. 劳动者为自己创造的价值（V）
   C. 劳动者为社会创造的价值（M）　　　　D. 以上 A 和 B

2. 为保证所做的决策是最优的，在进行决策时应考虑（　　）。
   A. 已耗成本　　　　　　　　　　　　　B. 未耗成本
   C. 支出成本　　　　　　　　　　　　　D. 机会成本

3. 现代管理会计正式形成于（　　）。
   A. 20 世纪初　　　　　　　　　　　　　B. 20 世纪 50 年代
   C. 20 世纪 70 年代　　　　　　　　　　 D. 20 世纪 80 年代

4. 管理会计产生于（　　）。
   A. 20 世纪初　　　　　　　　　　　　　B. 20 世纪 50 年代
   C. 第二次世界大战之后　　　　　　　　 D. 20 世纪 70 年代

5. 下列各项中，不是成本管理会计特点的是（　　）
   A. 注重为企业内部管理服务　　　　　　 B. 注重信息和数据的真实性和精确度
   C. 兼顾企业生产经营的整体与局部　　　 D. 重点在于规划未来

二、多项选择题

1. 成本会计的发展历程说明，成本会计的重点已从产品成本计算扩展到利用不同的成本信息进行企业内部经营管理，包括（　　）等方面。
   A. 成本预测　　　　　　　　　　　　　B. 成本决策
   C. 成本控制　　　　　　　　　　　　　D. 成本分析考核

2. 管理会计的基本职能包括（　　）。
   A. 预测职能　　　　　　　　　　　　　B. 决策职能
   C. 规划职能　　　　　　　　　　　　　D. 控制职能

3. 尽管不同的经济环境和不同的行业特点对成本的内涵有不同的理解，但是，成本的经济内容的共同点表现为（　　）。
   A. 成本的形成是以某种目标为对象的
   B. 成本是指企业的各项支出
   C. 成本是为实现一定的目标而发生的耗费
   D. 成本是会计期间为获得收益而发生的支出

4. 下列说法中，正确的有（　　）。
   A. 管理会计是指会计与管理的直接结合，是会计管理的具体体现
   B. 管理会计是为企业内部管理服务的
   C. 我国企业成本会计注重考核成本本身的水平和成本效益的水平
   D. 成本是对象化的费用

5. 下列各项中，属于成本管理会计提供的信息有（   ）。
A. 制定决策和计划的信息
B. 指导和控制经营活动的信息
C. 反映财务状况和经营成果的信息
D. 业绩评价和激励的信息

三、判断题

（   ）1. 专业管理会计团体的成立，是现代管理会计形成的标志之一。

（   ）2. 成本管理会计报告是正式报告，具备法律责任。

（   ）3. 成本管理会计的服务对象是企业内部各级管理人员，这是成本管理会计区别于财务会计的一个重要标志。

（   ）4. 成本是为了取得某些财产或劳务而牺牲的经济资源，因此，成本都是有形的。

（   ）5. 财务会计主要是向有关信息使用者提供相关信息，因此被称为"外部会计"。

四、简答题

1. 说明我国成本会计的现状及存在问题的原因。
2. 简述成本管理会计的特点。

第二章

成本与费用的归集与分配

本章结构图

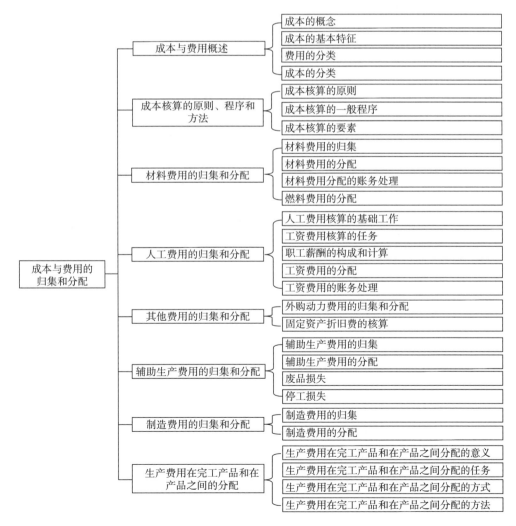

本章学习目标

➢ 理解成本按不同标准分类的意义及不同成本概念的特性,成本核算的原则和要求。
➢ 理解成本核算的一般程序、生产特点与成本计算方法的关系。
➢ 掌握材料费用的归集和分配方法、人工费用的归集和分配方法,外购动力、固定资产折旧费的归集和分配方法,辅助生产费用的归集和分配方法,制造费用的归集和分配方法,生产费用在完工产品和在产品之间分配的方法。
➢ 理解废品损失的核算,熟悉停工损失的核算。

第一节 成本与费用概述

一、成本的概念

成本是商品经济的价值范畴,是商品价值的主要组成部分。人们要进行生产经营活动或达到一定目的,就必须耗费一定的资源(人力、物力和财力),企业在生产产品或提供劳务中所发生的资源耗费的货币表现是生产费用,生产费用的对象化称为成本。成本与费用的主要区别在于:成本是按一定对象所归集的费用,费用是为获得收入所发生的资产的耗费。由于成本与管理相结合,成本内容往往要服从管理的需要,并且随着管理的发展而发展。不同目的、不同条件,形成了对成本信息的不同需求,因此就可以有各种不同的成本概念。例如,为预测、决策需要而确定的变动成本、固定成本、边际成本、机会成本;为控制、考核需要而确定的标准成本、可控成本、责任成本;等等。随着人们对成本认识的不断深化,形成了多元的成本概念体系,这就丰富了经济管理的内容。为了正确理解各种成本的概念,需要先清楚成本的分类。

二、成本的基本特征

成本在生产经营过程中具有以下几个基本特征。

1. 可变性

成本是企业在生产经营过程中发生的资源耗费,这种耗费与企业生产经营活动量(产量、销量、劳务量、作业量等)有着密切关系,会随着生产经营活动量的变化而变化,我们把这种现象称为成本的可变性。由于成本存在着变动性,其金额总是处于不断变化之中,从而为企业有的放矢地控制成本提供了可能。

2. 对象性

成本作为生产经营过程中的耗费,不仅与一定的生产经营活动量有关,而且与生产经营活动对象直接相关,它总是表现为一定对象的资源耗费。这里的对象,可以是产品或劳务,也可以是某一个项目、某一种作业或某一种行为。人们在考虑成本问题时,总是与某一对象相联系,脱离了一定的对象,就无法衡量成本水平。

3. 可控性

企业生产经营过程中的耗费总是发生在特定的单位或范围内，企业对其职责范围内的生产经营耗费总是负有一定的经济责任，有义务控制它们发生的规模、频率，影响它们的大小，我们把这一点称为成本的可控性。

4. 综合性

成本是企业生产经营管理水平的综合反映。企业劳动生产率的高低、材料物质消耗的多少、设备利用的程度、资金周转的快慢，以及生产组织、物资采购、商品销售是否科学合理，都会通过成本这一经济指标综合地反映出来。

三、费用的分类

1. 费用按经济内容的分类

企业日常生产经营过程中的费用按照经济内容（性质）可以分为劳动对象、劳动资料和劳动力三个方面。为了便于核算与管理，可以进一步将费用细分为以下内容。

（1）材料费用，指企业为生产产品而耗用的原料及主要材料、半成品、辅助材料、包装物、修理用备件和低值易耗品等。

（2）燃料费用，指企业为生产产品而耗用的各种固体、液体和气体燃料。

（3）外购动力费用，指企业为生产产品而耗用的一切从外单位购进的各种动力。

（4）工资费用，指企业应计入生产费用的职工工资。

（5）提取的职工福利费，指企业应计入生产费用的按职工工资的一定比例计提的职工福利费。

（6）折旧费，指企业直接用来生产产品的固定资产和车间管理用固定资产提取的折旧费用。

（7）其他生产费用，指不属于以上各要素费用但应计入产品生产成本的生产费用，如差旅费、租赁费、外部加工费以及保险费等。

以上几方面的费用是企业在日常生产经营活动中发生的基本费用，在会计实务中常常称之为费用要素或要素费用。

费用按照经济内容分类，可以反映企业在一定时期内发生的各种性质的费用及每种费用的数量，便于分析企业费用结构和水平，考核费用预算执行情况，为下一期各种费用预算的编制提供一定的依据，有利于加强对各种费用的控制和管理。

费用按照经济内容分类，虽然有利于分析费用的构成和比重，有利于费用预算的编制和管理；但不能反映费用的具体用途，不便于分析费用与产品成本的关系，不便于计算与分析产品成本。为此，还应当按经济用途对费用进行分类。

2. 费用按经济用途的分类

在制造企业中，费用按经济用途可分为生产（制造）成本和非生产（非制造）成本两类。

（1）生产成本。生产成本又称制造成本、产品成本，是指在生产过程中为制造一定种类、一定数量的产品所发生的各种生产费用之和。根据生产成本的具体用途，可进一步将其划分为若干项目（成本项目），用以反映产品生产成本的构成内容。成本项目的划分，应根据企业生产经营特点和管理上的要求确定，一般可设置为直接材料、直接人工和制造费用3个项目。

①直接材料。直接材料是指企业生产经营过程中直接耗用的，并构成产品实体的原料及主要材料、辅助材料等。

②直接人工。直接人工是指企业直接从事产品生产的生产工人的工资。

③制造费用。制造费用是指在生产中发生的不能归入上述两个成本项目的其他成本费用支出。制造费用是企业各个生产单位如分厂、车间，组织生产和管理生产所发生的管理人员工资、职工福利费，生产单位房屋、建筑物、机器设备等的折旧费，设备租赁费（不包括融资租赁费）、修理费、机物料消耗、低值易耗品摊销、取暖费、水电费、办公费、差旅费、运输费、保险费、设计制图费、试验检验费、劳动保护费、季节性或修理期间的停工损失以及其他制造费用。

（2）非生产成本。非生产成本又称非制造成本，是指企业在销售和管理过程中发生的各项费用，是与企业的销售、经营和管理任务相关的成本。非生产成本主要包括销售费用、管理费用和财务费用3方面内容。

①销售费用。销售费用是指企业在销售商品过程中发生的费用。销售费用包括企业销售商品过程中发生的运输费、装卸费、包装费、保险费、展览费和广告费，以及为销售本企业商品而专设的销售机构（含销售网点、售后服务网点等）的职工工资及福利费、类似工资性质的费用、业务费等经营费用。商品流通企业在购买商品过程中所发生的进货费用也属于销售费用。

②管理费用。管理费用是指企业为组织和管理企业生产经营所发生的费用。管理费用包括企业的董事会和行政管理部门在企业经营管理中发生的，或者应当由企业统一负担的公司经费（包括行政管理部门职工工资、修理费、物料消耗、低值易耗品摊销、办公费和差旅费等）、工会经费、待业保险费、劳动保险费、董事会费、聘请中介机构费、咨询费（含顾问费）、诉讼费、业务招待费、技术转让费、矿产资源补偿费、无形资产摊销、职工教育经费、研究与开发费、排污费、存货盘亏和盘盈（不包括应计入营业外支出的存货损失）、计提的坏账准备和存货跌价准备等。

③财务费用。财务费用是指企业为筹集生产经营所需资金等而发生的费用。财务费用包括应当作为期间费用的利息支出（减利息收入）、汇兑损失（减汇兑损益）以及相关的手续费等。

由于非生产成本与产品的生产并无直接关系，而与生产经营期间直接相关，因此又称为期间费用或期间成本。期间成本是以特定的期间为计算基础确定的，不是产品生产所发生的耗费，不计入产品成本而由本期收入负担。

四、成本的分类

成本分类是为满足成本核算、成本管理、预测决策、规划控制等要求，按一定的标准对成本所进行的划分。

1. 成本按可辨认性分类

成本的可辨认性是指成本的发生与特定成本对象之间的关系。按可辨认性，成本可划分为直接成本和间接成本两大类。

直接成本是指与成本对象直接相关的，能够既经济又方便地进行追溯的成本。间接成本是指与成本对象相关，但不能既经济又方便地追溯到各个成本对象的成本。间接成本需要通过成本分配的方法分配给各成本对象，如图 2-1 所示。

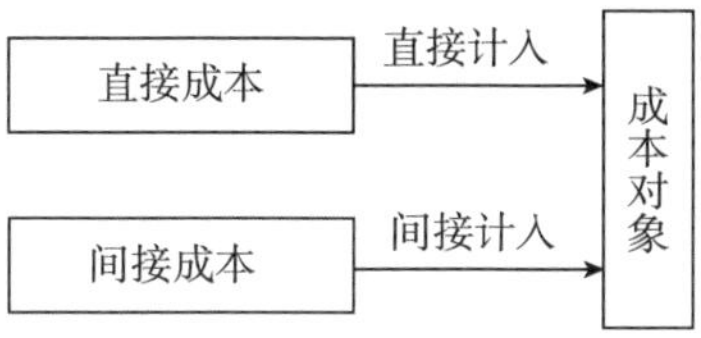

图 2-1 成本对象计入方式

2. 成本按性态分类

成本性态，又称成本习性，是指成本总额与特定业务量在数量方面的依存关系。成本性态分析是对成本与业务量之间的依存关系进行分析，从而在数量上具体掌握成本与业务量之间关系的规律性，以便为企业正确地进行最优管理决策和改善经营管理提供有价值的资料。按照成本性态，通常可以把成本分为变动成本、固定成本和混合成本三类。（具体内容在第五章成本性态分析中讲解）

第二节 成本核算的原则、程序和方法

一、成本核算的原则

成本核算是指为一定的目的提供管理上所需的成本信息，并把成本信息传递给有关的使用者。为了提供管理上需要的资料，成本核算必须讲究质量，使提供的信息符合规定，达到正确和及时性要求。提高成本核算质量，必须符合和遵守成本核算的原则。成本核算原则主要有以下几条。

1. 划分收益性支出与资本性支出原则

收益性支出也称营业支出，是指与当期收入相配比的费用支出。收益性支出全部列作当期的成本、费用，即某项支出的发生仅仅与本期收益有关。凡支出的效益仅及于本年度（或一个营业周期）的，应当作为收益性支出，如生产过程中原材料的消耗、直接工资、制造费用和期间费用。

资本性支出是指为适应企业经营上的长远需要，不能由当年产品销售收入全部补偿，而要由各受益期的收入分期负担的费用支出，如购置固定资产、无形资产的各项支出。

划分收益性支出与资本性支出是为了正确确定资产的价值和正确计算当期的产品成本、期间费用和当期损益。

2. 实际成本计价原则

实际成本计价亦称历史成本计价，是指各项财产物资应当按照取得或者构建时发生的实际成本入账，并在会计报告中按实际成本反映。成本核算按实际成本计价，包括两方面的内容：一是对生产所耗用的原材料、燃料、动力、折旧等费用，都要按实际成本计价；二是完

工产品成本要按实际成本计价。

原材料、燃料、动力按实际成本计价，是指要按其实际耗用数量和实际单位成本计算；折旧要按固定资产原始价值和规定使用年限计算。必须指出的是，这里所谓的原材料的实际单位成本，不一定就是某次采购的实际单位成本，而是由已经入账的各个实际成本形成的账面实际成本，一般可采用先进先出法、加权平均法、移动加权平均法等计算。原材料、燃料也可按计划成本计价，但是在计入产品成本时，仍需将计划成本调整为实际成本。

3. 权责发生制原则

所谓权责发生制，是指收入、费用的确认应当以收入、费用的实际发生和影响作为依据。凡是当期已实现的收入和已经发生或应当负担的费用，不论款项是否收付，都应当作为当期的收入和费用处理。权责发生制的核心是根据权责的关系来确认收入和费用。

在成本核算中采用权责发生制原则主要是针对成本费用确认而言的。在计算产品成本时，对于已经发生的生产费用，如果受益期不仅包括本期，还包括以后若干期间，就应当按照费用受益期限进行分摊，不能全部计入本期产品成本；对于本期产品已受益，但款项尚未支付的费用，应采用预提的方法先计入本期产品成本，以后具体支付时不再计入产品成本。采用权责发生制进行成本核算，目的是为企业的损益计算提供可靠的成本资料，以便真实地反映企业的财务状况和经营成果。

4. 成本分期核算原则

企业的生产经营活动是持续不断进行的。企业为了取得一定时期内所生产产品的成本，必须将企业的生产活动按一定阶段（如月、季、年）划分为各个时期，分别计算各期产品的成本。成本核算的分期，必须与会计年度的分月、分季、分年相一致，以便于利润的计算。但需提出，成本核算的分期不能与产品的成本计算期混为一谈。因为无论生产情况如何，成本费用的归集和分配，都必须按月进行。至于完工产品的成本计算，与生产类型有关，可以是定期的，也可以是不定期的。不同行业，成本计算期差异很大。例如，修建一条铁路或一座电站，可能要几年或十几年才能计算完工产品成本；而生产一般性的工业产品，可能每隔一个月或一个季度就可以计算一次完工产品成本。

5. 一致性原则

一致性原则是指成本核算所采用的方法前后各期必须一致，使各期的成本资料有统一的口径，前后连贯，互相可比。否则，就容易弄虚作假，任意调节各期成本，影响成本的正确性。成本核算所采用的方法要求前后一致，体现在各个方面，如耗用材料实际成本的计算方法，折旧的计提方法，辅助生产费用、制造费用的分配方法，在产品的计价方法，等等。坚持一致性原则，对成本核算中所采用的方法也能作必要的变动。如果变更成本核算方法是为了适应客观环境的变化，是为了取得并提供更加正确、有用的信息，则变更是必要的、可行的。但在进行变更时，必须在报表附注中将方法变更对成本的影响进行充分说明。

6. 相关性原则

相关性原则包括两个方面，即成本信息的有用性和及时性。提供成本信息的主要目的是帮助使用人员解决成本相关的问题,并为未来决策提供有用的信息。例如,通过对成本信息的反馈,能找出成本升高的原因,及时进行控制,以达到降低成本的目的。又如,成本信息能帮助决策人预测未来,从而做出最佳的抉择。及时性作为相关性的一个重要因素,及时提供足以反映企业资金耗费状况的成本信息,借以迅速地做出生产经营决策,纠正和完善成本管理工作中的失误和不足,并果断地采取进一步加强成本管理的具体措施。相关性原则是提高企业市场应变能力的重要方面,否则时过境迁,补救无术,将会严重削弱成本管理在企业经营管理中的作用。

7. 重要性原则

重要性原则要求企业的主要产品或劳务,应重点进行成本核算,计算出每一种主要产品或劳务的单位成本和总成本,以及多个成本项目的数字。凡是对成本影响比较大的费用,如产品在生产过程中直接消耗的原材料、燃料、动力、工资等费用,应作为主要费用,单独设置成本项目或费用项目进行核算和列示;凡是次要产品或非主要费用,在不影响成本真实性的前提下,可以适当简化核算程序和方法。

二、成本核算的一般程序

成本核算的一般程序,是指在生产经营过程中将费用计入产品成本的基本顺序和步骤,也就是从生产费用发生开始,经过一定的归集和分配,最终计算出产品总成本和单位成本的过程。成本核算过程总是通过一定的账户进行的,为此,首先介绍产品成本核算需要设置的账户。

1. 成本核算账户的设置

为了核算产品成本,要设置"生产成本"一级账户。为了分别核算基本生产成本和辅助生产成本,还应在该一级账户下分别设置"基本生产成本"和"辅助生产成本"两个二级账户。企业根据需要,也可以将"生产成本"账户分设为"基本生产成本"和"辅助生产成本"两个一级账户。本教材按设置"生产成本"一级账户,分设"基本生产成本"和"辅助生产成本"两个二级账户进行阐述。

(1)"基本生产成本"账户。

基本生产是指为达到企业主要生产目的而进行的产品生产。"基本生产成本"账户核算生产各种产成品、自制半成品、自制材料、自制工具、自制设备等所发生的各项费用。企业生产中发生的直接材料、直接工资等直接计入费用,应直接记入该账户的借方。间接计入费用应先通过"制造费用"账户归集,月终,按一定标准分配,记入该账户的借方。已完工并验收入库的产成品、自制半成品,应从"基本生产成本"账户的贷方转入"库存商品""自制半成品"等账户的借方。"基本生产成本"账户的月末余额,就是基本生产在产品的成本,也就是基本生产在产品占用的资金。"基本生产成本"账户应按产品品种、产品生产批别等成本计算对象分设基本生产成本明细账,也称产品成本计算单或产品成本明细账。账中应按成本项目分设专栏或专行,登记各该产品、各该成本项目的月初在产品成本、本月发生的生产费用、本月完工产品成本和月末在产品成本。基本生产成本明细账的一般格式如表2-1所示。

表 2-1 基本生产成本明细账

(20×8 年 9 月)

车间：第一车间　　　　　　　　　　　　　　　　　　　　　　　　　　　　产品：甲

　　　　　　　　　　　　　　　　　　　　　　　　　　　　　　　　　　　　单位：元

月	日	摘要	产量/件	成本项目			成本合计
				直接材料	直接人工	制造费用	
9	1	在产品费用		38 000	7 000	8 500	53 500
9	30	本月生产费用		340 000	36 000	43 000	419 000
9	30	生产费用累计		378 000	43 000	51 500	472 500
9	30	本月完工产品成本	500	350 000	40 000	50 000	440 000
9	30	完工产品单位成本		700	80	100	880
9	30	在产品成本		28 000	3 000	1 500	32 500

(2)"辅助生产成本"账户。

辅助生产是指为基本生产服务而进行的产品生产和劳务供应。"辅助生产成本"账户核算为基本生产车间及其他部门提供产品、劳务所发生的各项费用。辅助生产车间发生的直接材料、直接工资等直接计入费用应直接记入"辅助生产成本"账户的借方。间接计入费用可以先通过"制造费用"账户归集，然后再分配转入"辅助生产成本"账户的借方，或者直接记入"辅助生产成本"账户的借方。月终，完工验收入库产品的成本或分配转出的劳务费用，记入"辅助生产成本"账户的贷方，并按各受益部门应负担的费用记入有关账户的借方。"辅助生产成本"账户一般在月末没有余额，如果有余额，就是辅助生产在产品的成本，也就是辅助生产在产品占用的资金；该账户应按辅助生产车间和生产的产品、劳务种类分设辅助生产成本明细账。辅助生产成本明细账的一般格式如表 2-2 所示。

表 2-2 辅助生产成本明细账

(20×8 年 9 月)

车间：××辅助车间　　　　　　　　　　　　　　　　　　　　　　　　　　　　单位：元

月	日	凭证号数	摘要	工资	折旧费	水电费	修理费	合计	转出	余额
9	30	略	归集工资	9 600				9 600		
			归集折旧费		19 200			19 200		
			归集水电费			1 120		1 120		
			归集修理费				7 680	7 680		
			合计	9 600	19 200	1 120	7 680	37 600		
			本月转出						37 600	

(3)"制造费用"账户。

制造费用是指工业企业因生产产品、提供劳务等发生的,应当计入产品成本但没有专设成本项目的各项间接费用。"制造费用"账户用来核算企业在生产产品和提供劳务过程中发生的各项间接计入费用。费用发生时,记入"制造费用"账户借方及其有关明细账。月终,按一定的标准分配计入有关成本计算对象,从"制造费用"账户的贷方转入"基本生产成本"账户的借方及其有关明细账户。"制造费用"账户应按不同车间、部门设置明细账;除采用年度计划分配率和累计分配率法分配制造费用外,该账户月末一般无余额。制造费用明细账基本格式和内容与辅助生产明细账相似,不再举例。

2. 产品成本核算的一般程序

产品成本核算的一般程序如下。

(1)根据成本开支范围规定,对各项费用支出进行严格审核,确定应计入产品成本的生产费用和不应计入产品成本的期间费用。

(2)编制要素费用分配表。对生产中所耗用的材料,可以根据领料凭证编制材料费用分配表;对发生的人工费用,可根据产量通知单等产量工时记录凭证编制工资费用分配表等。凡是能直接计入成本计算对象的生产费用,根据各要素费用分配表可直接记入"基本生产成本""辅助生产成本"账户及其有关明细账户。不能直接计入成本计算对象的生产费用,先进行归集,记入"制造费用"账户及其有关明细账户。

(3)编制待摊费用和预提费用分配表。本月发生的待摊费用归集后,应将本月摊销额按用途进行分配,编制待摊费用分配表。对尚未发生但应计入本月产品成本的预提费用,也应编制预提费用分配表。根据所编制的这两张分配表的数据资料,记入"辅助生产成本""制造费用"等账户及其明细账户。

(4)辅助生产费用的归集和分配。归集在"辅助生产成本"账户及其明细账户的费用,除对完工入库的自制工具等产品的成本转为存货成本外,应按受益对象和所耗用的劳务数量编制辅助生产费用分配表,据以登记"基本生产成本""制造费用"等账户及有关明细账户。

(5)制造费用的归集和分配。各基本生产车间的制造费用归集后,应区分不同车间,于月终编制制造费用分配表,分配计入各车间的产品成本中,记入"基本生产成本"账户及其明细账户。

(6)完工产品成本的确定和结转。经过以上费用分配,各成本计算对象应负担的生产费用已全部记入有关的产品成本明细账。如果当月产品全部完工,所归集的生产费用即为完工产品成本;如果当月产品全部未完工,所归集的生产费用则为期末在产品成本;如果当月产品只有部分完工,所归集的生产费用就需要采用一定的方法在完工产品与期末在产品之间进行分配,以确定本期完工产品成本,并将完工验收入库的产成品成本从"基本生产成本"账户及其明细账户结转至"库存商品"账户及有关明细账户。

(7)已销售产品成本结转。已销售产品的成本要从"库存商品"账户及其明细账户转到"主营业务成本"账户及其明细账户。

成本核算的一般程序如图 2-2 所示。

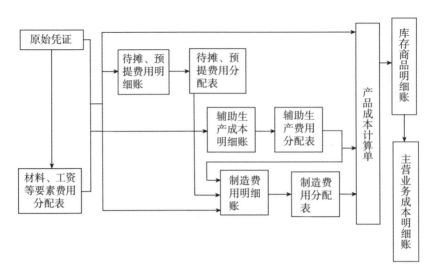

图 2-2 成本核算的一般程序

三、成本核算的要素

生产特点与产品成本计算方法有密切的关系，主要表现在以下四个方面（四要素）：确定成本计算对象、生产费用计入产品成本的程序、确定成本计算期、产品成本在完工产品和在产品之间的划分。这四要素也是构成成本计算基本程序的主要内容。

1. 确定成本计算对象

计算产品成本，先要确定成本计算对象，成本计算对象是成本的承担者。确定成本计算对象，是设置产品成本明细账、分配生产费用和计算产品成本的前提。在不同的企业（或车间）里，由于产品生产特点和管理上的要求不同，成本计算对象的确定方式也不同。

例如，在装配式的单件、成批生产下，产品生产是按订单或批别组织的，这就要求计算每张订单或每批产品的成本，其成本计算对象就是产品的订单或批别；在装配式的大量生产下，产成品是由零（部）件装配而成的，要按每一品种的产成品作为成本计算对象。此外，对于可为各种产品所共同使用的自制的通用件和标准件，往往也作为成本计算对象单独计算其成本。在连续式的大量大批生产下，如果每个加工步骤有自制半成品并需单独计算其成本，就要以各个加工步骤的每种产品作为成本计算对象；如果是没有自制半成品的连续式生产，就以每一品种的产品作为成本计算对象。

总之，成本计算对象主要是根据企业、车间产品生产的特点和成本管理的要求来确定的，一般有产品的品种、产品的订单或批别，产品的类别、各个加工步骤的产品等。

2. 生产费用计入产品成本的程序

生产费用计入产品成本的程序，是指生产过程中所耗用的原材料、燃料、动力、工资、固定资产折旧等各项费用，通过一系列的归集和分配，最后汇总计入产品成本的方法和步骤。

制造企业生产费用计入产品成本，一般有以下几个步骤。

（1）设置生产成本和制造费用明细账。

生产成本明细账通常根据生产成本的总分类账户设置。生产成本明细账就是产品成本明细账（或称成本计算单），它按成本计算对象设置，并按成本项目汇总登记产品的成本。辅助生产成本明细账分别按辅助生产车间设置，制造费用明细账分别按基本生产车间和产品的品种、类别设置。

（2）要素费用的汇总与分配。

把各种费用的原始凭证及其他的有关资料，分别按生产费用要素进行汇总，然后编制各种要素费用分配表，按其用途分配记入有关的生产成本明细账。

对制造产品所发生的直接成本，可直接记入产品成本明细账，对于各基本生产车间所发生的制造费用、各辅助生产车间所发生的费用，分别记入制造费用明细账和辅助生产成本明细账。由于这些费用由若干个费用要素组成，因此属于综合性费用，需按一定标准分配记入有关的明细账。

（3）辅助生产成本的计算与分配。

把辅助生产成本明细账中的费用，按其所服务的对象，编制辅助生产费用分配表，按一定的分配标准分配记入产品成本明细账及其他有关的明细账。

（4）分配制造费用。

把制造费用明细账中的费用，编制制造费用分配表，按一定标准分配记入产品成本明细账。

生产费用计入产品成本总分类核算的程序如图2-3所示。①—要素费用的分配；②—辅助生产费用的分配；③—制造费用的分配；④—废品损失的归集；⑤—废品损失的分配。

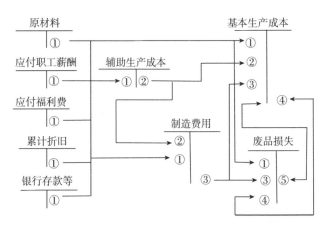

图2-3 生产费用计入产品成本总分类核算的程序

3. 确定成本计算期

成本计算期是指需要间隔多长时间计算一次成本，即每次计算产成品成本的期间。产品生产特点不同，使得对产品成本计算的要求不同，从而产品成本计算期也就有所区别。例如，制造企业中，在大量、大批生产的情况下，每月都有部分产品完工以供销售，就要求定期按月计算产成品成本。又如，在单件、小批生产情况下，各张订单或各批产品的生产周期各不相同，一般要等到一张订单所列产品或一批产品全部完工之后才能计算其成本。因此，通常以产品的生产周期为成本计算期，因而单件、小批生产企业的产品成本计算具有不定期性质。

不论产品成本计算是否定期，企业的成本计算工作必须经常地、及时地进行，并在每月月终把在账户上的已登记数加以结计，以便考核产品成本的发生情况，并使产品的成本计算能及时进行。

4. 生产费用在完工产品和在产品之间的划分

通过上述要素费用和综合费用的分配，本期发生的各项费用，均已分别记入产品成本明细账。在没有在产品或在产品很少的情况下（如发电、供水等企业或车间），产品成本明细账所归集的生产费用，即为完工产品的实际总成本。以实际总成本除以完工产品产量，就可以计算出完工产品的实际单位成本。但在大量、大批生产的企业里，月终一般有一定数量的在产品，这种情况下，每种产品本月发生的生产费用和月初在产品成本之和，就是本月完工产品成本和月末在产品成本的合计数。

要确定完工产品和在产品的成本，就需要把各种产品的成本（包括月初在产品成本和本月发生的生产费用），按一定标准在完工产品和在产品之间进行划分。

第三节　材料费用的归集和分配

一、材料费用的归集

材料是生产过程中的劳动对象，材料费用是指企业在生产过程中使用材料所发生的费用。对于生产过程中发生的材料费用，应按照发生的地点和用途进行归集，再采用适当的方法进行分配。因此材料费用的核算，包括材料费用的归集和分配两个方面。外购材料与企业自制等方式取得的材料的分配方法是一样的。

1. 材料的组成

产品成本中的直接材料，是指构成产品实体的原材料以及有助于产品形成的主要材料和辅助材料，分为原料及主要材料、辅助材料、燃料、修理用备件、包装物、低值易耗品、外购半成品等。

（1）原料及主要材料。

原料及主要材料是指经过加工后构成产品主要实体的原料和材料。

（2）辅助材料。

辅助材料是指在生产中不构成产品主要实体，只起一定辅助作用的各种材料，如油漆、润滑油、照明用具等。

（3）燃料。

燃料是指生产过程中用来燃烧发热的各种材料，包括固体、液体和气体的燃料，如煤、油、天然气等。

（4）修理用备件。

修理用备件是指修理本企业机器设备和运输工具所专用的各种备件，如轮胎、轴承等。

（5）包装物。

包装物是指为包装本企业产品，随同产品一同出售或者在销售产品时租给、借给购货单位使用的各种包装容器，如桶、瓶等。

（6）低值易耗品。

低值易耗品是价值比较低，在规定限额以下或者使用期限小于一年，不能作为固定资产管理的物品，如劳动保护用品等。

（7）外购半成品。

外购半成品是指从外部购进需要本企业进一步加工或装配的已加工了的原材料，如纺织厂外购的棉纱，轧钢厂外购的钢键，汽车制造厂外购的轮胎等。

材料是产品成本的重要组成部分，加强对材料费用的核算，对于降低产品成本、节约使用资金、加速资金周转等，都有着十分重要的作用。

为了确保材料费用归集的准确性，必须在材料采购、入库、发出等各个环节做好基础工作，按照成本核算的要求进行。对于材料费用的分配，应按其用途采取直接或间接分配的方法计入各成本计算对象中去。

2. 材料费用的归集

材料费用的归集是进行材料分配的基础和前提。材料费用的归集主要包括以下几个方面的工作。

（1）收入材料成本的确定。

正确地确定收入材料的成本，是正确计算产品成本中材料成本的前提。材料费用的计算，因企业对材料日常采用的计价方法的不同而有差别。一般情况下，如果企业规模较小，材料的品种规格不多且收发不太频繁，材料可按实际成本计价；若企业规模较大，材料品种规格繁多且收发频繁，则材料应按计划成本计价。企业生产过程中领用的材料品种、数量很多，为明确各单位的经济责任，便于分配材料费用，以及不断降低材料的不必要消耗，在领用材料时，应办理必要的手续。领用材料应由专人负责，并经有关人员签字审核后，才能办理领料手续。领用材料时使用的原始凭证主要包括领料单、限额领料单和领料登记表等。到了月末，将各种领料凭证按车间、部门进行汇总，就能计算出各车间、部门消耗材料的数量和金额，通过编制"材料费用分配表"即可进行材料费用分配的核算。

（2）消耗材料的计量。

根据发出材料的有关凭证，可将材料费用列入有关的成本计算对象中。对于库存材料的计量，则可采用永续盘存制和实地盘存制两种方法进行核算。

（3）发出材料成本的确定。

在材料按计划成本计价的情况下，对于发出的材料，应计算发出材料应负担的材料成本差异，把发出材料的计划成本调整为实际成本。对于期末库存材料，应以实际成本反映在资产负债表上。采用实际成本进行材料日常核算的企业，发出材料的实际成本，可采用先进先出法、月末一次加权平均法、移动加权平均法或个别计价法等方法计算确定。对于不同的材料，可以采用不同的计价方法。材料计价方法一经确定，一般不应经常变动。

二、材料费用的分配

1. 材料费用的分配原则

材料费用的分配是按照部门、用途和受益对象根据"谁受益谁负担"原理进行分配的。

（1）直接计入原则。

对于用于产品生产并构成产品主要实体或有助于产品形成的各种材料，其分配原则是：直接材料费用直接计入，间接材料费用分配计入各成本计算对象的"直接材料"成本项目中。直接材料费用是指直接为生产某一种产品所耗用的材料，并能直接确定其归属对象；而间接材料费用是指几种产品共同耗用的某种材料，不能直接确定其归属对象，需采用简便合理的方法在几种产品中进行分配。

（2）间接计入原则。

对于生产车间和行政管理部门一般耗用的材料，应分别计入"制造费用"和"管理费用"账户的相关项目中。在材料费用的分配中，对于直接用于生产各种产品的材料，如果数量较少，金额较小，根据重要性原则，可以采用简化的分配方法，即全部计入制造费用中，以省去一些复杂的计算分配工作。

2. 材料费用的分配方法

对于领用直接用于生产某一种产品的材料，可采用直接分配法，直接计入各该产品"直接材料"成本项目中；对于几种产品共同耗用的某种材料，则应采取分配的方法计入。对于共同耗用的材料，其费用分配公式如下。

材料费用分配率＝车间共同耗用材料费用/各种产品共同耗用材料费用分配标准之和

某产品应分配的材料费用＝该产品材料费用分配标准×材料费用分配率

（1）重量比例分配法。

重量比例分配法是按照各种产品的重量比例分配材料费用的一种方法。这种方法一般适用于企业生产的几种产品所耗用材料的多少与重量有着直接联系的情况，其计算公式如下。

材料费用分配率＝各种产品共同耗用的材料费用/各种产品重量之和

某产品应分配的材料费用＝该产品的重量×材料费用分配率

【例2-1】某企业生产甲、乙、丙三种产品，共同耗用 A 材料 2 000 千克，材料单价为 5 元。根据产量记录，甲、乙、丙产品的重量分别为 2 000 千克、2 500 千克、500 千克。要求：采用产品重量比例分配法分配材料费用。

材料费用分配率＝(2 000×5)/(2 000+2 500+500)＝2（元/千克）；

甲产品应分配的材料费用＝2 000×2＝4 000（元）；

乙产品应分配的材料费用＝2 500×2＝5 000（元）；

丙产品应分配的材料费用＝500×2＝1 000（元）。

(2) 定额耗用量比例分配法。

定额耗用量比例分配法是按各种材料消耗定额比例分配材料费用的一种方法。这种方法一般适用于企业各项材料消耗定额制定比较健全和准确的情况。其计算公式如下。

某产品材料定额耗用量=该产品实际产量×该产品单位产品材料定额消耗量

材料定额耗用量分配率=材料实际总耗用量/各种产品材料定额耗用量之和

某产品实际消耗的材料数量=该产品的定额耗用量×材料定额耗用量分配率

某产品应分配的实际材料费用=该产品应分配的实际材料数量×材料单价

【例2-2】某企业生产甲、乙、丙三种产品,共同耗用A原材料2 200千克,材料单价为5元。甲产品实际产量为150件,单位产品材料定额耗用量为4千克;乙产品实际产量为100件,单位产品材料定额耗用量为2千克;丙产品实际产量为400件,单位产品材料定额耗用量为3千克。要求:采用定额耗用量比例分配法分配材料费用。

甲产品材料定额耗用量=150×4=600(千克);

乙产品材料定额耗用量=100×2=200(千克);

丙产品材料定额耗用量=400×3=1 200(千克);

材料定额耗用量分配率=2 200/(600+200+1 200)=1.1;

甲产品实际消耗的材料数量=600×1.1=660(千克);

乙产品实际消耗的材料数量=200×1.1=220(千克);

丙产品实际消耗的材料数量=1 200×1.1=1 320(千克);

甲产品应分配的实际材料费用=660×5=3 300(元);

乙产品应分配的实际材料费用=220×5=1 100(元);

丙产品应分配的实际材料费用=1 320×5=6 600(元)。

采用这种方法分配材料费用,不仅能计算出每种产品应分配的材料费用,还能计算出每种产品耗用材料的实际数量;可以考核材料消耗定额的执行情况,有利于加强成本的核算和管理,但计算比较麻烦。为了简化材料费用的分配工作,对于不需要考核材料实际耗用量的企业,可采用按材料定额耗用量的比例直接分配材料费用的方法,其计算公式如下。

材料费用分配率=材料实际费用/各种产品材料定额耗用量之和

某产品应分配的材料费用=该产品材料定额耗用量×材料费用分配率

则【例2-2】的计算结果如下。

材料费用分配率=(2 200×5)/(600+200+1 200)=5.5(元/千克);

甲产品应分配的材料费用=600×5.5=3 300(元);

乙产品应分配的材料费用=200×5.5=1 100(元);

丙产品应分配的材料费用=1 200×5.5=6 600(元)。

上述两种计算方法结果相同,企业可根据本企业的具体情况选择使用。

(3) 产品材料定额成本比例分配法。

产品材料定额成本比例分配法是按照产品材料定额成本分配材料费用的一种方法。它一般适用于几种产品共同耗用几种材料的情况。其计算公式如下。

某产品材料定额成本=该产品实际产量×单位产品材料定额成本

材料定额成本分配率=各种产品实际材料费用总额/各种产品材料定额成本之和

某产品应分配的材料费用=该产品材料定额成本×材料定额成本分配率

【例2-3】 某企业生产甲、乙两种产品,耗用A、B两种材料。耗用A材料5 000千克,每千克5元;耗用B材料3 250千克,每千克2元。甲产品实际产量为400件,单位产品材料定额成本为50元;乙产品实际产量为500件,单位产品材料定额成本为30元。要求:采用产品材料定额成本比例分配法分配材料费用。

甲产品材料定额成本=400×50=20 000(元);

乙产品材料定额成本=500×30=15 000(元);

材料定额成本分配率=(5 000×5+3 250×2)/(20 000+15 000)=0.9;

甲产品应分配的材料费用=20 000×0.9=18 000(元);

乙产品应分配的材料费用=15 000×0.9=13 500(元)。

三、材料费用分配的账务处理

材料费用的分配,是通过编制"材料费用分配表"的方式进行的。因此,各生产车间和部门的"材料费用分配表"应根据各种领料凭证中的记录编制。在按实际成本核算时,根据各种领料凭证中所登记的实际成本汇总编制"材料费用分配表";在按计划成本核算时,除根据各种领料凭证中所登记的计划成本汇总外,还应根据材料成本差异率计算领用材料应负担的材料成本差异,计算发出材料的实际成本。但在"材料费用分配表"中,还应同时登记材料的计划成本和材料成本差异额,如果多种产品共同耗用某种材料,还应采用适当的方法在各种产品中进行分配,然后登记"材料费用分配表",在各车间、部门"材料费用分配表"的基础上,汇总编制"材料费用汇总分配表",据此进行材料费用分配的总分类核算。

现举例说明"材料费用分配表"的编制及根据"材料费用分配表"所进行的账务处理。

1. 材料按实际成本编制"材料费用分配表"

【例2-4】 某企业有两个生产车间——一个基本生产车间,一个辅助生产车间,基本生产车间根据各种领料凭证编制的"材料费用分配表"如表2-3所示。根据各车间、部门的"材料费用分配表",可以登记生产成本明细账、产品成本计算单、制造费用明细账以及管理费用明细账等有关明细账。根据汇总编制的"材料费用分配汇总表",作为发料凭证汇总表,编制记账凭证据以记账。

表2-3 材料费用分配表(按实际成本编制)

2019年1月

领料部门及用途		直接计入/元	分配计入			合计/元
			分配标准/元	分配率	金额/元	
基本生产车间	甲产品领用	30 000	20 000	0.9	18 000	48 000
	乙产品领用	25 000	15 000	0.9	13 500	38 500
	一般耗用	4 000				4 000

续表

领料部门及用途	直接计入 /元	分配计入			合计 /元
		分配标准/元	分配率	金额/元	
辅助生产车间	运输车间			600	600
管理部门				200	200
专设销售机构				5 000	5 000
建造工程				10 000	10 000
合计	59 000			47 300	106 300

本例中,根据"材料费用分配汇总表"编制以下会计分录。

借:生产成本——基本生产成本——甲产品　　　　　48 000
　　　　　　　　　　　　　　——乙产品　　　　　38 500
　　　　——辅助生产成本——运输车间　　　　　　　600
　　制造费用——基本生产车间　　　　　　　　　　4 000
　　管理费用　　　　　　　　　　　　　　　　　　　200
　　销售费用　　　　　　　　　　　　　　　　　　5 000
　　在建工程　　　　　　　　　　　　　　　　　 10 000
　　贷:原材料　　　　　　　　　　　　　　　　 106 300

2. 材料按计划成本编制"材料费用分配表"

【例2-5】接上例资料,该企业按计划成本编制的"材料费用分配表"如表2-4所示。

要求:据此编制会计分录。

表2-4　材料费用分配表(按计划成本编制)

2019年1月　　　　　　　　　　　　　　　　　　　　　　　　单位:元

领料部门及用途		领用材料的计划成本	差异额（差异率1%）	实际成本
基本生产车间	甲产品领用	48 000	480	48 480
	乙产品领用	38 500	385	38 885
	一般耗用	4 000	40	4 040
辅助生产车间	运输车间	600	6	606
管理部门		200	2	202
专设销售机构		5 000	50	5 050
建造工程		10 000	100	10 100
合计		106 300	1 063	107 363

本例中,根据"材料费用分配汇总表"编制以下会计分录。

借:生产成本——基本生产成本——甲产品　　　　　48 480

——乙产品		38 885
——辅助生产成本——运输车间		606
制造费用——基本生产车间		4 040
管理费用		202
销售费用		5 050
在建工程		10 100
贷：原材料		106 300
材料成本差异		1 063

如果材料成本差异为节约差异，则应用红字编制上述会计分录。

四、燃料费用的分配

生产过程中使用的燃料，实际上也属于材料。因此，其费用归集与分配的方法与材料费用的归集与分配方法大致相同。对于生产产品使用的燃料，在燃料使用不多时，可不设置专门的成本项目，而将其列入"制造费用"成本项目中。若燃料耗用的数量较大，就根据重要性原则专门设置"燃料和动力"成本项目。

第四节　人工费用的归集和分配

一、人工费用核算的基础工作

为了正确地计算和分配人工费用，应做好人工费用核算的各项基础工作。企业应根据自身的特点和管理的要求，确定人工费用核算所需原始凭证的种类、格式、登记方法以及传递程序，做好内部分工，保证各项凭证记录准确无误。人工费用核算的各项原始记录主要如下。

1. 考勤记录

考勤记录是登记职工出勤和缺勤情况的记录。考勤记录是计算职工工资的重要记录，同时，它对于分析和考核职工工作时间利用情况，加强企业的劳动纪律，提高企业管理水平等，也有重要作用。

企业的考勤记录一般按车间、班组、科室分别进行。考勤记录应由考勤人员根据职工出勤和缺勤情况进行逐日登记。除了反映出勤和缺勤情况以外，考勤记录还应反映出勤时间分析、缺勤时间分析等内容。考勤记录在月末经财会部门审核后，作为计算计时工资的依据。

2. 产量记录

产量记录是反映工人或班组在出勤时间内生产产品的产量和耗用生产工时的记录。产量记录不仅是计算计件工资的依据，同时也是统计产量和生产工时的依据。所以，产量记录应提供产量、合格品产量、废品产量、工时等资料。生产车间的工艺过程和生产组织的特点以及产品的性质不同，产量记录的具体内容与编制程序也不一样。

二、人工费用核算的任务

根据人工费用的内容和特点。人工费用核算的主要任务如下。

1. 做好人工费用核算的基础工作

人工费用核算的基础工作包括考勤记录、产量和工时记录、质量检验记录等。这些原始记录是进行人工费用计算和分配的主要依据，其准确程度直接影响人工费用计算和分配的准确度。因此，应建立健全各项原始记录，并确保其真实可靠。

2. 正确地计算职工工资

在各项原始记录的基础上，应采用适当的方法，正确计算每位职工应得的工资，做好与职工的结算工作。同时，每位职工应得的工资，也是汇总计算全部职工工资的基础。做好这项工作，有助于保证人工费用计算的准确性。

3. 正确地归集人工费用

工资费用应按人工费用发生的地点和用途加以归集。在归集应付工资时，应按国家关于工资总额范围的规定，对于不允许列入工资总额的部分应予以剔除，要按各部门职工工资单，正确地汇总编制"工资结算汇总表"，作为工资总分类核算的依据。由于企业职工的工资不是全部列入产品成本和费用中的，因此，在归集人工费用时，一定要按工资发生的地点和用途，不能将应由其他项目开支的人工费用和应列入产品成本和费用中的工资相混淆。

4. 正确地分配人工费用

人工费用应按其发生的地点和用途进行分配。在分配时，应区别应计入产品成本及费用与不应计入产品成本及费用的工资。对于计入产品成本中的工资，还应采用适当的方法分别计入各种产品成本中。为了完成上述任务，企业的会计人员应与劳动人事、统计等部门密切配合，相互监督，共同做好人工费用的核算工作。

三、职工薪酬的构成和计算

职工薪酬是指企业为获得职工提供的服务而给予的各种形式的报酬以及其他相关支出，是劳动者为自己创造的价值。职工薪酬中，支付给职工个人的部分构成了工资总额，不直接支付给职工个人的部分，构成了其他相关支出。根据《企业会计准则——基本准则》，职工薪酬具体包括以下内容。

1. 工资总额

为了保证国家对工资进行统一核算，加强工资的管理，工资总额包括计时工资、计件工资、奖金、津贴和补贴、加班加点工资和特殊情况下支付的工资等。

（1）计时工资。

计时工资是指按计时工资标准和工作时间支付给职工的劳动报酬。计时工资标准是根据职工的工作能力、劳动熟练程度、工作的复杂程度、劳动轻重程度以及责任大小确定的单位时间内的工资标准，有月工资、日工资和小时工资三种。企业在计算职工计时工资时，可采用月薪制和日薪制两种方法。

① 月薪制。

月薪制又叫扣缺勤法，是指按职工规定的月标准工资扣除缺勤工资计算工资的一种方法。采用月薪制时，只要职工出满勤，不论该月份有多少天数，都可以得到固定的月标准工资。如果出现缺勤，则应从月标准工资中将缺勤工资予以扣除。相关计算公式如下。

$$应付计时工资 = 月标准工资 - 缺勤应扣工资$$
$$= 月标准工资 - 缺勤天数 \times 日工资 \times 应扣比例$$
$$= 月标准工资 - 缺勤天数 \times (月标准工资 \div 工作天数) \times 应扣比例$$

在上述计算公式中，月标准工资可从职工的工资卡片获得，只要职工的标准工资不调整，该数字每个月份的金额都是相同的。缺勤天数或小时可从考勤记录中获得。日工资也称日工资率，指每日应得的平均工资额。应扣比例根据缺勤原因和劳动法规定的扣除比例计算。日工资的计算方法有三种，其具体计算方法如下。

第一，按法定工作日计算。

$$日工资 = 月标准工资 / 20.83 \text{ 天}$$

采用这种方法计算日工资，20.83 天是由年日历天数 365 天减去双休日 104 天和法定节假日 11 天之后除以 12 个月得出的。由于双休日和节假日不包括在工作天数内，双休日和节假日不付工资，双休日和节假日缺勤也不扣工资。采用这种方法计算日工资的优点是计算方法简单。由于全年平均每月工作日数是不变的、职工的标准工资又不经常变动，所以不需要每月计算职工的日工资。同时，由于双休日和节假日不计算工资，能够体现按劳分配的原则；在此期间缺勤也不扣工资，比较容易理解。因此，这种方法在实际工作中得到了广泛的运用。

第二，按每月固定日历天数 30 天计算。

按每月固定日历天数 30 天计算日工资，是根据月标准工资除全年平均每月日历日数 30 天计算的。其计算公式如下。

$$日工资 = 月标准工资 / 30 \text{ 天}$$

采用这种方法计算日工资时，只要职工月标准工资不变，各月份日工资也是相等的。但由于双休日和节假日算工资，所以缺勤期间如果遇到双休日和节假日也要扣工资。

第三，按每月实际满勤日数计算。

按每月实际满勤日数计算日工资是根据月标准工资除以当月满勤日数计算的。其计算公式如下。

$$日工资 = 月标准工资 / 当月实际满勤日数$$
$$当月实际满勤日数 = 当月实际日历日数 - 当月双休日及节假日天数$$

采用这种方法计算时，双休日和节假日不付工资，双休日和节假日缺勤也不扣工资。由于每个月份的双休日和节假日天数不相同，所以每个月份当月实际满勤日数也不相同。因此在这种情况下，即使月标准工资不变，在各月份实际满勤日数不相同的情况下计算出来的各月份的日工资也不一样。这种方法应用起来较为烦琐，因此在实际工作中一般较少采用。

下面举例说明不同日工资计算方法下计时标准工资的计算过程。

【例2-6】职工张某月标准工资为5 000元,2018年10月份缺勤4天(缺勤期间有星期日2天),10月份有3天节假日,8个双休日。要求:计算张某计时工资。

①按20.83天计算日工资。

日工资=5 000/20.83=240.04(元);

应扣缺勤工资=2×240.04=480.08(元);

应付计时工资=5 000-480.08=4 519.92(元)。

②按30天计算日工资率。

日工资=5 000/30=166.67(元);

应扣缺勤工资=4×166.67=666.68(元);

应付计时工资=5 000-666.68=4 333.32(元)。

③按当月实际满勤天数计算日工资。

10月份有31天,3个节假日,8个双休日,则该月实际满勤天数=31-3-8=20(天)。

日工资=5 000/20=250(元);

应扣缺勤工资=2×250=500(元);

应付计时工资=5 000-500=4 500(元)。

采用月薪制计算职工应付计时工资时,由于是采用缺勤扣工资的方式进行的,所以,当职工出满勤时,就可以得到全额月标准工资。同时,在企业里出满勤的职工人数较多,因此,计算起来比较简便。

②日薪制。

日薪制又叫出勤工资累计法,是指按职工实际出勤日数和日工资计算其应付工资的一种方法,其计算公式如下。

$$应付计时工资 = 出勤日数 \times 日工资$$

由此可见,计时工资的计算无论采用月薪制还是日薪制,都需要计算日工资;日薪制中的日工资可按月薪制下计算日工资三种方法中的一种方法计算。

【例2-7】接【例2-6】,若采用日薪制时,计算张某计时工资。

①按20.83天计算日工资。

应付计时工资=5 000÷20.83×(31-8-3-2)=4 320.69(元)。

②按30天计算日工资。

应付计时工资=5 000÷30×(31-4)=4 500(元)。

③按当月实际满勤天数20天计算日工资。

应付计时工资=5 000÷20×(20-2)=4 500(元)。

采用日薪制计算职工应付计时工资,有利于正确计算生产工人的工资成本。但是由于每个月份实际工作天数不同、职工出勤的天数不同,所以,每个月都需要计算,工作量较大。

(2)计件工资。

计件工资是指根据规定的计件单价和合格品数量计算的工资,包括实行超额累进计件、限额计件、超定额计件等工资制,按劳动部门或主管部门批准的定额和计件单价支付给个人的工资和按营业额提成或利润提成办法支付给个人的工资。在计算计件工资时对于由于材料问题产生的废品(料废品),应照付计件工资;对于由于工人加工过失等而产生的废品(工废品),则不应支付计件工资。计件工资按照支付对象,可分为个人计件工资与集体计件工资两种。

①个人计件工资的计算。

当职工所从事的工作能分清每个人的经济责任时,可采取个人计件工资的方式。如果工人在月份内只生产一种产品,应付计件工资的公式如下。

应付计件工资=(合格品数量+料废品数量)×计件单价

计价单价是根据加工单位产品耗用的工时和小时工资标准的乘积计算的。

如果工人在月份内生产多种产品,且各种产品计件单价不同,应付计件工资的公式如下。

应付计件工资=∑[(某种产品合格品数量+该种产品料废品数量)×该种产品计件单价]

【例2-8】职工张某10月份加工甲、乙两种产品,甲产品50件,乙产品30件。验收时发现甲产品料废品3个,乙产品工废品2个。张某小时工资为20元,甲产品单位定额工时为1小时,乙产品单位定额工时为2小时。要求:计算张某本月计件工资。

甲产品计件单价=20×1=20(元);

乙产品计件单价=20×2=40(元);

应付张某本月计件工资=50×20+(30-2)×40=2 120(元)。

②集体计件工资的计算。

当工人集体从事某项工作且不易分清每个工人的经济责任时,可采取集体计件工资方式。采用集体计件工资方式时,先计算出集体计件工资总额,然后将集体计件工资总额按照每人贡献大小在小组成员间进行分配。

【例2-9】由3名等级不同的工人组成的小组,本月完成合格品产量400件,计件单价每件60元,其余资料见表2-4。

集体应付计件工资=400×60=24 000(元)。

每位工人应付计件工资如表2-5所示。

表2-5 计件工资分配表

2019年1月

姓名	等级	小时工资/元	实际工作小时/小时	计时工资/元	分配率/(元·小时$^{-1}$)	应付计件工资/元
张某	1	15	150	2 250	2.69	6 052.5
王某	2	20	140	2 800	2.69	7 532
李某	3	25	155	3 875	2.69	10 415.5*
合计			445	8 925	—	24 000

注:由于保留小数点位数,*为倒挤计算出的数据。

(3) 奖金。

奖金是指对职工的超额劳动，在标准工资以外支付给职工的物质奖励性质的劳动报酬，包括生产奖、节约奖、劳动竞赛奖以及其他奖金。

(4) 津贴和补贴。

津贴是指为了补偿职工特殊或额外劳动消耗和其他由于特殊原因支付给职工的津贴，包括保健津贴、技术津贴、年功性津贴及其他津贴等；补贴是指为了保证职工生活水平不受物价变动的影响而支付给职工的物价补贴，包括副食品价格补贴、粮价补贴、煤价补贴等。

(5) 加班加点工资。

加班加点工资是指按规定对职工在法定工作时间以外从事的劳动支付给职工的加班工资和加点工资。其计算公式如下。

$$应付加班加点工资 = 加班加点天数 \times 日工资 \times 规定的支付标准$$

规定的支付标准是指在正常工作时间外加班加点应按标准工资的150%计算，在双休日加班加点应按标准工资的200%计算，在节假日加班加点应按标准工资的300%计算。

(6) 特殊情况下支付的工资。

特殊情况下支付的工资是指根据国家法律法规和政策规定，支付给职工的病假、工伤、产假、计划生育假、婚丧假、事假、探亲假、定期休假、停工学习、执行国家和社会义务的工资等。计算应付病假工资时，应按规定的比例计算，计算公式如下。

$$应付病假工资 = 病假天数 \times 日工资 \times 支付比例$$

上述各项目计算出来以后，就是应付每位职工的工资，再扣除企业为职工代扣代缴的各种款项，其余额即为实发工资。应付工资和实发工资的计算公式如下。

$$应付工资 = 应付计时工资 + 应付计件工资 + 奖金 + 津贴和补贴 + 加班加点工资 + 特殊情况下支付的工资$$

$$实付工资 = 应付工资 - 代扣款项$$

代扣款项是指企业从职工工资中扣除的代为职工缴纳的各种款项，如个人所得税，应由个人承担的医疗保险费、养老保险费等费用。

工资总额不包括以下内容：根据国家有关规定发的创造发明奖，有关劳动保险和职工福利方面的各项费用，有关离休、退休人员待遇的各项支出、劳保支出、出差伙食补助，支付给承租人的风险性补偿收入，购买本企业股票和债券所得到的股息收入和利息收入等。在实际工作中，应付工资、代扣款项及实发工资等是通过编制"职工工资单"的形式计算的。"职工工资单"应按车间、部门进行编制，作为企业与职工工资结算的原始记录。企业按规定计算出每一职工的应付工资后，应在规定日期发放给每一位职工。为反映企业同职工工资的结算情况，财务部门应根据各车间、部门的"职工工资单"，汇总编制"工资结算汇总表"，作为应付职工工资的依据。"工资结算汇总表"的格式见表2-6。

【例2-10】某企业2019年1月根据各车间、部门的"工资结算单"按人员类别和工资性质分别汇总以后编制"工资结算汇总表"，如表2-6所示。

表 2-6 工资结算汇总表

2019 年 1 月   单位：元

车间或部门	应付职工薪酬					合计
	计时工资	计件工资	奖金	津贴和补贴	加班加点工资	
基本生产车间	498 000		22 000	12 000	8 000	540 000
生产工人	460 000		20 000	12 000	8 000	500 000
车间管理人员	38 000		2 000			40 000
辅助生产车间	117 600		2 000	400		120 000
运输车间	117 600		2 000	400		120 000
行政管理部门	30 000					30 000
销售机构	19 200		800			20 000
建造工程		50 000				50 000
合计	664 800	50 000	24 800	12 400	8 000	760 000

2. 其他相关支出

其他相关支出是指除了直接支付给职工个人以外、以工资为基础计算的相关支出，包括职工福利费、社会保险费、住房公积金、工会经费和职工教育经费、非货币性福利、辞退福利以及股份支付。

（1）职工福利费。

职工福利费是指企业为职工提供福利而从成本中提取的金额，可用于补助职工食堂、医院，以及部分生活困难的职工等。

（2）社会保险费。

社会保险费是指企业按照国家规定的基准和比例计算，向社会保险经办机构缴纳的养老保险、医疗保险、失业保险、工伤保险和生育保险等。其中，养老保险包括基本养老保险、补充养老保险和商业养老保险 3 种。基本养老保险是指企业根据国家规定的基准和比例计算的向社会保险经办机构缴纳的养老保险；补充养老保险是指企业根据《企业年金试行办法》《企业年金基金管理办法》等相关规定向有关单位（企业年金基金账户管理人）缴纳的养老保险；商业养老保险是指企业以商业保险形式提供给职工的各种保险待遇。

（3）住房公积金。

住房公积金是企业按照国家《住房公积金管理条例》规定的基准和比例计算并向住房公积金管理机构缴存的住房公积金。

（4）工会经费和职工教育经费。

工会经费和职工教育经费是指企业为了改善职工文化生活、提高职工业务素质，用于开展工会活动和职工教育及职业技能培训，根据国家规定的基准和比例，从成本费用中提取的金额。

（5）非货币性福利。

非货币性福利是指企业以自产或外购商品发给职工作为福利，将自己拥有的资产无偿提供给职工使用，为职工无偿提供医疗保健服务等。

（6）辞退福利。

辞退福利是指企业由于实施主辅业分离、辅业改制、分流安置富余人员、实施重组或改组计划等，同时，也由于职工不能胜任等，在职工劳动合同到期之前解除与职工的劳动关系，或者鼓励职工自愿接受裁减而提出补偿建议的计划中给予职工的经济补偿。

（7）股份支付。

股份支付是指企业为获取职工和其他方提供服务而授予权益工具或者承担以权益工具为基础确定的负债交易。

为了便于进行分配及进行职工薪酬的账务处理，企业应当根据各项薪酬的计算结果汇总编制"应付职工薪酬汇总表"。

【例2-11】某企业2019年1月根据各车间、部门的"工资结算汇总表"按人员类别、工资项目和一定的计提比例分别计提工资汇总以后编制"应付职工薪酬汇总表"，如表2-7所示。

表2-7 应付职工薪酬汇总表

2019年1月 单位：元

部门	工资总额	职工福利（5%）	医疗保险（10%）	养老保险（20%）	住房公积金（10%）	工会经费（2%）	职工教育经费（1.5%）	合计
基本生产车间	540 000	27 000	54 000	108 000	54 000	10 800	8 100	801 900
生产工人	500 000	25 000	50 000	100 000	50 000	10 000	7 500	742 500
车间管理人员	40 000	2 000	4 000	8 000	4 000	800	600	59 400
辅助生产车间	120 000	6 000	12 000	24 000	12 000	2 400	1 800	178 200
运输车间	120 000	6 000	12 000	24 000	12 000	2 400	1 800	178 200
行政管理部门	30 000	1 500	3 000	6 000	3 000	600	450	44 550
销售机构	20 000	1 000	2 000	4 000	2 000	400	300	29 700
建造工程	50 000	2 500	5 000	10 000	5 000	1 000	750	74 250
合计	760 000	38 000	76 000	152 000	76 000	15 200	11 400	1 128 600

四、工资费用的分配

对于生产车间发生的直接人工费用，在生产一种产品时，可将其全部列入该产品的成本中；如果生产几种产品，则应采用一定的方法分配计入各种产品成本中。直接人工费用的分配方法一般采用按实际工时或定额工时的比例进行分配。其计算公式如下：

直接人工费用分配率=直接人工总额/各种产品实际（或定额）工时之和

某产品应分配的直接人工=该产品实际（或定额）工时×直接人工费用分配率

【例2-12】接【例2-11】，某企业基本生产车间生产工人工资（直接人工）742 500元是为生产甲、乙两种产品共同发生的。生产工时总数为 30 000 小时，其中甲产品 20 000 小时，乙产品 10 000 小时，则每种产品应分配的工资费用可编制成"直接人工费用分配表"，如表 2-8 所示。

表 2-8　直接人工费用分配表

2019 年 1 月

分配对象	分配标准/小时	分配率/(元·小时$^{-1}$)	分配金额/元
甲	20 000	24.75	495 000
乙	10 000	24.75	247 500
合计	30 000	—	742 500

五、工资费用的账务处理

1. 账户设置

工资费用核算使用的会计科目为"应付职工薪酬"科目。该科目属于负债类科目，用来核算企业根据有关规定应付给职工的各种薪酬。本科目应当按照"工资""职工福利费""社会保险费""住房公积金""工会经费""职工教育经费""非货币性福利""解除职工劳动关系补偿""股份支付"等项目进行明细核算。

"应付职工薪酬"科目的贷方登记应发放给职工的薪酬金额。另外，因解除与职工的劳动关系给予的补偿、外商投资企业按规定从净利润中提取的职工奖励及福利基金也记入该科目的贷方。"应付职工薪酬"科目的借方登记企业按照有关规定向职工支付的工资、奖金、津贴，以及从应付职工薪中扣还的各种款项等。企业向职工支付的职工福利费、工会经费和教育经费、按照国家有关规定缴纳的社会保险费和住房公积金、因解除与职工的劳动关系所给予的补偿也记入该科目的借方。本科目期末贷方余额，反映企业应付职工薪酬的结余。

2. 工资费用的账务处理

工资费用一般可按其计入成本项目、费用项目的不同进行分类。企业在产品生产过程中发生的工资费用，是构成产品成本的重要组成部分。企业职工在生产经营过程中的岗位不同，其工资费用的处理方法也不一样。所以，在核算工资费用时，应将不同职工的工资费用列入不同的成本项目和费用项目中。

（1）生产工人的工资。

在企业里，大部分职工是直接从事产品生产的人员。这些职工的工资费用，由于是同产品生产直接发生关系的，因而可以直接计入或分配计入产品成本中。在产品成本项目中，专设"直接人工"成本项目，来归集生产工人的工资费用。

（2）其他人员的工资。

支付给其他人员的工资费用由于不直接同产品生产相联系，因而不直接记入"直接人工"项目。对于生产车间发生的为生产产品和提供劳务而发生的各项间接工资费用，如车间管理人员的工资，应列入"制造费用"中的"工资费用"明细项目中；辅助生产车间的工资费用可以分别记入"辅助生产成本"和"制造费用"账户，或者全部记入"辅助生产成本"账户；而企业行政管理部门人员的工资费用，则应记入"管理费用"中的"工资费用"明细项目中；销售机构人员的工资，应记入"销售费用"账户中；在建工程项目人员工资费用记入"在建工程"账户中。

【例2-13】根据企业编制的"应付职工薪酬汇总表"（见表2-7）和"直接人工费用分配表"（见表2-8），编制分配本月职工薪酬的会计分录如下。

借：生产成本——基本生产成本——甲　　　　　495 000
　　　　　　　　　　　　　　——乙　　　　　247 500
　　　　　　——辅助生产成本——运输车间　　178 200
　　制造费用——基本生产车间　　　　　　　　 59 400
　　管理费用　　　　　　　　　　　　　　　　 44 550
　　销售费用　　　　　　　　　　　　　　　　 29 700
　　在建工程　　　　　　　　　　　　　　　　 74 250
　　贷：应付职工薪酬——工资　　　　　　　　760 000
　　　　　　　　　　——职工福利费　　　　　 38 000
　　　　　　　　　　——社会保险费　　　　　228 000
　　　　　　　　　　——住房公积金　　　　　 76 000
　　　　　　　　　　——工会经费　　　　　　 15 200
　　　　　　　　　　——职工教育经费　　　　 11 400

第五节　其他费用的归集和分配

一、外购动力费用的归集和分配

外购动力费用是指企业从外单位购入的电力、蒸汽等动力费用。动力费用可以分为自制和外购两种情况，自制动力费用分配属于辅助生产费用分配的内容，此处只讨论外购动力费用的归集与分配。

1. 外购动力费用的归集

外购动力应根据其使用的数量，向供应单位支付款项。一般情况下，使用的外购动力都用仪器仪表计量。在支付外购动力费用时，应根据仪器仪表上记录的耗用数量、规定的价格向提供动力的单位支付款项。动力费用一般是先用后付，即本月发生的动力费用要到下个月才支付，而企业进行成本计算的会计期间是以月为基础的，应以本月实际消耗的动力费用为基准。因此，根据权责发生制原则和收入与费用相配比原则，企业应在月末确定发生的动力费用，将其作为当期分配的依据。

2. 外购动力费用的分配

在对外购动力费用进行分配时，应由财会部门根据所支付的外购动力费用额以及各部门耗用外购动力的数量，通过编制"动力费用分配表"进行分配。外购动力有的直接用于产品生产，如生产工艺用电；有的间接用于产品生产，如车间照明和办公用电；有的用于经营管理，如行政管理部门用电。如果使用外购动力的各部门都有仪器仪表计量，则外购动力费用应根据仪器仪表记录的各部门耗用量进行分配。若使用动力的部门没有仪器仪表计量，可按生产工时、机器工作时长等标准进行分配。

（1）基本生产车间用于产品生产外购动力费用的分配。

基本生产车间生产产品耗用的动力费用，在按照一定标准分配后，计入基本生产成本明细账中的"直接材料"成本项目或单独设置的"燃料和动力"成本项目中；各个车间、部门耗用的动力，都有电表等计量器具加以计量。对于生产车间用于产品生产的外购电力，由于不能按产品分装电表计量其耗用的数量，因此，一般要进行分配，其计算公式如下。

某车间生产产品动力费用分配率=该车间生产用动力费用总额/各种产品动力费用分配标准之和

某产品应分配的动力费用=该产品动力分配标准数×该车间动力费用分配率

（2）基本生产车间一般耗用外购动力费用的分配。

基本生产车间照明、办公等耗用的动力费用，应根据其耗用的数量和动力费用分配率，计算出应分配的动力费用数额，记入"制造费用明细账"中有关的成本项目。

（3）辅助生产车间耗用外购动力费用的分配。

辅助生产车间耗用的动力费用，应根据其耗用的数量和动力费用分配率，计算出应分配的动力费用数额，记入"辅助生产成本明细账"中有关的成本项目。

（4）管理部门、销售机构耗用外购动力费用的分配。

管理部门、销售机构耗用的外购动力费用，应根据其耗用的数量和动力费用分配率，计算出应分配的动力费用数额，记入"管理费用明细账""销售费用明细账"中有关的成本项目。

现举例说明外购动力费用的分配方法。

【例2-14】某企业本月份共支付外购电力费用180 000元，各车间、部门的电表所计量的用电度数合计为450 000度，每度电0.4元。根据各车间、部门用电的数量及有关产品的工时资料，编制"外购动力费用分配表"，如表2-9所示。

表2-9 外购动力分配表

2019年1月

分配对象		成本项目	耗用数量/度	分配标准(定额工时)/小时	分配率	分配金额/元
基本生产车间	甲产品	燃料和动力		60 000	1.6元/小时	96 000
	乙产品	燃料和动力		20 000	1.6元/小时	32 000
	小计		320 000	80 000	—	128 000
	车间一般耗用	电费	70 000		0.4元/度	28 000

续表

分配对象	成本项目	耗用数量/度	分配标准(定额工时)/小时	分配率	分配金额/元
辅助生产车间	电费	30 000		0.4 元/小时	12 000
行政管理部门	电费	20 000		0.4 元/小时	8 000
销售机构	电费	10 000		0.4 元/小时	4 000
合计		450 000		—	180 000

根据"外购动力费用分配表"中的数字，应编制以下会计分录。

借：生产成本——基本生产成本——甲　　　　　　96 000
　　　　　　　　　　　　　　——乙　　　　　　32 000
　　　　——辅助生产成本　　　　　　　　　　　12 000
　　制造费用——基本生产车间　　　　　　　　　28 000
　　管理费用　　　　　　　　　　　　　　　　　8 000
　　销售费用　　　　　　　　　　　　　　　　　4 000
　贷：应付账款等科目　　　　　　　　　　　　　180 000

二、固定资产折旧费的核算

折旧费是产品成本的组成部分，不单独设置成本项目，而是按照固定资产所在的车间、部门进行核算，分别记入"辅助生产成本""制造费用""管理费用""销售费用"等账户，贷记"累计折旧"账户。

折旧费的归集是通过编制各车间、部门"折旧计算明细表"而汇总编制全厂的"折旧计算汇总表"进行的。各车间、部门"折旧计算明细表"应根据月初计提折旧固定资产的有关资料和确定的折旧计算方法编制。月份内开始使用的固定资产，当月不提折旧，从下月起计提折旧；当月减少或者停用的固定资产，当月仍计提折旧，从下月起停止计提折旧。

除已经提足折旧仍继续使用的固定资产和按规定单独计价作为固定资产入账的土地不计提折旧外，其余所有固定资产均需要计提折旧。

现举例说明固定资产折旧费的核算方法。

【例 2-15】某企业各车间、部门根据确定的固定资产折旧方法和计算折旧的有关规定，计算并编制"固定资产折旧计算明细表"和"固定资产折旧计算汇总表"。固定资产折旧计算汇总表的格式如表 2-10 所示。

表 2-10 固定资产折旧计算汇总表

2019 年 1 月　　　　　　　　　　　　　　　　　　　　　　　　单位：元

项目	制造费用 （基本生产车间）	辅助生产成本 （运输车间）	管理费用 （管理部门）	销售费用 （销售机构）	合计
折旧费	45 200	36 700	29 000	1 700	112 600

根据表 2-10，编制会计分录如下。

借：生产成本——辅助生产成本——运输车间　　　　36 700
　　制造费用——基本生产车间　　　　　　　　　　45 200
　　管理费用　　　　　　　　　　　　　　　　　　29 000
　　销售费用　　　　　　　　　　　　　　　　　　 1 700
　贷：累计折旧　　　　　　　　　　　　　　　　　112 600

第六节　辅助生产费用的归集与分配

辅助生产车间是为企业的基本生产车间、行政管理等部门服务而进行的产品生产和劳务供应，一般很少对外提供服务，主要是为本企业提供服务。辅助生产车间有的只生产一种产品或提供一种劳务，如供电、供水、供气、运输等辅助生产；有的生产多种产品或提供多种劳务，如模具、修理用备件的制造。因此，辅助生产车间发生的费用应由各受益的车间、部门负担。辅助生产成本的高低，对产品成本高低有直接影响。只有正确及时地计算并分配应由产品负担的辅助生产费用后，才能进行产品成本的计算。因此辅助生产车间发生的费用，必须单独进行归集与核算，并将其分配计入各受益对象。

一、辅助生产费用的归集

1. 辅助生产费用核算的账户设置

辅助生产车间为生产产品或提供劳务而发生的各种费用，构成了这些产品或劳务的成本。为了核算辅助生产车间所发生的费用，计算所产产品或劳务的成本，辅助生产车间应设置"生产成本——辅助生产成本"科目，据此进行辅助生产成本的归集和分配；按车间以及产品、劳务的种类设置辅助生产成本明细账，账内按照成本项目或费用项目设置专栏。

对于直接用于辅助生产产品或提供劳务的费用，应记入"辅助生产成本"账户的借方，对于单设"制造费用"的辅助生产车间发生的其他费用，则记入"制造费用——辅助生产车间"账户的借方，然后从"制造费用——辅助生产车间"账户的贷方直接转入或分配转入"辅助生产成本"账户的借方，计算辅助生产的产品或劳务的成本。

有的企业辅助生产车间的规模较小，发生的制造费用较少，也不对外销售产品或提供劳务，为了简化核算工作，辅助生产车间也可以不单独设置"制造费用——辅助生产车间"账户，而将其发生的费用直接记入"辅助生产成本"账户。本书采用第二种账户设置方法。

2. 辅助生产成本的结转

辅助生产车间提供的产品和劳务，有的需要验收入库，期末可能有在产品，如自制材料、工具等；有的不需要入库，也没有在产品，如供水、供电、运输等。

辅助生产车间发生的各种费用计入成本费用的方法，是由辅助生产车间提供产品和劳务的性质及其在生产过程中的作用决定的。若辅助生产车间是生产产品的，如自制材料、工具等，在这些产品完工后，应将其成本从"生产成本——辅助生产成本"账户转入"原材料""低值易耗品"或"周转材料"等账户中。月末结转本月完工入库产品成本以后，辅助生产成本二级账户及其所属明细账户如果还有余额，表示该辅助生产车间的月末在产品成本；待各车间、部门领用辅助生产车间产品时，根据具体的用途和数量，一次或分次转入有关成本费用账户。若辅助生产车间是提供劳务的，一般经过归集和分配后，"生产成本——辅助生产成本"账户期末无余额。

二、辅助生产费用的分配

如果辅助生产车间提供水、电、蒸汽等产品或劳务，其发生的费用在归集后，应根据各受益部门的耗用量，在各受益部门间进行分配。在这种情况下，辅助生产车间除主要向基本生产车间和行政管理等部门提供劳务外，辅助生产车间之间也相互提供劳务。如供电车间向供水车间提供电力，供水车间向供电车间提供水。这样，要计算电的成本，首先应计算水的成本；而要计算水的成本，又要先计算电的成本。它们之间相互制约、互为条件，使辅助生产费用的分配产生了困难。因而，辅助生产费用的分配采用了一些特殊的分配方法，主要有直接分配法、一次交互分配法、计划成本分配法、代数分配法和顺序分配法等。

1. 分配原则

辅助生产费用的分配就是将辅助生产车间的产品或劳务成本按各受益对象耗用的数量计入各受益对象的相关账户中。具体而言，辅助生产费用的分配应遵循以下原则。

（1）谁受益谁负担。

凡接受辅助生产车间提供的产品或劳务的部门均应负担辅助生产成本，其中能确认受益对象的，直接计入各受益对象；不能确认的，按照受益比例在各受益对象之间进行分配。

（2）分配方法尽量简便、合理。

辅助生产费用的分配方法，既不能忽视成本计算的准确性，也不能一味追求准确而采用太复杂的方法，增加工作量。

2. 辅助生产费用的分配方法

（1）直接分配法。

直接分配法是指把辅助生产车间发生的实际费用，仅在各基本生产车间和行政管理等部门之间按其受益数量进行分配，对于各辅助生产车间之间相互提供的产品或劳务则不进行分配的一种辅助生产费用分配方法。其计算公式如下。

费用分配率＝待分配辅助生产费用/（该辅助生产车间提供劳务总量－为其他辅助生产车间提供的劳务量）

各受益部门应分配辅助生产费用＝该受益单位耗用量×费用分配率

【例2-16】某企业设有供电、运输两个辅助生产车间，由于该企业辅助生产车间只提供一种劳务，因此该辅助生产车间不设置制造费用明细账。2019年1月，供电车间发生费用15 600元，运输车间发生费用64 000元。各辅助生产车间供应劳务量如表2-11所示。

表2-11 辅助生产车间供应劳务量表

2019年1月

部门		供电数量/度	行驶里程数/千米
基本生产车间	甲产品	3 200	—
	一般耗用	800	3 200
辅助生产车间	供电车间	—	600
	运输车间	800	—
行政管理部门		400	200
合计		5 200	4 000

采用直接分配法编制的辅助生产费用分配表如表2-12所示。

表2-12 辅助生产费用分配表（直接分配法）

2019年1月

项目		供电车间	运输车间	合计
待分配辅助生产费用/元		15 600	64 000	79 600
供应辅助生产车间以外的劳务数量		4 400 度	3 400 千米	—
分配率		3.55 元/度	18.82 元/千米	—
基本生产成车间	甲产品耗用数量	3 200 度	—	—
	分配金额/元	11 360	—	11 360
	一般耗用数量	800 度	3 200 千米	—
	分配金额/元	2 840	60 224	63 064
行政管理部门	耗用数量	400 度	200 千米	—
	分配金额/元	1 400*	3 776*	5 176
合计/元		15 600	64 000	79 600

注：由于保留小数点位数，*为倒挤计算出的数据。

根据表2-12，辅助生产费用的分配过程如下。

供电车间费用分配率＝15 600÷(5 200－800)＝3.55（元/度）；

基本生产车间生产甲产品应分配的电费＝3 200×3.55＝11 360（元）；

基本生产车间一般消耗应分配的电费＝800×3.55＝2 840（元）；

厂部行政管理部门应分配的电费＝15 600－11 360－2 840＝1 400（元）。

运输车间费用分配率＝64 000÷(4 000－600)＝18.82（元/千米）；

基本生产车间一般消耗应分配的运输费＝3 200×18.82＝60 224（元）；

厂部行政管理部门应分配的运输费=64 000-60 224=3 776（元）。

根据表2-12，编制如下会计分录。

借：生产成本——基本生产成本——甲　　　　　　　　　　11 360
　　制造费用——基本生产车间　　　　　　　　　　　　　63 064
　　管理费用　　　　　　　　　　　　　　　　　　　　　5 176
　　贷：生产成本——辅助生产成本——供电车间　　　　　15 600
　　　　　　　　　　　　　　　　　——运输车间　　　　64 000

采用直接分配法，各辅助生产费用只是对外分配，优点是计算简单；缺点是当辅助生产车间相互提供产品或劳务数量较大时，辅助生产车间相互不分配、不符合"谁受益谁负担"的原则，导致计算结果不够准确、辅助生产成本不完整。因此，这种方法只适合在辅助生产车间内部相互提供产品或劳务不多，对辅助生产成本和产品成本影响不大的情况下采用。

（2）交互分配法。

交互分配法是指将辅助生产车间的费用进行两次分配：首先根据各辅助生产车间相互提供的产品或劳务的数量和交互分配前的单位成本（费用分配率）在各辅助生产车间之间进行一次交互分配；然后将辅助生产车间交互分配后的实际费用（交互分配前的直接费用，加上交互分配转入的费用，减去交互分配转出的费用），按对外提供产品或劳务的数量和交互分配后的单位成本（费用分配率）分配给辅助生产车间以外的受益单位。

【例2-17】以【例2-16】的资料为基础，采用交互分配法时，其分配计算的结果如表2-13所示。

表2-13　辅助生产费用分配表（交互分配法）

2019年1月

项目		供电车间			运输车间			合计/元
		劳务量/度	分配率/(元·度$^{-1}$)	分配金额/元	劳务量/千米	分配率/(元·千米$^{-1}$)	分配金额/元	
待分配辅助生产费用		5 200	3	15 600	4 000	16	64 000	79 600
交互分配	供电车间	—	3	+9 600	-600	16	-9 600	
	运输车间	-800	3	-2 400	—	—	+2 400	
对外分配辅助生产费用		4 400	5.18	22 800	3 400	16.71	56 800	79 600
对外分配	甲产品	3 200	5.18	16 576				16 576
	车间一般耗用	800	5.18	4 144	3 200	16.71	53 472	57 616
	管理部门	400	5.18	2 080*	200	16.71	3 328*	5 408

注：由于保留小数点位数，*为倒挤计算出的数据。

根据表2-13，辅助生产费用的分配过程如下。

① 交互分配。

供电车间交互分配率=15 600÷5 200=3（元/度）；

运输车间应该分配的电费=800×3=2 400（元）。
运输车间交互分配率=64 000÷4 000=16（元/千米）；
供电车间应该分配的运输费=600×16=9 600（元）。
根据表2-13，编制如下会计分录。

借：生产成本——辅助生产成本——运输车间　　　　2 400
　　　　　　　　　　　　　　——供电车间　　　　9 600
　　贷：生产成本——辅助生产成本——供电车间　　　　2 400
　　　　　　　　　　　　　　——运输车间　　　　9 600

②对外分配。
供电车间实际应对外分配的费用=15 600+9 600-2 400=22 800（元）；
运输车间实际应对外分配的费用=64 000+2 400-9 600=56 800（元）。
供电车间对外分配率=22 800÷(5 200-800)=5.18（元/度）；
运输车间对外分配率=56 800÷(4 000-600)=16.71（元/千米）。
基本生产车间生产甲产品应分配的电费=3 200×5.18=16 576（元）；
基本生产车间一般性消耗应分配的电费=800×5.18=4 144（元）；
行政管理部门应该分配的电费=22 800-16 576-4 144=2 080（元）。
基本生产车间一般性消耗应分配的运输费=3 200×16.71=53 472（元）；
行政管理部分应该分配的运输费=56 800-53 472=3 328（元）。
根据表2-13，编制如下会计分录。

借：生产成本——基本生产成本——甲　　　　　　　　16 576
　　制造费用——基本生产车间　　　　　　　　　　　57 616
　　管理费用　　　　　　　　　　　　　　　　　　　5 408
　　贷：生产成本——辅助生产成本——供电车间　　　22 800
　　　　　　　　　　　　　　——运输车间　　　　56 800

采用交互分配法分配辅助生产费用，克服了直接分配法在辅助生产车间之间不分配费用的缺点，辅助生产车间内部相互提供的产品或劳务全部进行了交互分配，使辅助生产车间的成本计算更加准确；同时，也能促使各辅助生产车间降低相互之间的消耗，加强经济核算。但采用这种方法分配辅助生产费用，在实行厂部、车间两级成本核算的企业里，各辅助生产车间只能在接到财会部门转来其他辅助生产车间分入费用后，才能计算出实际费用，进而进行交互分配和对外分配。因此，往往影响了成本计算的及时性。而且各辅助生产车间要计算两次单位成本（费用分配率），进行两次分配，因而增加了计算工作量。

（3）计划成本分配法（内部结算价格法）。
计划成本分配法是指按事先确定的辅助生产车间提供的产品或劳务的计划单位成本和各车间、部门耗用的数量，计算各车间、部门应分配的辅助生产费用的一种方法。对于按计划成本计算的分配额和各辅助生产车间实际发生费用之间的差额，可以追加分配给辅助生产车间以外的各受益单位；为了简化核算，也可全部计入管理费用。

【例2-18】仍以【例2-16】的资料为基础,并假设每度电的计划单位成本为3.5元,每千米的运输费的计划单位成本为15元,采用计划成本分配法分配的结果如表2-14所示。

表2-14 辅助生产费用分配表(计划成本分配法)

2019年1月

项目		供电车间		运输车间		合计
		劳务量/度	金额/元	劳务量/千米	金额/元	
提供劳务量		5 200	15 600	4 000	64 000	79 600
分配率		3.5元/度		15元/千米		—
按计划成本分配	甲产品	3 200	11 200			11 200
	车间一般耗用	800	2 800	3 200	48 000	50 800
	供电车间	—	—	600	9 000	9 000
	运输车间	800	2 800	—	—	2 800
	管理部门	400	1 400	200	3 000	4 400
按计划成本分配合计			18 200		60 000	78 200
原待分配费用			15 600		64 000	79 600
分配转入费用			9 000		2 800	11 800
实际费用			24 600		66 800	91 400
实际成本与计划成本差额			6 400		6 800	13 200

按计划成本将辅助生产费用分配给全部受益对象,计算过程略;下面计算辅助生产单位产品和劳务的成本差异。

供电车间实际费用=15 600+9 000=24 600(元);

供电车间按计划单位成本分配的费用=5 200×3.5=18 200(元);

供电车间差异额=24 600-18 200=6 400(元),正数,属于超支差异。

运输车间实际费用=64 000+2 800=66 800(元);

运输车间按计划成本分配的费用=4 000×15=60 000(元);

运输车间差异额=66 800-60 000=6 800(元),正数,属于超支差异。

根据表2-14,应编制如下会计分录。

①按计划成本分配。

借:生产成本——基本生产成本——甲　　　　　　　　　11 200

　　　　　——辅助生产成本——运输车间　　　　　　　　2 800

　　　　　　　　　　　　——供电车间　　　　　　　　9 000

　　制造费用——基本生产车间　　　　　　　　　　　　50 800

　　管理费用　　　　　　　　　　　　　　　　　　　　4 400

　　贷:生产成本——辅助生产成本——供电车间　　　　18 200

　　　　　　　　　　　　——运输车间　　　　　　　　60 000

② 结转差异额。

借：管理费用　　　　　　　　　　　　　　　　　　　　　13 200
　　贷：生产成本——辅助生产成本——供电车间　　　　　　6 400
　　　　　　　——辅助生产成本——运输车间　　　　　　　6 800

从上述举例可以看出，采用计划成本分配法分配辅助生产费用，计算手续简单，各种辅助生产费用只计算分配一次，并且能考核各辅助生产车间成本计划的执行情况，有利于厂内经济核算。但若辅助生产车间生产的产品或劳务的计划单位成本制定得不准确，会影响辅助生产费用分配的准确性。将较大的差异额计入管理费用，会对当期的损益有较大的影响。因此，计划成本分配法一般适用于辅助生产计划单位成本制定得比较准确的情况。

(4) 代数分配法。

代数分配法是应用代数中多元一次联立方程的原理计算出各辅助生产车间提供产品或劳务的单位成本，然后再按各车间、部门（包括辅助生产车间内部）耗用辅助生产车间产品或劳务的数量计算应分配的辅助生产费用的一种方法。设立方程的公式如下。

各车间、部门应分配的辅助生产费用＝该车间、部门的劳务耗用量×产品或劳务的单位成本

【例 2-19】仍以【例 2-16】的资料为基础，采用代数分配法分配辅助生产费用的计算过程如下。

设供电车间提供劳务的单位成本为 X，运输车间提供劳务的单位成本为 Y，建立以下多元一次方程组。

$5\,200X = 15\,600 + 600Y$　（1）
$4\,000Y = 64\,000 + 800X$　（2）

解上述方程组得，$X = 4.96$；$Y = 16.99$。

最后，根据各车间、部门的耗用量和单位成本，即可计算出各车间、部门应分配的辅助生产费用。根据计算结果编制的"辅助生产费用分配表"如表 2-15 所示。

表 2-15　辅助生产费用分配表（代数分配法）

2019 年 1 月

项目	分配电费		分配运费		合计/元
	劳务量/度	金额/元	劳务量/千米	金额/元	
待分配费用		15 600		64 000	79 600
劳务供应总量	5 200 度		4 000 千米		
费用分配率		4.96 元/度		16.99 元/千米	
受益对象					
甲产品	3 200	15 872	—		15 872
车间一般耗用	800	3 968	3 200	54 368	58 336
供电车间	—	—	600	10 194	10 194
运输车间	800	3 968	—		3 968
管理部门	400	1 986*	200	3 406*	5 392
合计	5 200	25 794	4 000	67 968	93 762

注：由于保留小数点位数，*为倒挤计算出的数据。

根据表 2-15，编制如下会计分录。

借：生产成本——基本生产成本——甲　　　　　　　　　　15 872
　　　　　　——辅助生产成本——供电车间　　　　　　　10 194
　　　　　　　　　　　　　　　——运输车间　　　　　　　3 968
　　制造费用——基本生产车间　　　　　　　　　　　　　58 336
　　管理费用　　　　　　　　　　　　　　　　　　　　　 5 392
　　贷：生产成本——辅助生产成本——供电车间　　　　　25 794
　　　　　　　　　　　　　　　　——运输车间　　　　　67 968

采用代数分配法分配辅助生产费用，最大的优点是分配结果准确；但是，当企业的辅助生产车间较多时，需设的未知数就多，建立的方程组中的方程式就多，计算工作比较复杂。所以代数分配法一般适用于辅助生产车间较少或会计工作实现会计电算化的企业。

（5）顺序分配法（梯形分配法）。

顺序分配法是指各辅助生产车间按照受益额多少的顺序依次排列，受益少的排列在前，先将费用分配出去；受益多的排列在后，后将费用分配出去的一种方法。排列在前的辅助生产车间将费用分配给所有的受益部门（包括排列在后的辅助生产车间），排列在后的辅助生产车间不将费用分配给排列在前的辅助生产车间。

【例 2-20】仍以【例 2-16】的资料为基础，通过一次交互分配法的计算可知，运输车间受益少，供电车间受益多；因而，运输车间排列在前，先将费用分配出去，供电车间排列在后，后将费用分配出去。根据上述分析，编制的"辅助生产费用分配表"如表 2-16 所示。

表 2-16　辅助生产费用分配表（顺序分配法）

2019 年 1 月

项目		运输车间	供电车间	合计
分配数量		4 000 千米	4 400 度	—
分配金额	直接发生费用/元	64 000	15 600	79 600
	分配转入费用/元	—	9 600	9 600
	小计/元	64 000	25 200	89 200
分配率		16 元/千米	5.73 元/度	—
分配额	供电车间	劳务量	600 千米	—	—
		金额/元	9 600	—	9 600
	甲产品	劳务量	—	3 200 度	—
		金额/元	—	18 336	18 336
	一般性耗用	劳务量	3 200 千米	800 度	—
		金额/元	51 200	4 584	55 784
	管理部门	劳务量	200 千米	400 度	—
		金额/元	3 200	2 280*	5 480

注：由于保留小数点位数，*为倒挤计算出的数据。

根据表2-16，应编制如下会计分录。

借：生产成本——基本生产成本——甲　　　　　　　　　18 336
　　　　　　——辅助生产成本——供电车间　　　　　　9 600
　　制造费用——基本生产车间　　　　　　　　　　　　55 784
　　管理费用　　　　　　　　　　　　　　　　　　　　5 480
　贷：生产成本——辅助生产成本——供电车间　　　　　25 200
　　　　　　　　　　　　　　　——运输车间　　　　　64 000

采用顺序分配法分配辅助生产费用的优点是计算方法简便，但是由于排列在前的辅助生产车间不负担耗用排列在后辅助生产车间的费用，分配结果的准确性受到一定的影响。同时，也不便于调动排列在前的辅助生产车间降低耗用排列在后辅助生产车间产品或劳务的积极性。因此，这种方法一般适用于辅助生产车间相互提供产品或劳务有着明显的顺序，并且排列在前的辅助生产车间耗用排列在后辅助生产车间的费用较少的情况。

以上分别介绍了辅助生产费用的各种分配方法，企业应根据生产的特点和其他方面的条件，确定其中的一种方法来分配辅助生产费用。

三、废品损失

废品损失是指因产生废品而造成的净损失。废品损失主要包括可修复废品的修复费用和不可修复废品的生产成本减去废品残值后的报废损失。修复费用是指可修复废品在返修过程中所发生的各种费用。报废损失是指不可修复废品的生产成本扣除回收的残料后的损失，其中应由过失单位或个人负担的赔款，应从废品损失中扣除。

对于降价出售不合格品的降价损失、产品入库后因为管理不善而损坏变质的损失，以及实行"三包"的企业在产品销售出去以后发现的废品所发生的损失都不作为废品损失处理，而应计入管理费用和销售费用。

1. 核算废品损失的账户设置

在单独核算废品损失的企业里，为了核算生产过程中的废品损失，应设置"废品损失"科目。"废品损失"科目的借方登记发生的可修复废品的修复费用、不可修复废品的成本，贷方登记应由保险公司、责任人赔偿的损失和结转的废品净损失。废品的净损失，应转入当月生产的同种产品中，由合格品负担。经过上述结转后，"废品损失"科目应无余额。"废品损失"科目应按废品的品种或批别分别设置明细账，在账内一般按规定的成本项目设置专栏。

2. 废品损失的归集

在生产过程中产生废品时，应填写"废品通知单"。"废品通知单"是进行废品损失核算的原始凭证，在单内要详细填列废品的名称，产生废品的原因、工序、责任人、处理意见等。"废品通知单"一般一式三联，一联由生产单位留存，一联交质量检验部门，一联交财会部门核算废品损失。

四、停工损失

1. 停工损失的内容

停工损失是指企业的生产车间因计划停产、停电、出现机器设备故障等而造成的损失。停工损失主要包括停工期间支付给职工的工资、计提的应付福利费、应负担的制造费用和消耗的燃料和动力费用等。

企业发生停工的原因很多，按照停工原因可以将停工分为计划内停工和计划外停工；按照造成停工的责任，可以将停工分为外部责任停工和内部责任停工。对于季节性、修理期间的停工损失，应计入制造费用，由开工月份负担；因自然灾害原因而造成的停工损失应计入营业外支出；可向责任人或保险公司取得的赔款，应计入其他应收款；停工时间不满一个工作日的，为了简化核算，可以不计算停工损失。

2. 停工损失的账户设置

发生停工损失时，应由停工的车间填制"停工单"，并应在考勤记录中登记。在"停工单"内，应详细列明停工的车间、范围、原因、起止时间、过失人员、停工损失的金额等内容。"停工单"在经有关部门审批后，作为账务处理的依据。

停工期间所发生的费用，均属于停工损失，应设置"停工损失"总账科目进行核算。该科目的借方登记发生的停工损失，贷方登记予以转销的停工损失。"停工损失"科目应按车间设置的明细账进行明细核算。在停工损失明细账中，应按成本项目设置专栏，归集停工损失。

第七节 制造费用的归集和分配

制造费用是指企业的生产单位（包括车间和分厂）为组织和管理生产而发生的各项费用、直接用于产品生产但没有专设成本项目的费用以及间接用于产品生产的各项费用。制造费用一般包括车间或分厂管理人员的工资薪酬，车间固定资产折旧、保险费、修理费，车间管理用具摊销，车间照明、水电、取暖、差旅费和办公费等。制造费用是产品成本的重要组成部分，所以，正确合理地组织制造费用的核算，对于正确计算产品成本，控制各车间、部门费用的开支，考核费用预算的执行情况，不断降低产品成本具有重要的作用。

一、制造费用的归集

为了加强成本管理，控制开支，在核算制造费用时，要设置必要的费用明细项目。这些费用明细项目应结合成本管理的需要，或按照费用性质设置，或按照费用用途设置。为了核算与监督制造费用，应设置"制造费用"科目。该科目的借方登记发生的制造费用，贷方登记分配计入有关成本核算对象的制造费用。一般情况下，"制造费用"科目不仅核算基本生产车间的制造费用，而且还核算辅助生产车间的制造费用。因此，该科目应按不同的车间、部门设置明细账。

发生制造费用时，应根据有关的凭证、费用分配表，借记"制造费用"科目，贷记有关科目。月末时将"制造费用"科目及其所属明细账中登记的费用汇总后，分别与预算数进行比较，可以查明制造费用预算的执行情况；对于产生的差异，应分析原因；对于不利的差异，应提出改进的措施，努力降低各项开支，不断提高成本管理水平。月末分配制造费用时，应借记"生产成本"科目，贷记"制造费用"科目。除季节性生产企业或采用累计分配率法分配制造费用的企业外，"制造费用"科目期末一般应无余额。

二、制造费用的分配

在只生产一种产品的车间，发生的制造费用可以直接计入该种产品的成本。在生产多种产品的车间里，发生的制造费用属于间接费用，应由本车间生产的各种产品负担。因此，企业应采用适当的方法将制造费用在各种产品中进行分配。制造费用的分配方法主要有实际分配率法、计划分配率法和累计分配率法 3 种。

1. 实际分配率法

实际分配率法是按照当月制造费用的实际发生额及其分配标准来分配制造费用，据以计算产品成本的方法。其计算公式如下。

制造费用实际分配率＝本期实际制造费用总额/分配标准总额

某产品应分配的制造费用＝该产品的分配标准×制造费用实际分配率

公式中的分配标准通常有生产工时、机器工时、生产工人工资等。

（1）按生产工时分配。

按生产工时分配是以各种产品耗用的实际（或定额）工时为标准，来分配制造费用的一种方法。

【例 2-21】某企业基本生产车间同时生产甲、乙两种产品，2019 年 1 月共发生制造费用 16 400 元。甲产品生产工时数为 300 小时，乙产品生产工时数为 200 小时。要求：计算甲、乙产品各自应负担的制造费用。

制造费用分配率＝16 400÷(300+200)＝32.8（元/小时）；

甲产品应分配的制造费用＝300×32.8＝9 840（元）；

乙产品应分配的制造费用＝200×32.8＝6 560（元）。

这种分配方法的优点是资料容易取得，方法比较简单，能使劳动生产率同产品负担的费用水平联系起来，在实际工作中应用较广。原始记录和生产工时统计资料比较健全的车间，都可以采用这种方法来分配制造费用。

（2）按机器工时分配。

按机器工时分配是以各种产品耗用的机器工时为标准，来分配制造费用的一种方法。在自动化生产中，这种分配标准分配的结果较精确，而且能为管理当局提供有关闲置机器时间的资料。但需要明确的是，不同的机器设备其精密和磨损程度不同，因此按照机器工时分配制造费用，要考虑不同机器设备每小时制造费用水平的不同。在一些机器型号较多、精密度相差悬殊的企业里，必须根据这一情况将机器分为若干类，确定机器工时折合系数，然后将各种产品的各类机器工时按系数折算成标准工时，据以分配制造费用。

(3) 按生产工人工资分配。

按生产工人工资分配是以产品成本中的直接人工为标准来分配制造费用的一种方法。这种方法主要适用于生产工人的工资可以直接计入产品成本的企业。当各种产品成本中的工资采用生产工时分配时，应用这种方法实质上同按生产工时分配的方法是一样的，不如直接采用生产工时进行分配。

(4) 按联合分配标准分配。

按联合分配标准分配是根据制造费用各类费用的特性，将其划分为若干类，分别选择不同的分配标准进行分配的方法。这种方法要将制造费用进行分类，按照不同项目计算分配率，较为烦琐，适用于电子计算机普及程度较高的企业。

制造费用分配除了可以采用以上标准外，还可以采用耗用材料数量或成本、直接成本、产品产量等标准进行分配。但这些分配标准一般只能在产品性能、结构、所用原材料和工艺过程基本相同的情况下采用，否则会影响分配结果的准确性。

2. 计划分配率法

计划分配率法又叫预算分配率法，是根据企业正常生产经营条件下的年度制造费用计划数和预计的定额标准，预先计算分配率，然后分配制造费用的一种方法。按计划分配率分配的制造费用和实际发生额之间的差额平时留在"制造费用"科目中，年末再按照各种产品已分配数的比例计入12月成本中。其计算公式如下。

制造费用预定分配率＝年度某生产单位制造费用预算总数/年度该生产单位预计产量的定额标准数

某种（类、批）产品应负担的制造费用＝该种（批、类）产品实际产量的定额标准数
×制造费用预定分配率

【例2-22】某企业一车间全年制造费用预算额为380 000元，全年各种产品的计划产量分别为：甲产品20 000件、乙产品10 000件。单件产品工时定额为：甲产品3小时、乙产品4小时。2018年11月产品实际产量为：甲产品2 000件、乙产品900件。11月实际发生制造费用37 000元。要求：计算年度计划制造费用分配率和11月制造费用分配额。

制造费用年度计划分配率＝380 000÷(20 000×3＋10 000×4)＝3.8（元/小时）；

甲产品应分配的制造费用＝2 000×3×3.8＝22 800（元）；

乙产品应分配的制造费用＝900×4×3.8＝13 680（元）。

根据计算结果，11月编制如下会计分录。

借：生产成本——基本生产成本——甲　　　　　　　　　22 800
　　　　　　　　　　　　　——乙　　　　　　　　　　13 680
　　贷：制造费用——一车间　　　　　　　　　　　　　36 480

11月"制造费用"账户有借方余额520（37 000－36 480＝520）元，不用处理，累计到年末再处理。年末如果计算结果为正数，为超支差异，则应增加产品成本中的制造费用数额，如果计算结果为负数，为节约差异，应冲减产品成本中的制造费用数额。

【例2-23】接【例2-22】中的资料，假设到年末，全年实际发生制造费用421 000元，年末累计已分配制造费用420 000元（其中甲产品已分配220 000元，乙产品已分配200 000元），少分配了1 000元制造费用。要求：计算应按已分配比例调整少分配的制造费用。

甲产品应调增制造费用=1 000×(220 000/420 000)=523.81（元）；

乙产品应调增制造费用=1 000−523.81=476.19（元）。

年末编制调整会计分录如下。

借：生产成本——基本生产成本——甲　　　　　　　523.81
　　　　　　　　　　　　　　——乙　　　　　　　476.19
　　贷：制造费用——一车间　　　　　　　　　　　　　　1 000

采用计划分配率法分配制造费用时，不必每月计算分配率，简化和加快了制造费用的分配工作，并能及时反映各月制造费用预算数与实际数的差异，特别是在季节性生产或季节性费用比重较大的企业或车间，利用计划分配率法可以避免各月制造费用分配率相差悬殊的弊端。所以这时采用计划分配率法是比较理想的。但是采用这种方法分配制造费用，要求企业的计划、定额管理工作具有较高水平，否则会影响制造费用分配的准确性。

3. 累计分配率法

累计分配率法是在产品完工时一次性分配其应负担的全部制造费用，至于未完工产品，暂不向其分配制造费用，其应负担的费用保留在"制造费用"账户中，累计工时保留在"产品成本计算单"中，待其完工后一次性分配。累计分配率法中的分配标准，可采用上述分配方式中分配标准的任何一种。

制造费用累计分配率=(制造费用期初余额+本月发生的制造费用)/各种产品累计分配标准之和

完工产品应分配的制造费用=完工产品的累计分配标准×制造费用累计分配率

采用累计分配率法分配制造费用，其优点是在生产周期较长的企业，假若完工产品批次少、未完工产品批次多，则可简化会计核算的工作量。若完工的批次多，而未完工的批次少，由于简化的工作量较少，所以可不采用这种方法分配制造费用。同时，采用这种方法分配制造费用时，各月制造费用水平应相差不大，否则会影响计算结果的准确性。因此，这种方法一般是在每月完工产品的批次少、未完工产品的批次多，各月制造费用水平相差不多的情况下采用的。

制造企业可根据自身的经营管理特点和条件，利用现代信息技术，采用作业成本法对不能直接归属于成本核算对象的成本进行归集和分配，具体方法见第七章"作业成本法"。

第八节　生产费用在完工产品和在产品之间的分配

一、生产费用在完工产品和在产品之间分配的意义

企业生产过程中发生的各项费用，经过各种要素费用、辅助生产费用、其他费用的分配

及废品损失的核算后,所有发生的费用都集中在了"基本生产成本明细账"和它所属的各种"产品成本计算单"中了。成本核算就是为了归集生产费用,最后计算出完工产品的总成本和单位成本。因此,企业应将归集在基本生产成本明细账和"产品成本计算单"中的费用,采用一定的方法,计算出完工产品的成本;有在产品的情况下,还应将生产费用在完工产品和在产品之间进行分配。

计算出完工产品的成本后,还应办理完工产品入库手续,采用适当的方法进行入库、发出的核算。完工产品和在产品成本核算的内容包括在产品和完工产品成本的计算、在产品的实物管理、资金管理以及完工产品的管理等。

二、生产费用在完工产品和在产品之间分配的任务

完工产品和在产品的成本核算应完成的任务有以下几个方面。

1. 加强完工产品和在产品数量的核算

由于完工产品和在产品是企业存货中的重要物资,因此,保护其完整是一项重要任务。企业应建立健全完工产品和在产品的计量、验收、保管、发出等一系列规章制度,并认真执行;应定期和不定期地进行完工产品和在产品的清查,检查出存在的问题,不断加以改进。为了加强完工产品和在产品成本核算的准确性,在核算时,一般应采用永续盘存制。

2. 采用适当的方法计算在产品成本

企业应根据在产品数量的多少、费用数额的大小、定额资料是否健全等具体情况,确定适合于本企业的在产品成本计算方法。不能单纯为了简化手续而使在产品成本的计算失去准确性。在产品成本计算方法一经确定一般不应经常变动。

3. 办理完工产品的入库手续

产品完工后,应将其及时验收入库,建立较为完整的保管制度,及时将完工产品发出,实现销售。

完工产品和在产品成本的核算,涉及企业内部的各个部门,因此,企业的会计部门应积极地与各有关部门相互配合,共同做好完工产品和在产品的核算工作。

三、生产费用在完工产品和在产品之间分配的方式

企业在生产产品过程中所发生的各项费用,在经过分配后,都归集在"基本生产成本明细账"和各种"产品成本计算单"中。这些费用的总和减去交库的废料价值后,就是本月发生的生产费用。当月初、月末没有在产品时,本月发生的生产费用等于本月完工产品的成本;如果月末有在产品,则本月发生的生产费用加上月初在产品成本之后,还必须在完工产品和在产品之间进行分配,才能计算出本月完工产品的成本。月初在产品成本、本月发生的费用、完工产品成本和月末在产品成本之间的关系可用下式表示。

期初在产品成本+本期生产费用=完工产品成本+期末在产品成本

完工产品成本和月末在产品成本的计算一般有以下三种模式。

(1) 先计算完工产品成本,然后用生产费用合计减去完工产品成本,其余额就是在产

品成本。

（2）先计算月末在产品成本，用生产费用合计减去在产品成本，其余额就是完工产品成本。

（3）采用适当的方法，同时计算出完工产品成本和月末在产品成本。

四、生产费用在完工产品和在产品之间分配的方法

企业要根据生产过程的特点和在产品的数量、各月在产品数量的变化等具体条件，采用适当的方法计算在产品成本。根据产品成本计算的三种模式，可以采用不同的方法计算完工产品和期末在产品成本。通常采用的在产品成本计算方法有以下几种。

1. 在产品成本忽略不计法

某些企业生产的产品，月末虽然有在产品，但由于数量较少且各月变动不大，当月发生的生产费用可以全部由完工产品负担。采用这种方法，本月完工产品的总成本等于当月该种产品发生的全部生产费用，账面上没有期末在产品成本。这种方法下完工产品的成本表示如下。

$$完工产品成本 = 本月发生的生产费用$$

2. 在产品成本按年初固定数额计算法

某些企业生产的产品，月末在产品数量较大，但是各月在产品数量比较稳定，这时各月末在产品成本可以按年初在产品成本计算，即固定月末在产品成本。本月完工产品成本等于当月该种产品发生的全部生产费用，但账面上有月末在产品成本。这种方法下完工产品的成本表示如下。

$$完工产品成本 = 月初在产品成本（年初数）+ 本月发生的生产费用 -$$
$$月末在产品成本（年初数）$$
$$= 本月发生的生产费用$$

3. 在产品按完工产品成本计算法

在产品按完工产品成本计算法，是指如果月末产品已接近完工，或者加工完毕只是未验收或未包装入库，为简化核算，可将其视同完工产品，按照月末在产品数量和本月完工产品数量的比例来分配生产费用，以确定月末在产品成本和本月完工产品成本的方法。

4. 在产品按直接材料成本计算法

如果产品直接材料成本在全部产品成本中所占比重比较大，可以采用在产品按直接材料成本计算法。在此方法下，月末在产品只负担直接材料成本，直接人工和制造费用全部由本期完工产品负担。这种方法减少了人工成本和制造费用的分配工作量。这种方法下在产品成本和完工产品成本的计算公式如下。

$$在产品成本 = 在产品数量 \times 直接材料费用分配率$$
$$完工产品成本 = 完工产品数量 \times 直接材料费用分配率 + 其他各项加工费用$$

【例2-24】某企业生产甲产品，材料成本占产品成本较大，该企业采用只计算直接材料成本的方法计算在产品成本。月初在产品成本为8 900元，本月共发生直接材料费

用 122 000 元、直接人工 2 600 元、制造费用 600 元。原材料是在开始生产时一次投入的。本月完工产品 200 件，月末在产品 50 件。要求：根据以上资料，编制甲产品成本计算单，如表 2-17 所示。

表 2-17 甲产品成本计算单

产品：甲产品　　　　　　产量：200 件　　　　2019 年 1 月　　　　　　　　单位：元

项目	直接材料	直接人工	制造费用	合计
月初在产品成本	8 900	—	—	8 900
本月发生费用	122 000	2 600	600	125 200
生产费用合计	130 900	2 600	600	134 100
完工产品总成本	104 720	2 600	600	107 920
完工产品单位成本	523.6	13	3	539.6
月末在产品成本	26 180	—	—	26 180

根据表 2-17，计算过程如下。

直接材料单位成本 =（8 900+122 000）/（200+50）= 523.6（元）；

完工产品应分配的直接材料成本 = 200×523.6 = 104 720（元）；

月末在产品应分配的直接材料成本 = 50×523.6 = 26 180（元）；

完工产品成本 = 104 720+2 600+600 = 107 920（元）。

采用这种方法时，如果材料费用所占的比重下降，在产品成本还只计算材料费用，就会影响成本计算的准确性。因此应经常对各成本项目的金额进行比较，如果加工费用的比重上升，则应改按其他方法计算在产品成本，以使成本计算更加准确。

5. 约当产量法

约当产量是指将在产品按照投料程度或完工程度折算成相当于完工产品的产量。在产品约当产量的计算公式如下。

在产品约当产量 = 在产品实际数量×在产品投料程度（或完工程度）

在计算约当产量时，要注意在产品耗用的原材料和加工费用（直接人工、制造费用等）的情况是不一样的。一般情况下，原材料在开始生产时一次投入，每件在产品耗用的原材料同完工产品是一样的。所以，通常分配材料费用时，不必计算在产品中"直接材料"成本项目的约当产量，按完工产品和在产品的数量比例分配材料费用即可。至于加工费用，一般都是随着生产过程而逐渐增加的。所以，要按在产品完工程度计算约当产量，按完工产品和在产品的约当产量分配计算完工产品和在产品的加工费用。

（1）约当产量的计算。

①分配直接材料费用的在产品约当产量的计算。

直接材料费用的在产品约当产量按投料程度（投料百分比）计算。投料程度是指在产品已投材料占完工产品应投材料的百分比，在生产过程中材料投入形式通常有三种。

第一，原材料在生产开始时一次性投入，则在产品的投料程度为 100%。

第二，原材料分别在各工序开始时一次性投入，其计算公式如下。

某工序在产品投料率＝到本工序为止的累计材料消耗定额／完工产品材料消耗定额×100%

第三，原材料分工序陆续、均衡投入，其计算公式如下。

某道工序在产品投料率＝（前面各道工序的累计材料定额+本道工序材料定额×50%）／完工产品材料定额×100%

【例2-25】某企业生产甲产品经过三道工序加工而成，原材料分工序在每道工序开始时一次投入，有关数据及计算如表2-18所示。

表2-18 在产品约当产量计算表（1）

工序	各工序单位产品投料定额/元	各工序投料率/%	在产品数量/件	在产品约当产量/件
1	500	50	200	100
2	300	80	250	200
3	200	100	450	450
合计	1 000	—	900	750

各工序在产品投料率的计算过程如下。

第一道工序在产品投料率＝500/1 000×100%＝50%；

第二道工序在产品投料率＝（500+300）/1 000×100%＝80%；

第三道工序在产品投料率＝（500+300+200）/1 000×100%＝100%。

【例2-26】接【例2-25】的资料，某企业生产甲产品经过三道工序加工而成，原材料分工序陆续投入，有关数据及计算如表2-19所示。

表2-19 在产品约当产量计算表（2）

工序	各工序单位产品投料定额/元	各工序投料率/%	在产品数量/件	在产品约当产量/件
1	500	25	200	50
2	300	65	250	162.5
3	200	90	450	405
合计	1 000	—	900	617.5

各工序在产品投料率的计算过程如下。

第一道工序在产品投料率＝500×50%/1 000×100%＝25%；

第二道工序在产品投料率＝（500+300×50%）/1 000×100%＝65%；

第三道工序在产品投料率＝（500+300+200×50%）/1 000×100%＝90%。

②分配其他费用在产品约当产量的计算。

对于直接材料以外的其他费用，通常按照完工程度计算约当产量。当企业生产进度比较均衡，各道工序在产品加工数量相差很大时，全部在产品加工程度都可以按50%平均计算，否则，各道工序在产品的完工程度应按工序分别计算。在分工序测定在产品完工程度时，应根据所经过各工序的累计工时定额与完工产品工时定额的比例进行计算。在产品加工程度的计算公式如下。

某工序在产品完工率=（前面各道工序的累计工时定额+本道工序工时定额×50%）/完工产品工时定额×100%

上列公式中"前面各道工序的累计工时定额"，由于在产品已经完工，所以前面各道工序的工时定额都以100%计入，对于公式中"本道工序工时定额"，对本道工序的加工程度一般不逐一测定，而是以本道工序工时定额的50%计入。

月末要计算完工产品成本时，必须先根据各道工序的月末在产品数量和确定的完工程度计算各工序月末在产品的约当产量，而后求得加工项目的费用分配率，据以分配加工费用。

【例2-27】某企业生产甲产品经过三道工序加工而成，计算各工序定额资料、在产品盘存数量资料、在产品完工程度及约当产量，有关数据及计算如表2-20所示。

表2-20 在产品约当产量计算表（3）

工序	各工序单位产品工时定额/元	各工序完工率/%	在产品数量/件	在产品约当产量/件
1	80	20	200	40
2	70	57.5	250	143.75
3	50	87.5	450	393.75
合计	200	—	900	577.5

各工序在产品完工率的计算过程如下。

第一道工序在产品完工率=80×50%/200×100%=20%；

第二道工序在产品完工率=（80+70×50%）/200×100%=57.5%；

第三道工序在产品完工率=（80+70+50×50%）/200×100%=87.5%。

（2）约当产量法应用。

约当产量法是指按照本月完工产品的数量和月末在产品的约当产量分配生产费用，以确定本月完工产品和月末在产品实际成本的方法。这种方法一般适用于月末在产品数量较多、各月末在产品的数量变化较大、产品成本中直接材料和各项加工费用所占的比重相差不大的情况。其计算公式如下。

某成本项目分配率（单位成本）=（月初在产品成本+本月发生生产费用）/（完工产品数量+月末在产品约当产量）

完工产品成本=完工产品数量×单位产品成本

月末在产品成本=月末在产品约当产量×单位产品成本

【例2-28】某企业生产甲产品，本月完工产品300件，月末在产品200件，完工程度按50%计算，原材料在开始生产时一次投入。甲产品月初在产品成本分别为：直接材料3 000元，燃料和动力600元，直接人工2 000元，制造费用1 500元；本月发生的生产费用为：直接材料45 000元，燃料和动力22 200元，直接人工39 800元，制造费用29 000元。要求：根据以上资料，按约当产量法计算完工产品成本和在产品成本。

甲产品各项费用在完工产品和月末在产品中直接分配，如表2-21所示。

表 2-21 产品成本计算单（约当产量法）

产品：甲产品　　　　产量：300 件　　　　2019 年 1 月

摘　要	直接材料	燃料和动力	直接人工	制造费用	合计
月初在产品成本/元	3 000	600	2 000	1 500	7 100
本月发生生产费用/元	45 000	22 200	39 800	29 000	136 000
生产费用合计/元	48 000	22 800	41 800	30 500	143 100
完工产品数量/件	300	300	300	300	300
月末在产品约当产量/件	200	100	100	100	—
生产量合计/件	500	400	400	400	—
费用分配率/(元·件$^{-1}$)	96	57	104.5	76.25	333.75
完工产品成本/元	28 800	17 100	31 350	22 875	100 125
月末在产品成本/元	19 200	5 700	10 450	7 625	42 975

计算过程如下。

直接材料费用分配率=(3 000+45 000)/(300+200)=96（元/件）；

完工产品应分配的直接材料=300×96=28 800（元）；

在产品应分配的直接材料=200×96=19 200（元）。

月末在产品约当产量=200×50%=100（件）。

燃料和动力费用分配率=(600+22 200)/(300+100)=57（元/件）；

完工产品应分配的燃料和动力费用=300×57=17 100（元）；

在产品应分配的燃料和动力费用=100×57=5 700（元）。

其余加工费用项目的计算方法同燃料和动力费的计算，不再赘述。

6. 定额比例法

定额比例法是按照完工产品定额消耗量或定额费用和期末在产品的定额消耗量或定额费用的比例分配实际生产费用，确定完工产品和期末在产品实际成本的一种方法。按定额比例法分配完工产品和在产品的成本，一般适用于定额管理基础比较好，各项消耗定额或费用定额比较准确、稳定且月末在产品数量变化较大的情况。具体计算公式如下。

　　　　完工产品定额消耗量=完工产品产量×单位产品消耗定额

　　　　在产品定额消耗量=在产品数量×投料率×单位产品消耗定额

直接材料费用分配率=（月初直接材料费用+本月发生直接材料费用）/（完工产品定额消耗量+在产品定额消耗量）

　　　　完工产品应分配的直接材料费用=完工产品定额消耗量×直接材料费用分配率

　　　　在产品应分配的直接材料费用=在产品定额消耗量×直接材料费用分配率

　　　　　　完工产品定额工时=完工产品产量×工时定额

　　　　　　在产品定额工时=在产品数量×完工率×工时定额

直接人工（制造）费用分配率=（月初费用+本月发生费用）/（完工产品定额工时+在产品定额工时）

完工产品应分配的直接人工（制造）费用=完工产品定额工时×直接人工（制造）费用分配率

在产品应分配的直接人工（制造）费用=在产品定额工时×直接人工（制造）费用分配率

【例2-29】某企业生产甲产品，月初在产品成本资料为：直接材料2 520元，直接人工3 400元，制造费用2 300元。本月发生的生产费用为：直接材料68 200元，直接人工32 200元，制造费用28 300元。完工产品原材料定额消耗量为3 500千克，定额工时为2 200小时，月末在产品原材料定额消耗量为1 500千克，定额工时为1 800小时。要求：采用定额比例法计算完工产品和月末在产品成本。计算过程如下。

直接材料费用分配率=（2 520+68 200）/（3 500+1 500）= 14.144（元/千克）；

完工产品应分配的直接材料=3 500×14.144=49 504（元）；

月末在产品应分配的直接材料=1 500×14.144=21 216（元）。

直接人工费用分配率=（3 400+32 200）/（2 200+1 800）= 8.9（元/小时）；

完工产品应分配的直接人工=2 200×8.9=19 580（元）；

月末在产品应分配的直接人工=1 800×8.9=16 020（元）。

制造费用分配率=（2 300+28 300）/（2 200+1 800）= 7.65（元/小时）；

完工产品应分配的制造费用=2 200×7.65=16 830（元）；

月末在产品应分配的制造费用=1 800×7.65=13 770（元）。

完工产品总成本=49 504+19 580+16 830=85 914（元）；

月末在产品总成本=21 216+16 020+13 770=51 006（元）。

采用上述计算方法，不仅可以提供完工产品和在产品的实际费用资料，而且还可以提供实际消耗量资料，便于考核和分析各项消耗定额的执行情况。但是核算工作量较大，特别是在所耗原材料品种较多的情况下，更是如此。

7. 在产品按定额成本计算法

在产品按定额成本计算法，是指月末在产品按照预先制定的定额成本计算，实际生产费用脱离定额的差异全部由完工产品负担。采用定额成本计算法计算在产品成本时，月末在产品按定额成本计算，将生产费用合计减去按定额成本计算的在产品成本，其余额就是完工产品成本。

这种方法简化了生产费用在完工产品和月末在产品之间的分配，但是由于实际生产费用脱离定额的差异全部计入完工产品成本，因此适用于定额管理基础比较好，各项消耗定额或费用定额比较准确、稳定且月末在产品数量变化不大的情况。否则，将影响完工产品成本计算的准确性，不利于产品成本的分析和考核。如果企业因生产条件等因素使得定额与实际相差很大，则应适时对定额进行修订。其计算公式如下。

在产品直接材料定额成本=在产品数量×材料单位消耗定额×材料计划单价

在产品直接人工定额成本＝在产品数量×工时定额×计划小时工资

在产品制造费用定额成本＝在产品数量×工时定额×计划小时制造费用率

在产品定额成本＝在产品直接材料定额成本＋在产品直接人工定额成本＋在产品制造费用定额成本

完工产品直接材料成本＝直接材料费用合计－在产品直接材料成本

完工产品直接人工成本＝直接人工成本合计－在产品直接人工成本

完工产品制造费用＝制造费用合计－在产品制造费用

完工产品总成本＝完工产品直接材料成本＋完工产品直接人工成本＋完工产品制造费用

【例2-30】某企业生产甲产品，期末在产品50件，材料在生产开始时一次投入，材料单位消耗定额为18千克，材料计划单价为4元。期末在产品完工程度为50%，单位完工产品定额工时为10小时，计划小时工资为25元，计划小时制造费用率为11元。月初在产品成本和本月生产费用合计分别为：直接材料50 000元，直接人工30 000元，制造费用17 000元，完工产品数量为300件。要求：按月末在产品按定额成本计算法计算完工产品成本。计算过程如下。

月末在产品直接材料定额成本＝50×18×4＝3 600（元）；

月末在产品直接人工定额成本＝50×50%×10×25＝6 250（元）；

月末在产品制造费用定额成本＝50×50%×10×11＝2 750（元）；

月末在产品定额成本＝3 600＋6 250＋2 750＝12 600（元）。

完工产品直接材料成本＝50 000－3 600＝46 400（元）；

完工产品直接人工成本＝30 000－6 250＝23 750（元）；

完工产品制造费用成本＝17 000－2 750＝14 250（元）；

完工产品实际成本＝46 400＋23 750＋14 250＝84 400（元）。

五、完工产品成本的核算

通过上述生产费用在完工产品和在产品之间进行分配后，应将完工产品成本从有关"产品成本计算单"中转出，编制"完工产品成本汇总计算表"，其格式如表2-22所示。

表2-22　完工产品成本汇总计算表

2019年1月　　　　　　　　　　　　　　　　　　　　　　　　　单位：元

成本项目	甲（300件）		乙（200件）		合计
	总成本	单位成本	总成本	单位成本	
直接材料	28 800	96	30 000	150	58 800
燃料和动力	17 100	57	7 000	35	24 100
直接人工	31 350	104.5	16 000	80	47 350
制造费用	22 875	76.25	22 000	110	44 875
合计	100 125	333.75	75 000	375	175 125

根据完工产品成本汇总计算表,编制如下会计分录。

借:库存商品——甲　　　　　　　　　　　　　　100 125
　　　　　　——乙　　　　　　　　　　　　　　 75 000
　　贷:生产成本——基本生产成本——甲　　　　　100 125
　　　　　　　　　　　　　　　——乙　　　　　　75 000

本章要点

确定成本计算对象、生产费用计入产品成本的程序、确定成本计算期、产品成本在完工产品和在产品之间的划分,这四要素是构成成本计算方法的主要内容。其中,生产费用计入产品成本总分类核算程序图是各种成本计算方法的基本和共有程序。掌握生产特点与成本计算方法之间的关系,可以清楚不同的生产工艺、不同的生产组织应选择相应的成本计算方法。但必须清楚,在生产工艺复杂的大型制造企业,产品成本往往不是用一种成本计算方法就能算出的,需要两种或三种方法结合使用才能达到正确计算产品成本的目的。

生产费用的归集和分配是产品生产成本计算程序的具体操作。本章主要介绍了生产费用的各个要素费用的归集和在各分配对象之间的分配方法,包括材料费用、人工费用、外购动力费用、固定资产折旧费用、生产损失、辅助生产费用、制造费用等的归集和分配。其中,材料是构成产品成本的主要内容,材料费用的分配要把握直接计入和间接计入的原则;人工费用的归集和分配主要是职工薪酬的组成以及工资的计算;辅助生产是为基本生产车间及企业其他部门服务的,"辅助生产成本"账户归集的费用,期末要按受益对象分配给各受益单位,辅助生产费用各种分配方法是本部分的重点;制造费用的核算主要掌握各种分配方法的选择和计算;生产损失主要是废品损失的核算,对于不同的废品要分清其废品损失的内容。在计算完工产品和期末在产品成本时,约当产量法和定额比例法是计算产品成本的主要方法,也是实际应用较广泛的方法。

案例讨论

船舶制造企业是典型的大型单件小批项目型工业生产企业,需要通过不同部门、组织间大量的、细致的分工协作共同完成产品制造。这类企业辅助生产部门多,提供的辅助劳务种类多、金额大,计量方式各不相同,受益部门与受益对象复杂,辅助生产部门之间交互频繁。这些特点决定了船舶制造企业辅助生产费用核算和管理的复杂性。但在实际操作中,目前船舶制造企业一般只采用单一的辅助生产分配方式处理所有辅助生产劳务类型,这在一定程度上影响了船舶产品成本核算的正确性。结合船舶制造企业生产产品特点和辅助生产部门提供劳务的特点,对劳务进行分类分配,并根据分类分别制定相应的辅助生产分配方法及辅助劳务单价。

资料来源:李哲池. 船舶制造企业辅助生产费用分配研究 [D]. 镇江:江苏科技大学,2017.

思考:

船舶制造企业应采用什么辅助生产分配方法最合理?

练习题

一、单项选择题

1. 假定某企业某产品工时定额为 40 小时，经两道工序连续加工的工时定额分别为 30 小时和 10 小时，在产品在本工序的完工程度为 50%，则第二道工序的完工程度是（   ）。
   A. 70%   B. 87.5%
   C. 100%   D. 50%

2. 下列各项费用中，不能直接借记"基本生产成本"账户的是（   ）。
   A. 车间生产工人计时工资   B. 车间生产工人福利费
   C. 车间管理人员工资   D. 构成产品实体的原料费用

3. 适用于季节性生产的车间分配制造费用的方法是（   ）。
   A. 生产工时比例法   B. 生产工人工资比例法
   C. 机器工时比例法   D. 年度计划分配率比例法

4. 提供水、电、气的辅助生产单位，在各受益对象之间分配的辅助生产费用，是指该生产单位的（   ）。
   A. 期初在产品成本   B. 本期发生的费用
   C. 生产费用合计数   D. 期末在产品成本

5. 某厂生产的甲产品经过两道工序加工，原材料在第一道工序生产开始时投入 60%，当加工程度达到 50% 时再投入剩余材料的 40%，已知月末在产品的加工程度为 60%，则第二道工序月末在产品的投料程度为（   ）。
   A. 60%   B. 40%
   C. 50%   D. 100%

6. 生产过程中或入库后发现的各种废品损失，不包括（   ）。
   A. 修复废品人员工资   B. 修复废品领用的材料
   C. 不可修复废品的报废损失   D. 实行"三包"损失

7. 期末如果既有完工产品，又有在产品，企业（   ）应在本期完工产品和期末在产品之间进行分配。
   A. 期初在产品成本
   B. 期初在产品成本加上本期发生生产费用（累计生产费用）
   C. 本期发生的生产费用
   D. 本期发生的生产费用减去期初在产品成本

8. 若分配的制造费用少于实际发生的制造费用，形成的差异为（   ）。
   A. 多分配的制造费用   B. 少分配的制造费用
   C. 不分配的制造费用   D. 已分配的制造费用

9. 生产车间领用的直接用于产品生产、有助于产品形成的辅助材料，应借记的账户为（   ）。

A. 辅助生产成本 　　　　　　　　B. 制造费用
C. 基本生产成本 　　　　　　　　D. 原材料

10. 如果某种产品的月末在产品数量较大，各月在产品数量变化也较大，产品成本中各项费用的比重相差不多，生产费用在完工产品与月末在产品之间分配，应采用的方法是（　　）。

A. 不计在产品成本法 　　　　　　B. 约当产量比例法
C. 在产品按完工产品成本计算法　　D. 定额比例法

二、多项选择题

1. 下列项目中，属于工资总额组成内容的有（　　）。

A. 计时工资和计件工资 　　　　　B. 奖金
C. 退休金 　　　　　　　　　　　D. 加班加点工资

2. 选择完工产品与在产品之间的费用分配方法时，应考虑的条件有（　　）。

A. 定额管理基础的好坏 　　　　　B. 各月末在产品数量的多少
C. 月末完工产品数量的多少 　　　D. 各项费用比重的大小

3. 在辅助生产费用分配方法中，考虑了辅助生产车间交互分配费用的方法有（　　）。

A. 直接分配法 　　　　　　　　　B. 一次交互分配法
C. 代数分配法 　　　　　　　　　D. 计划成本分配法

4. 废品损失中废品的范围包括（　　）。

A. 生产过程中发现的废品
B. 入库后发现的生产过程造成的废品
C. 入库后由于保管不善等原因而造成的废品
D. 不需要返修就能出售的不合格品

5. 材料的发出按实际成本计价时，可采用的计价方法有（　　）

A. 先进先出法 　　　　　　　　　B. 后进先出法
C. 一次加权平均法 　　　　　　　D. 移动加权平均法

6. 核算生产费用的账户主要有（　　）

A. "生产成本"账户 　　　　　　　B. "废品损失"账户
C. "制造费用"账户 　　　　　　　D. "管理费用"账户

7. "废品损失"科目的借方登记（　　）。

A. 可修复废品的成本 　　　　　　B. 不可修复废品的成本
C. 可修复废品的修复费用 　　　　D. 不可修复废品的赔款和残值

8. 下列费用中属于制造费用项目的有（　　）。

A. 生产单位管理人员的薪酬 　　　B. 生产单位全体人员的薪酬
C. 生产单位的固定资产折旧费 　　D. 企业行政管理部门的固定资产折旧费

9. 分配制造费用时，可能借记的账户有（　　）。

A. 生产费用 　　　　　　　　　　B. 管理费用

C. 基本生产成本　　　　　　　　D. 辅助生产成本

10. 本月发生的直接人工费用和制造费用，不计入月末在产品成本的方法有（　　）。

A. 在产品成本忽略不计法　　　　B. 在产品按定额成本计算法

C. 在产品成本按直接材料成本计算法　　D. 在产品按完工产品成本计算法

三、判断题

（　　）1. 所有部门发生的各种间接费用一律通过"制造费用"科目进行核算。

（　　）2. 月末在产品数量变化较大时，可以采用在产品按固定成本计价法计算在产品成本。

（　　）3. 月末车间已领未用的原材料，如果下月生产还要用，应办理"假退料"手续，不能计入本月份的生产费用，不能由本月产品成本负担。

（　　）4. 计算产品成本，都要在完工产品与月末在产品之间分配费用。

（　　）5. 生产特点和管理要求对产品成本计算的影响，主要表现在成本核算对象的确定上。

（　　）6. 在不同生产类型中，由于生产组织的特点不同，所以产品成本计算的日期也不同。

（　　）7. "制造费用"账户，主要是登记生产车间或行政管理部门为组织生产和管理而发生的各项间接费用。

（　　）8. 可修复废品是指经过修复后可以使用，而且在经济上合算的废品。

（　　）9. 废品损失是指生产过程中发现的不可修复废品的生产成本与可修复废品的修复费用之和。

（　　）10. 在产品的完工程度若统一按50%估算时，必须具备两个前提条件：一是原材料在生产开始时一次投入；二是各工序在产品的数量相差不多。

四、业务题

1. 某企业设有供电和运输两个辅助生产车间。据6月辅助生产明细账可知，供电车间直接发生待分配费用为7 800元，运输车间为32 000元。两车间本月提供劳务情况如表2-23所示。

表2-23　两车间提供劳务情况

部门		用电度数/度	行驶里程数/千米
基本生产车间	一般耗用	20 000	1 600
辅助生产车间	供电车间	—	300
	运输车间	4 000	—
行政管理部门		2 000	100
合计		26 000	2 000

要求：根据上述资料，采用直接分配法和交互分配法分配辅助生产费用并编制会计分录。（分配率的计算保留两位小数）

2. 某企业生产A、B两种产品，共同耗用原材料22 500千克，每千克5元。生产A产品 1 000 件,单件 A 产品原材料消耗定额为 15 千克;生产 B 产品 500 件,单件 B 产品原料消耗定额为 20 千克。

要求:按材料定额消耗量比例分配法计算 A、B 产品应分配的原材料费。(保留小数点后面两位数字)

3. 某基本生产车间生产甲产品,采用约当产量法分配费用。甲产品单件工时定额为 40 小时,经三道工序制造。各工序工时定额为:第一道工序 8 小时,第二道工序 16 小时,第三道工序 16 小时。各工序内均按 50% 的完工程度计算。本月完工 200 件;在产品 120 件,其中第一道工序 20 件,第二道工序 40 件,第三道工序 60 件。月初加本月发生费用合计分别为:原材料 8 000 元,工资及福利费 3 990 元,制造费用 4 256 元。原材料在生产开始时一次投料。

要求:(1) 计算各工序在产品完工率。
(2) 计算月末在产品的约当产量。
(3) 按照约当产量法分配计算完工产品和月末在产品成本。
(要求有计算过程,保留小数点后面两位数字)

4. 某企业加工车间本月制造费用总额为 152 000 元,该车间生产甲、乙、丙三种产品。本月 A 类设备加工工时为 40 000 小时,其中甲产品 10 000 小时、乙产品 18 000 小时、丙产品 12 000 小时;B 类设备的加工工时为 30 000 小时,其中,甲产品 8 000 小时、乙产品 4 000 小时、丙产品 18 000 小时。根据设备折旧费用和维修费用的发生情况,确定 A 类设备机器工时系数为 1,B 类设备机器工时系数为 1.2。

要求:考虑两类设备的工时系数,按机器工时分配法计算三种产品各自应负担的制造费用,并将结果填入表 2-24 中。

表 2-24 制造费用分配表

产品名称	机器工时/小时				分配率	分配金额/元
	A 类设备(标准)	B 类设备系数(1.2)		标准工时合计		
		实际工时	标准工时			
甲产品						
乙产品						
丙产品						
合计						

5. 甲车间 6 月完工 A 产品 300 件,加工过程中有不可修复废品 15 件报废,废品残值 200 元,应由责任人赔偿 400 元。A 产品无月初在产品,生产成本资料如下:直接材料 11 340 元,直接人工 6 489 元,制造费用 8 034 元,共计 25 863 元。原材料是生产开始时一次投入,废品完工程度平均为 60%,月末无在产品。

要求:分别计算该废品的生产成本和废品损失。
(要求有计算过程,保留小数点后面两位数字)

第三章

品种法和分批法

本章结构图

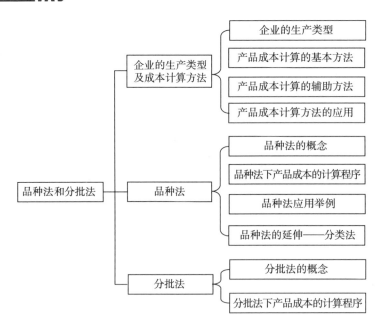

本章学习目标

> 了解品种法、分批法的特点、适用范围。
> 理解品种法、分批法的计算程序。
> 掌握品种法、分批法下产品成本核算方法。
> 掌握品种法、分批法的核算。

第一节　企业的生产类型及成本计算方法

产品成本是由生产过程中企业各个生产单位（车间或分厂）所发生的生产费用形成的，因此企业的生产类型及其特点对企业选择成本计算方法有着重要的影响。企业应当根据产品生产工艺过程的特点、生产经营组织的类型、产品种类和成本管理的要求，确定产品成本核算对象、成本项目和范围，选择合适的成本计算方法。

一、企业的生产类型

1. 按生产工艺过程的特点分类

企业的生产按生产工艺过程的特点，可分为单步骤生产和多步骤生产两种类型。

（1）单步骤生产。

单步骤生产也叫简单生产，是指生产工艺流程不能间断，或者不能分散在不同工作地点进行的生产；一般只能由一个企业独立完成，而不能由几个企业协作进行生产。单步骤生产如发电、采掘等企业。

（2）多步骤生产。

多步骤生产也叫复杂生产，是指生产工艺流程是由可以间断的若干生产步骤所组成的生产。它既可以在一个企业或车间内独立进行，也可以由几个企业或车间在不同的工作地点协作进行。多步骤生产按其产品生产过程的加工方式，又可分为连续式多步骤生产和装配式多步骤生产两类。

①连续式多步骤生产是指原材料投入生产以后，需经过许多相互联系的加工步骤才能生产出产成品；前一个步骤生产出来的半成品是后一个生产步骤的加工对象，直到最后加工步骤才能生产出产成品。连续式多步骤生产如纺织、造纸等企业。

②装配式多步骤生产是指将原材料投入生产后，在各个步骤进行平行加工，制造成产成品所需的各种零件和部件，最后再将各生产步骤的零部件组装成为产成品。装配式多步骤生产如机床、汽车企业等。

2. 按生产组织的特点分类

企业的生产按生产组织的特点，可分为大量生产、成批生产和单件生产三种类型。

（1）大量生产。

大量生产是指不断地重复生产一种或几种产品的生产。这种类型生产的主要特点是企业生产的产品品种较少，各种产品的产量较大，而且比较稳定，一般专业化水平较高。大量生产如纺织、采掘、冶金等企业。

（2）成批生产。

成批生产是指按照预先确定的产品批别和数量进行的生产。成批生产按照批量的大小，又可进一步划分为大批生产和小批生产。大批生产类似于大量生产，小批生产类似于单件生产。

（3）单件生产。

单件生产是根据各订货单位的要求生产某种规格、型号、性能的特定产品的生产。这种类型企业生产的主要特点是品种多、产品数量少，一般不重复或不定期重复生产，专业化程度不高，通常采用通用设备进行加工。单件生产如造船、重型机械等企业。

3. 生产类型的特点及成本管理的要求对成本计算方法的影响

生产类型的特点对产品成本计算方法的影响，主要表现在3个方面，即成本计算对象、成本计算期、生产费用在完工产品和在产品之间的分配问题。这3个方面的有机结合，构成了特定成本计算方法的主要特点。

（1）对成本计算对象的影响。

成本计算对象是指企业为了计算产品成本而确定的归集和分配生产费用的各个对象，即成本费用的承担者。成本计算对象应根据生产的特点来确定。

大量大批单步骤生产的企业，一般产量较大，生产过程不能间断，所以它是以产品品种作为成本计算对象的；对于大量大批多步骤生产，管理上一般要求提供有关生产步骤的成本信息，因此可以按照每种产品及其生产步骤作为成本核算对象；在单件小批生产的企业里，一般是按客户的订单或批别来组织生产，所以在进行成本计算时，要求计算每一订单产品或每批产品的成本。

（2）对成本计算期的影响。

成本计算期是指每次计算产品成本的期间。计算产品成本的期间并不完全与产品的生产周期或会计结算期一致。产品成本计算期与会计分期有时一致，有时并不一致，而与产品的生产周期一致。影响成本计算期的主要因素是生产类型的特点。在大量大批生产的企业里，产品的成本计算期与会计分期一致，而与产品的生产周期不一致。在单件小批生产的企业里，产品的成本计算期是不固定的，与产品的生产周期一致，但与会计分期不一致。

（3）对生产费用在完工产品和在产品之间分配的影响。

企业在生产产品过程中发生的全部生产费用，经过费用要素的归集和分配后，最终都集中在"基本生产成本明细账"和各种"产品成本计算单"中。

在大量大批单步骤生产的企业里，当这些企业生产产品的在产品数量较多而且变化较大时，就需要将生产费用在完工产品和在产品之间进行分配。在大量大批多步骤生产的企业里，应采用适当的成本计算方法，将生产费用在完工产品和在产品之间进行分配。在单件小批多步骤生产的企业里，一批产品往往同时投产又同时完工，在该批产品完工时，就应计算完工产品成本，未完工时，全部都是在产品。对于单件小批多步骤生产，产品成本计算期是不定期的，与产品的生产周期相一致，因此一般不需要将生产费用在完工产品和在产品之间进行分配。

二、产品成本计算的基本方法

根据生产工艺过程和生产组织特点及企业成本管理要求，工业企业产品成本计算的基本方法有 3 种，即品种法、分批法和分步法。

1. 品种法

品种法是指在大量大批单步骤生产企业，或者管理上不要求分步骤计算成本的多步骤生产企业，只需要以产品品种作为成本核算对象来归集和分配生产费用，计算出各种产品的实际总成本和单位成本的方法。

2. 分批法

分批法是指在以产品批次或批别作为成本核算对象来归集和分配生产费用，计算出各批产品的实际总成本和单位成本的方法。

3. 分步法

分步法是指以产品的品种及其经过的生产步骤作为成本核算对象来归集和分配生产费用，计算每步骤产品的实际总成本和单位成本的方法。

上述产品成本计算的 3 种基本方法，其成本核算对象、生产工艺过程和成本管理要求、生产组织类型、成本计算期、生产费用在完工产品和在产品之间的分配方面的区别如表 3-1 所示。

表 3-1 产品成本计算基本方法的区别

产品成本计算方法	品种法	分批法	分步法
成本核算对象	产品品种	产品批次或订单	产品品种及其所经过的步骤
生产工艺过程和成本管理要求	单步骤生产或管理上不要求分步骤计算成本的多步骤生产		管理上要求分步骤计算成本的多步骤生产
生产组织类型	大量大批生产	单件小批生产	大量大批生产
成本计算期	定期、按月	不定期，与生产周期一致	定期、按月
生产费用在完工产品和在产品之间的分配	有在产品时需要分配	一般不需要分配	有在产品时需要分配

三、产品成本计算的辅助方法

在实际工作中，除了采用上述 3 种基本成本计算方法外，还有定额法、分类法等成本计算方法，但这些成本计算方法都不是独立的成本计算方法。在进行成本计算时，必须结合使用 3 种基本成本计算方法中的一种。因此，定额法和分类法也称为成本计算的辅助方法。

以上介绍了产品成本计算的 3 种基本方法——品种法、分步法、分批法，以及分类法、定额法等成本计算的辅助方法。企业应根据其生产特点和管理要求确定成本计算方法。

四、产品成本计算方法的应用

在实际工作中，在同一个企业里或同一个车间里，由于其生产的特点和管理的要求并不完全相同，就有可能在同一个企业或同一个车间里同时采用几种成本计算方法进行成本计算。

1. 同时使用几种成本计算方法计算成本

企业生产的产品种类很多，生产车间也很多，就有可能出现几种成本计算方法同时使用的情况。有的企业不只生产一种产品，而这些产品的特点不同，其生产类型也可能不一样，应采用不同的成本计算方法计算产品成本。在企业里，一般都设有基本生产车间和辅助生产车间。基本生产车间和辅助生产车间生产的特点和管理的要求是不一样的，应采用不同的成本计算方法。

2. 结合使用几种成本计算方法计算成本

由于企业生产产品的特点不同，所经过生产步骤的管理要求不同，所采用的成本计算方法也不一样，可同时结合使用几种成本计算方法。

企业应采用什么方法来计算产品成本，应根据企业生产特点和管理要求来确定，应灵活掌握，不能生搬书本上的理论，本着"主要产品从细，次要产品从简"的原则合理确定。在确定成本计算方法时，应注意使成本计算方法与成本计划方法的口径一致；应注意与同行业其他企业的成本计算方法相一致，并保持相对稳定，以便正确计算产品的总成本和单位成本，考核企业成本计划的完成情况，进行成本分析和成本考核，不断降低产品成本，提高企业的经济效益。

第二节 品 种 法

一、品种法的概念

产品成本计算的品种法是以产品的品种作为成本计算对象，归集费用，计算产品成本的一种方法。品种法一般适用于大量大批单步骤生产类型的企业，如发电、采掘等企业。在这种类型的企业中，由于产品生产的工艺流程不能间断，没有必要也不可能划分生产步骤计算产品成本，只能以产品品种作为成本计算对象。

除广泛应用于单步骤生产类型的企业外，对于大量大批多步骤生产类型的企业或车间，如果管理上不要求提供有关生产步骤成本信息，也可以采用品种法计算成本。

品种法因其应用在不同生产特点的企业，可以分为简单品种法和典型品种法。应用于大量大批单步骤生产类型企业的品种法，由于产品品种单一，通常没有或极少有在产品存在，其成本计算程序相对来说比较简单，故此类企业采用的品种法可称为简单品种法。对于一些企业内部辅助生产车间的成本计算，如供水、供电、供气等单步骤大量生产的劳务成本的计算通常也可以采用简单品种法。用于不要求按照生产步骤计算成本的某些小型多步骤生产企业的品种法，其成本计算要复杂一些，要按不同产品品种设置产品成本计算单，还需计算每种产品的完工产品成本和月末在产品成本。它有别于简单品种法的成本计算程序，但是又是多数企业普遍采用的成本计算方法,因而可称为典型品种法。

按照产品品种计算成本,是产品成本计算最基本、最一般的要求。不论什么组织方式的制造企业,不论什么生产类型的产品,也不论成本管理要求如何,最终都必须按照产品品种计算产品成本。因此,品种法是最基本的成本计算方法。

1. 成本计算对象

品种法的成本计算对象是产品品种,因此,在进行成本计算时,需要为每一品种产品设置一张产品成本计算单。

如果企业只生产一种产品,其成本计算对象就是该种产品,只需为该种产品设置一张成本计算单,按成本项目设置专栏;生产中所发生的生产费用都是直接费用,可以直接根据有关凭证和费用分配表,区分成本项目全部列入该种产品的成本计算单中。

如果企业生产多种产品,其成本计算对象则是每种产品,需按每种产品分别设置产品成本计算单。凡能分清应由某种产品负担的直接费用,都应直接计入该种产品的成本计算单中。对于几种产品共同耗用而又分不清应由哪种产品负担多少数额的间接费用,应采用适当的分配方法,在各种产品之间直接进行分配;或者另行归集汇总为制造费用后,再经过分配计入各产品成本计算单中的相关成本项目中。

2. 成本计算期

采用品种法计算产品成本的生产企业,从其生产工艺流程看,有的是单步骤生产,有的是多步骤生产;但从生产组织方式上看,大多是大量大批生产,是连续不断地重复着某种或几种产品的生产,经常有很多完工产品,不能等到产品全部制造完工时再计算成本,而只能定期在月末计算。因此,在品种法下,成本计算期与会计报告期一致,一般按月进行,与生产周期不一致。

3. 生产费用在完工产品和在产品之间的分配

单一品种的大量大批单步骤生产的企业,由于生产过程短,没有或者很少有在产品,一般不需要在期末将生产费用在完工产品和在产品之间分配,产品成本计算单中所归集的全部生产费用就是该产品的完工产品总成本。用该产品的完工产品总成本除以该产品的产量,即可求得该产品的单位成本。如果月末有在产品,而且数量较多,占用的费用也较大,就需要将产品成本计算单上所归集的生产费用(包括月初在产品成本和本月发生的费用),采用适当的方法在完工产品和在产品之间进行分配,以便计算出完工产品成本和在产品成本。

二、品种法下产品成本的计算程序

成本的计算程序是指对产品生产过程中所发生的各项费用,按照财务会计制度的规定,进行审核、归集和分配,计算完工产品成本和月末在产品成本的过程。

1. 按产品品种设置产品成本计算单(即成本明细账)

按照品种法进行成本计算,首先应根据产品的品种设置产品成本计算单(即成本明细账)。产品成本计算单是归集成本计算对象所发生的生产费用、计算其产品成本最基础的明细账。在产品成本计算单中应按成本项目设置专栏，通常包括直接材料、直接人工和制造费用等项目。上月末没有制造完成的在产品成本即为本月成本计算单中的月初在产品成本。

2. 归集和分配本月发生的各项费用

月末，对生产过程中发生的各项费用进行审核、归集和分配，编制各种要素费用分配表，将直接费用按各种产品列示并据以计入各种产品成本计算单；将间接费用按适当的分配标准进行分配后，据以登记"基本生产成本明细账""辅助生产成本明细账""制造费用明细账"和平行登记"基本生产成本明细账"下设的"产品成本计算单"。

（1）对于本期发生的为产品生产直接耗用的直接费用，可以根据原始凭证和各项费用分配表等有关资料直接计入按成本计算对象开设的"产品成本计算单"中的相关成本项目。

（2）对于本期发生的为几种产品共同耗用的主要间接费用，应按规定标准在各种产品间分配后，分别计入有关"产品成本计算单"中的相关成本项目。

（3）对于本期发生的其他间接费用，应先按其发生地点进行归集。例如，车间一般耗用的间接费用可以计入该车间的"制造费用明细账"。

（4）对于跨期发生的费用，应按照权责发生制原则编制跨期费用分配表，如"长期待摊费用分配表"，并按分配对象登记有关明细账。

3. 分配并结转辅助生产费用

归集"生产成本——辅助生产成本明细账"的全部费用，按照各种产品和各单位受益的辅助生产劳务的数量，编制"辅助生产费用分配表"，分配辅助生产费用，并登记到受益产品的成本计算单和受益单位的费用明细账中。

4. 分配基本生产单位制造费用

将基本生产车间"制造费用明细账"归集的费用进行汇总，并采用一定的方法，在生产的各种产品之间进行分配，编制"制造费用分配表"，据以登记"基本生产成本明细账"及各种"产品成本计算单"。

5. 计算并结转完工产品成本

经过上述程序，本期生产产品应负担的各项费用都集中登记在"产品成本计算单"中了。如果月初、月末均没有在产品，则本月发生的全部生产费用即为本月完工产品的总成本；如果月末有在产品，而且数量较大，则应将"产品成本计算单"中归集的生产费用按照一定的方法在完工产品和月末在产品之间进行分配，计算出完工产品成本和月末在产品成本；然后结转各产品成本计算单中的完工产品成本，汇总编制"完工产品成本汇总计算表"，并据以结转"基本生产成本明细账"中的完工产品成本。

三、品种法应用举例

1. 企业基本情况

【例3-1】某工业企业为大量大批单步骤生产类型的企业，因为生产规模比较小，所以管理上不要求计算各步骤成本，根据该企业的产品生产特点和成本管理要求，采用品种法计算产品成本。该企业设有一个基本生产车间和供电、供水两个辅助生产车间。基本生产车间大量生产甲、乙两种主要产品，两种产品的原材料均在生产开始时一次性投入。辅助生产车间为基本生产车间以及企业其他部门提供服务。

2. 账户设置及企业成本核算的有关规定

（1）该企业开设"生产成本"科目，对各生产车间发生的生产费用进行总分类核算；二级科目按"基本生产成本"和"辅助生产成本"开设；三级科目按车间或产品品种开设；基本生产成本明细账下设有"直接材料""燃料和动力""直接人工""制造费用"4 个成本项目。

（2）由于供电车间和供水车间都只是提供单一劳务，所以辅助生产车间的制造费用直接记入"辅助生产成本明细账"，而不必通过"制造费用"科目核算。

（3）甲、乙两种产品共同耗用的材料费用按直接费用的比例进行分配。

（4）基本生产车间工人工资按照甲、乙两种产品的实际生产工时比例进行分配。

（5）辅助生产费用采用直接分配法进行分配。

（6）基本生产车间发生的制造费用按照甲、乙两种产品的实际生产工时比例进行分配。

（7）甲产品月末在产品数量较多，各月末在产品的数量变化较大、产品成本中直接材料和各项加工费用所占的比重相差不大，因此，甲产品的生产费用在完工产品和月末在产品之间进行分配采用约当产量法。乙产品的定额管理基础较好，各项消耗定额比较准确、稳定且月末在产品数量变化较大，因此，乙产品的生产费用在完工产品和月末在产品之间进行分配采用定额比例法。

3. 成本计算程序

（1）设置产品成本计算单。

该企业以生产的甲、乙两种产品作为成本核算对象，因此应设置"甲产品成本计算单"和"乙产品成本计算单"两张产品成本计算单，在成本计算单中按"直接材料""燃料和动力""直接人工""制造费用"成本项目设置专栏，根据甲、乙两种产品的上月月末在产品成本，结转本月月初在产品成本。

（2）编制费用分配表，登记总账和明细账。

该企业应设置"生产成本"和"制造费用"总账（表略），"制造费用"总分类账户只按基本生产车间设一个明细账，并按费用项目设专栏组织明细核算。设置的明细账包括"基本生产成本明细账""甲产品成本计算单""乙产品成本计算单""辅助生产成本明细账——供电车间""辅助生产成本明细账——供水车间""制造费用明细账（基本生产车间）"。

（3）生产费用在各成本核算对象之间进行归集和分配。

4. 该企业有关资料

（1）该企业 2019 年 1 月初在产品成本如表 3-2 所示。

表 3-2　月初在产品成本

2019 年 1 月　　　　　　　　　　　　　　　　　　　　　　　　　　　　　　　单位：元

项目	直接材料	直接人工	燃料和动力	制造费用	合计
甲产品	16 000	10 000	6 000	4 000	36 000
乙产品	12 000	8 000	4 000	3 600	27 600
合计	28 000	18 000	10 000	7 600	63 600

（2）该企业 2019 年 1 月甲、乙两种产品的产量资料如表 3-3 所示。

表 3-3　产品产量资料

2019 年 1 月

产品名称	月初在产品/件	本月投入/件	本月完工/件	月末在产品/件	在产品完工率/%
甲产品	80	120	160	40	50
乙产品	60	100	140	20	—

（3）该企业 2019 年 1 月甲、乙产品实际生产工时资料如表 3-4 所示。

表 3-4　生产工时资料

2019 年 1 月　　　　　　　　　　　　　　　　　　　　　　　　　　　　　　　单位：小时

项目	生产工时
甲产品	48 000
乙产品	12 000
合计	60 000

（4）甲、乙两种产品的单位产品定额资料如表 3-5 和表 3-6 所示。

表 3-5　完工产品定额资料

产品名称	甲	乙
单件材料费用定额/元	1 100	1 250
工时定额/小时	16	12

表 3-6　月末在产品定额资料

产品名称	甲	乙
单件材料费用定额/元	1 100	1 250
工时定额/小时	6	5

（5）2019 年 1 月，该企业辅助生产车间提供的产品（劳务）数量如表 3-7 所示。

表 3-7 辅助生产车间提供产品（劳务）明细表

2019 年 1 月

部门		供电车间/度	供水车间/吨
供电车间		—	1 600
供水车间		2 000	—
基本生产车间	甲产品	60 000	—
	乙产品	36 000	—
	一般耗用	4 000	22 400
行政管理部门		6 000	400
销售部门		5 600	200
合计		113 600	24 600

5. 生产费用在各成本核算对象之间的归集和分配

（1）材料费用。

该企业生产直接耗用的原材料，可以直接计入各产品成本计算单，不需要进行分配；共同耗用的材料根据甲、乙直接耗用的材料比例进行分配。2019 年 1 月根据领料单和领料登记表等领料凭证，按其用途编制的"领料凭证汇总表"如表 3-8 所示。

表 3-8 领料凭证汇总表

2019 年 1 月 单位：千克

部门		A 材料	B 材料	C 材料	合计
基本生产车间	甲产品	120 000	80 000		200 000
	乙产品	80 000	40 000		120 000
	甲、乙产品共同耗用			180 000	180 000
	一般耗用			46 000	46 000
辅助生产车间	供电车间			23 600	23 600
	供水车间			24 600	24 600
行政管理部门				13 000	13 000
合计		200 000	120 000	287 200	607 200

根据3-8，编制"材料费用分配表"，如表3-9所示。

表 3-9 材料费用分配表

2019 年 1 月

分配对象		直接计入金额/元	分配计入金额			合计/元
			分配标准/千克	分配率/(元·千克$^{-1}$)	分配金额/元	
基本生产车间	甲产品	200 000	200 000	0.562 5	112 500	312 500
	乙产品	120 000	120 000		67 500	187 500
	小计	320 000	320 000		180 000	500 000
	一般耗用	46 000				46 000
辅助生产车间	供电车间	23 600				23 600
	供水车间	24 600				24 600
行政管理部门		13 000				13 000
合计		427 200			180 000	607 200

根据"材料费用分配表"，编制如下会计分录。

借：生产成本——基本生产成本——甲产品　　312 500
　　　　　　　　　　　　　　——乙产品　　187 500
　　　　　　——辅助生产成本——供电车间　　23 600
　　　　　　　　　　　　　　——供水车间　　24 600
　　制造费用——基本生产车间　　　　　　　　46 000
　　管理费用　　　　　　　　　　　　　　　　13 000
　　贷：原材料——A 材料　　　　　　　　　　200 000
　　　　　　——B 材料　　　　　　　　　　　120 000
　　　　　　——C 材料　　　　　　　　　　　287 200

（2）职工薪酬。

该企业 2017 年 1 月"工资费用分配表"如表 3-10 所示，产品生产工人的薪酬按甲、乙两种产品的实际生产工时比例进行分配。

表 3-10 工资费用分配表

2019 年 1 月

分配对象		直接计入金额/元	分配计入金额			合计/元
			分配标准/小时	分配率/(元·小时$^{-1}$)	分配金额/元	
基本生产车间	甲产品		48 000	3.28	157 440	157 440
	乙产品		12 000		39 360	39 360
	小计		60 000		196 800	196 800
	一般耗用	38 100				38 100
辅助生产车间	供电车间	36 100				36 100
	供水车间	98 530				98 530

续表

分配对象	直接计入金额/元	分配计入金额			合计/元
		分配标准/小时	分配率/(元·小时$^{-1}$)	分配金额/元	
行政管理部门	41 440				41 440
销售部门	79 300				79 300
合计	293 470			196 800	490 270

根据"工资费用分配表",编制如下会计分录。

借：生产成本——基本生产成本——甲产品　　　　　　157 440
　　　　　　　　　　　　——乙产品　　　　　　　 39 360
　　　　　——辅助生产成本——供电车间　　　　　　 36 100
　　　　　　　　　　　　——供水车间　　　　　　　 98 530
　　制造费用——基本生产车间　　　　　　　　　　　 38 100
　　管理费用　　　　　　　　　　　　　　　　　　　 41 440
　　销售费用　　　　　　　　　　　　　　　　　　　 79 300
　　贷：应付职工薪酬　　　　　　　　　　　　　　　490 270

(3) 固定资产折旧费用。

该企业 2019 年 1 月提取的固定资产折旧费用如表 3-11 所示。

表 3-11　固定资产折旧费用计算表

2019 年 1 月

项目		固定资产名称	原值/元	折旧率/%	月折旧额/元
基本生产车间		房屋建筑物	1 800 000	0.2	3 600
		机器设备	800 000	0.5	4 000
辅助生产车间	供电车间	房屋建筑物	1 500 000	0.2	3 000
		机器设备	500 000	0.5	2 500
	供水车间	房屋建筑物	1 300 000	0.2	2 600
		机器设备	200 000	0.5	1 000
行政管理部门		房屋建筑物	1 600 000	0.2	3 200
		机器设备	100 000	0.6	600
合计			7 800 000	—	20 500

根据"固定资产折旧费用计算表",编制如下会计分录。

借：生产成本——辅助生产成本——供电车间　　　　　5 500
　　　　　　　　　　　　——供水车间　　　　　　 3 600

	制造费用——基本生产车间	7 600
	管理费用	3 800
	贷：累计折旧	20 500

（4）该企业本月行政管理部门无形资产摊销1 600元，根据资料编制如下会计分录。

| | 借：管理费用 | 1 600 |
| | 贷：累计摊销 | 1 600 |

（5）本月以银行存款支付办公费及其他费用，资料如表3-12所示。

表3-12 办公费及其他费用分配表

2019年1月　　　　　　　　　　　　　　　　　　　　　　　　　　单位：元

分配对象		项目	金额
基本生产车间		办公费	10 000
		其他	1 600
		小计	11 600
辅助生产车间	供电车间	办公费	6 000
		其他	1 000
		小计	7 000
	供水车间	办公费	5 600
		其他	600
		小计	6 200
行政管理部门		办公费	16 000
		其他	4 000
		小计	20 000
合计			44 800

根据"办公费及其他费用分配表"，编制如下会计分录。

	借：生产成本——辅助生产成本——供电车间	7 000
	——供水车间	6 200
	制造费用——基本生产车间	11 600
	管理费用	20 000
	贷：银行存款	44 800

（6）根据上述分配表和会计分录等设置供电车间和供水车间辅助生产成本明细账，如表3-13和表3-14所示。

表 3-13 辅助生产成本明细账（供电车间）

车间名称：供电车间　　　　　　　2019 年 1 月　　　　　　　　　　　　单位：元

日期	摘要	材料费用	工资费用	折旧费	办公费	合计
1月31日	分配材料费	23 600				23 600
	分配工资费		36 100			36 100
	分配折旧费			5 500		5 500
	分配办公费				7 000	7 000
	合计	23 600	36 100	5 500	7 000	72 200
	分配转出	23 600	36 100	5 500	7 000	72 200

表 3-14 辅助生产成本明细账（供水车间）

车间名称：供水车间　　　　　　　2019 年 1 月　　　　　　　　　　　　单位：元

日期	摘要	材料费用	工资费用	折旧费	办公费	合计
1月31日	分配材料费	24 600				24 600
	分配工资费		98 530			98 530
	分配折旧费			3 600		3 600
	分配办公费				6 200	6 200
	合计	24 600	98 530	3 600	6 200	132 930
	分配转出	24 600	98 530	3 600	6 200	132 930

根据供电车间和供水车间辅助生产成本明细账所归集的费用和提供的劳务量，采用直接分配法在受益部门之间进行分配并且编制"辅助生产费用分配表"，如表 3-15 所示。

表 3-15 辅助生产费用分配表（直接分配法）

2019 年 1 月

项目	分配电费		分配水费		合计/元
	劳务量/度	金额/元	劳务量/吨	金额/元	
待分配费用		72 200		132 930	205 130
劳务供应总量	113 600		24 600		
其中：辅助生产以外单位	111 600		23 000		
受益对象：					
供电车间	—		(1 600)		
供水车间	(2 000)		—		
基本生产车间					
甲产品	60 000	39 000			39 000
乙产品	36 000	23 400			23 400

续表

项目	分配电费		分配水费		合计/元
	劳务量/度	金额/元	劳务量/吨	金额/元	
一般耗用	4 000	2 600	22 400	129 472	132 072
行政管理部门	6 000	3 900	400	2 312	6 212
销售部门	5 600	3 300	200	1 146	4 446
合计	116 000	72 200	23 000	132 930	205 130

根据"辅助生产费用分配表",编制如下会计分录。

借:生产成本——基本生产成本——甲产品　　　　　　　39 000
　　　　　　　　　　　　　　　　——乙产品　　　　　　　23 400
　　制造费用——基本生产车间　　　　　　　　　　　　132 072
　　管理费用　　　　　　　　　　　　　　　　　　　　　6 212
　　销售费用　　　　　　　　　　　　　　　　　　　　　4 446
　贷:生产成本——辅助生产成本——供电车间　　　　　　72 200
　　　　　　　　　　　　　　　　——供水车间　　　　　132 930

(7) 根据上述分配表和会计分录设置制造费用明细账,并且编制"制造费用分配表",如表3-16和表3-17所示。

表3-16　制造费用明细账

车间名称:基本生产车间　　　　　　2019年1月　　　　　　　　　　　　单位:元

日期	摘要	材料	工资	折旧	办公费	电费	水费	合计
1月31日	分配材料	46 000						46 000
	分配工资		38 100					38 100
	分配折旧费			7 600				7 600
	分配办公费				11 600			11 600
	分配电费					2 600		2 600
	分配水费						129 472	129 472
	本月合计	46 000	38 100	7 600	11 600	2 600	129 472	235 372
	分配转出	46 000	38 100	7 600	11 600	2 600	129 472	235 372

表3-17　制造费用分配表

2019年1月

产品	生产工时/小时	分配率/(元·小时$^{-1}$)	分配金额/元
甲产品	48 000	3.92	188 160
乙产品	12 000	3.92	47 212
合计	60 000	—	235 372

根据"制造费用分配表",编制如下会计分录。

借:生产成本——基本生产成本——甲产品　　　188 160
　　　　　　　　　　　　　　——乙产品　　　　47 212
　　贷:制造费用——基本生产车间　　　　　　　235 372

(8) 经过上述生产费用在各成本核算对象之间的分配,本月发生的生产费用已全部计入各产品成本计算单。甲、乙两种产品的"产品成本计算单"如表3-18和表3-19所示。

表3-18　产品成本计算单(甲产品)

产品名称:甲产品　　　　　　　　　　　　　　　　　　　　　　　　　　单位:元

摘要	直接材料	直接人工	燃料和动力	制造费用	合计
月初在产品成本	16 000	10 000	6 000	4 000	36 000
耗用材料	312 500				312 500
分配生产工人薪酬		157 440			157 440
分配电费			39 000		39 000
分配制造费用				188 160	188 160
本月发生生产费用	312 500	157 440	39 000	188 160	697 100
生产费用合计	328 500	167 440	45 000	192 160	733 100
结转完工产品成本	262 800	148 835.2	40 000	170 809.6	622 444.8
月末在产品成本	65 700	18 604.8	5 000	21 350.4	110 655.2

表3-19　产品成本计算单(乙产品)

产品名称:乙产品　　　　　　　　　　　　　　　　　　　　　　　　　　单位:元

摘要	直接材料	直接人工	燃料和动力	制造费用	合计
月初在产品成本	12 000	8 000	4 000	3 600	27 600
耗用材料	187 500				187 500
分配生产工人薪酬		39 360			39 360
分配电费			23 400		23 400
分配制造费用				47 212	47 212
本月发生生产费用	187 500	39 360	23 400	47 212	297 572
生产费用合计	199 500	47 360	27 400	50 812	325 072
结转完工产品成本	174 562.5	44 794	25 861	47 957	293 174.5
月末在产品成本	24 937.5	2 666	1 539	2 855	31 997.5

(9) 生产费用在本月完工产品和月末在产品之间的分配。采用约当产量法和定额比例法,编制"完工产品与月末在产品费用分配表",分别如表3-20和表3-21所示。

表 3-20 完工产品与月末在产品费用分配表（甲产品）

产品名称：甲产品

项目		直接材料	直接人工	燃料和动力	制造费用	合计
生产费用合计/元		328 500	167 440	45 000	192 160	733 100
生产量	完工数量/件	160	160	160	160	160
	月末在产品数量/件	40	40	40	40	40
	完工率/%	100	50	50	50	—
	在产品约当产量/件	40	20	20	20	—
	生产量小计/件	200	180	180	180	—
费用分配率/(元·件$^{-1}$)		1 642.5	930.22	250	1 067.56	3 890.28
本月完工产品总成本/元		262 800	148 835.2	40 000	170 809.6	622 444.8
本月在产品总成本/元		65 700	18 604.8	5 000	21 350.4	110 655.2

表 3-21 完工产品与月末在产品费用分配表（乙产品）

产品名称：乙产品

项目		直接材料	直接人工	燃料和动力	制造费用	合计
生产费用合计/元		199 500	47 360	27 400	50 812	325 172
总定额	完工产品总定额/元	175 000	1 680	1 680	1 680	—
	月末在产品总定额/元	25 000	100	100	100	—
	总定额合计/元	200 000	1 780	1 780	1 780	—
费用分配率		0.997 5	26.61	15.39	28.55	—
本月完工产品总成本/元		174 562.5	44 704.8	25 861	47 957	293 085.3
本月在产品总成本/元		24 937.5	2 655.2	1 539	2 855	31 986.7

表 3-21 中，乙产品本月完工 140 件，在产品 20 件，其中：

完工产品材料定额 = 140×1 250 = 175 000（元）；

在产品材料定额 = 20×1 250 = 25 000（元）；

完工产品定额工时 = 140×12 = 1 680（小时）；

在产品定额工时 = 20×5 = 100（小时）。

（10）完工产品成本汇总表的编制和完工产品成本的结转。

根据甲、乙两种产品"完工产品和月末在产品费用分配表"，编制"完工产品成本汇总表"，如表 3-22 所示。

表 3-22 完工产品成本汇总表

2019 年 1 月 单位：元

成本项目	甲产品（完工 160 件）		乙产品（完工 140 件）	
	总成本	单位成本	总成本	单位成本
直接材料	262 800	1 642.5	174 562.5	1 246.88
直接人工	148 835.2	930.22	44 704.8	319.32
燃料和动力	40 000	250	25 861	184.72
制造费用	170 809.6	1 067.56	47 957	342.55
合计	622 444.8	3 890.28	293 085.3	2 093.47

根据"完工产品成本汇总表"，编制如下会计分录。

借：库存商品——甲产品　　　　　　　　　　　622 444.8
　　　　　　——乙产品　　　　　　　　　　　293 085.3
　　贷：生产成本——基本生产成本——甲产品　622 444.8
　　　　　　　　　　　　　　　　——乙产品　293 085.3

四、品种法的延伸——分类法

在一些企业里，产品的品种和规格较多，如果按每一种品种设置产品成本明细账，计算产品成本，其核算工作就极为繁重，为了简化产品成本核算工作，可以采用分类法计算产品成本。分类法是将企业生产的产品划分为若干类别，按类设置生产成本明细账，归集生产费用，计算出各类产品的总成本，然后再采用适当的方法在类内各种产品之间进行分配，以计算各种产品成本的一种方法。分类法是品种法的一种延伸。

分类法主要适用于产品品种、规格繁多，并且可以按照一定的标准予以分类的生产企业。分类法与企业生产类型没有直接关系，只要企业生产的产品按照其性质、用途等特点划分为一定类别（包括联产品、副产品等），都可以采用分类法进行计算，如电子行业的电子元件生产、食品加工行业的食品生产、服装行业的服装生产等。需要注意的是，分类法不是一种独立的成本计算方法，它必须与成本计算的 3 种基本方法结合运用。分类法与品种法结合起来使用时，即把某类产品视为某一种产品；分类法与分批法结合起来使用时，即把某类产品视为某一批别产品；分类法与分步法结合起来使用时，即把某类产品视为某一步骤产品。

企业应当根据生产经营特点和成本管理要求，选择品种法或分批法、分步法等成本计算的基本方法，计算各类产品的实际总成本。分类法与基本方法（品种法、分批法、分步法）结合应用，则其成本计算程序与基本方法基本相同，区别是分类法是按产品类别归集生产费用，将各类完工产品的总成本在同类各种产品之间进行分配，计算出各种产品成本。

分类法下产品成本计算有以下几个步骤。

（1）根据生产产品的结构、性质、所用的原材料及工艺技术过程，将产品划分为几个类别。例如，将各种品种相同但质量不同的等级品归为一类，将同一品种的不同规格产品归为一类等。

（2）以产品类别为成本计算对象，按照产品类别和规定的成本项目，设置产品成本明细账，归集生产费用，计算每类别产品费用总额。费用的归集按直接费用直接计入产品成本、间接费用分配计入产品成本的原则进行。

（3）将每类产品的费用总额在该类完工产品和在产品之间进行分配，计算出该类完工产品总成本，分配的方法一般有在产品按定额成本计算、在产品按定额比例分配等。

（4）类内各种产品成本的计算。分类法下类内各种不同规格、型号产品之间成本的分配，是根据产品的生产特点确定的。分配标准可以采用产品的经济价值指标，如定额成本、计划成本、售价等；也可采用如重量、体积、长度、浓度等产品的技术性指标。

按产品类别计算出某类产品成本后，可以按系数在同类产品之间进行分配。采用系数分配法，主要有以下 3 个程序。

①确定系数。

选择产量较大、生产较稳定或规格适中的产品作为标准产品，将标准产品的单位系数定为 1。

某种产品单位系数＝该种产品的分配标准/标准产品的分配标准

某种完工产品总系数＝该种完工产品实际产量×单位系数

②确定分配率。

类内产品应分配成本总额除以各产品总系数之和即为费用分配率。

费用分配率＝应分配成本总额/各种产品总系数之和

③计算某种产品成本。

某产品应分配费用＝该种完工产品总系数×费用分配率

【例 3-2】某企业将 A、B、C 3 种产品归为一类（甲类）计算产品成本。该类产品的直接材料以材料消耗定额作为分配标准，直接人工和制造费用以工时消耗定额作为分配标准。本月甲类产品产量记录及单位产品定额消耗资料如表 3-23 所示。

表 3-23 产量及消耗定额表

项目	A 产品	B 产品	C 产品
产成品/件	20 000	4 000	5 000
材料消耗定额/(千克·件$^{-1}$)	4	4.4	3.6
工时消耗定额/(小时·件$^{-1}$)	0.5	0.45	0.6

材料在生产开始时一次投入，本月发生的完工产品的直接材料费用为 60 690 元，直接人工费用为 48 848 元，制造费用为 42 600 元。计算 A、B、C 3 种产品完工产品的总成本和单位成本。

（1）选定标准产品。A、B、C 3 种产品中，A 产品的产量最大，因此以 A 产品作为标准产品，确定系数为 1。

（2）计算各产品系数，如表 3-24 所示。

表 3-24　产品系数表

产品	材料消耗定额/(千克·件$^{-1}$)	材料系数	工时消耗定额/(小时·件$^{-1}$)	工时系数
A	4	1	0.5	1
B	4.4	4.4/4=1.1	0.45	0.45/0.5=0.9
C	3.6	3.6/4=0.9	0.6	0.6/0.5=1.2

（3）计算各种产品总系数（标准产量），如表 3-25 所示。

表 3-25　产品标准产量表

产品	产成品/件	材料		工时	
		系数	总系数	系数	总系数
A	20 000	1	20 000	1	20 000
B	4 000	1.1	4 400	0.9	3 600
C	5 000	0.9	4 500	1.2	6 000
合计	—	—	28 900	—	29 600

（4）计算各种产品的总成本和单位成本。

直接材料费用分配率＝60 690÷28 900＝2.1（元/件）；

直接人工费用分配率＝48 848÷29 600＝1.65（元/小时）；

制造费用分配率＝42 600÷29 600＝1.44（元/小时）。

根据各产品的总系数和费用分配率，编制下面的产品成本计算表，计算各种产品的总成本和单位成本。表 3-26 所示为产品成本计算表。

A 产品的直接材料分配金额＝2.1×20 000＝42 000（元）；

A 产品的直接人工分配金额＝1.65×20 000＝33 000（元）；

A 产品的制造费用分配金额＝1.44×20 000＝28 800（元）；

A 产品的总成本＝42 000＋33 000＋28 800＝103 800（元）；

A 产品的单位成本＝103 800÷20 000＝5.19（元）。

B 产品的直接材料分配金额＝2.1×4 400＝9 240（元）；

B 产品的直接人工分配金额＝1.65×3 600＝5 940（元）；

B 产品的制造费用分配金额＝1.44×3 600＝5 184（元）；

B 产品的总成本＝9 240＋5 940＋5 184＝20 364（元）；

B 产品的单位成本＝20 364÷4 000＝5.091（元）。

C 产品的直接材料分配金额＝2.1×4 500＝9 450（元）；

C 产品的直接人工分配金额＝48 848－33 000－5 940＝9 908（元）；

C 产品的制造费用分配金额＝42 600－28 800－5 184＝8 616（元）；

C 产品的总成本＝9 450＋9 908＋8 616＝27 974（元）；

C 产品的单位成本＝27 974÷5 000＝5.594 8（元）。

表 3-26 产品成本计算表

产品名称	产量/件	材料总系数	直接材料分配金额/元	工时总系数	直接人工分配金额/元	制造费用分配金额/元	总成本/元	单位成本/元
A	20 000	20 000	42 000	20 000	33 000	28 800	103 800	5.19
B	4 000	4 400	9 240	3 600	5 940	5 184	20 364	5.091
C	5 000	4 500	9 450	6 000	9 908	8 616	27 974	5.594 8
合计		28 900	60 690	29 600	48 848	42 600	152 138	

根据分配结果，结转完工产品成本。

借：库存商品——A 产品　　　　　　　　　　103 800
　　库存商品——B 产品　　　　　　　　　　20 364
　　库存商品——C 产品　　　　　　　　　　24 974
　　贷：生产成本——基本生产成本　　　　　　　　152 138

第三节　分　批　法

一、分批法的概念

1. 含义

分批法是指以产品生产批别或订单作为成本核算对象，归集和分配生产费用，从而计算每批产品的总成本和单位成本的一种成本计算方法。

单件小批量生产的企业，往往按批别或用户的订单来组织产品的生产。由于各批产品或每份订单的产品的品种、规格、数量、质量、交货日期和要求，甚至所用的原材料和加工制造方法都不一样，为了按要求保质、保量按期交货，并加强对每批产品生产的反映、监督、控制、考核和分析，就应该按产品生产批别或订单计算产品成本。

采用分批法计算产品成本的企业，虽然各批产品的成本计算单仍然按月归集生产费用，但是只有在该批产品全部完工时才能计算其实际成本。各批产品的生产复杂程度不同，质量数量要求也不同，因此生产周期就各不相同。有的批次产品当月投产，当月完工；有的批次产品要经过数月甚至数年才能完工。可见完工产品的成本计算因为各批次生产周期的不同而不同，是不定期的。所以，分批法的成本计算期与产品的生产周期一致，而与会计报告期不一致。计算月末产品成本时，一般不存在完工产品与在产品之间分配费用的问题。

2. 适用范围

产品成本计算的分批法主要适用于管理上不要求分步计算产品成本的单件小批量多步骤生产，以及管理上要求分批计算产品成本的单件小批量单步骤生产，如飞机制造、船舶制造、重型机器制造、精密仪器制造、新产品试制、实验性生产、机器设备的修理作业以及辅助生产的工具模具制造等。

二、分批法下产品成本的计算程序

（1）设置成本计算单。

（2）编制基本要素费用分配表，将各个基本要素分别计入各批别（件）产品成本计算单中的相应成本项目。

（3）汇集"生产成本——辅助生产成本"的全部费用，月末编制"辅助生产费用分配表"，分配辅助生产费用。

（4）汇总"制造费用"账户的全部费用，月末编制"制造费用分配表"，分别在各个车间所生产的各批别（件）产品之间进行分配后，分别计入各批别（件）产品成本计算单中的相应成本项目。

（5）若产品批量较大，同一批产品跨月陆续完工且分次交货，如果需要已完工产品的成本数据，月末也可以将生产费用在完工产品和月末在产品之间进行分配，计算完工产品成本和月末在产品成本。

（6）月末编制"完工产品成本汇总表"，结转完工产品成本。

【例3-3】乙企业根据购货单位订单组织生产，有关资料如下。

（1）20×8年10月，该公司共有201批次、202批次、203批次、204批次这4批产品同时生产，分别对应A、B、C、D这4种产品。各产品投产完工情况如表3-27所示。

表3-27 生产记录表

批号	开工日期	投产批量/件	本月完工数量/件	在产品数量/件	实际工时/小时
201	8月10日	20	20		40 000
202	9月8日	34	24	10	60 000
203	9月12日	16	10	6	32 000
204	10月26日	40		40	20 000

10月初在产品成本如表3-28所示。10月发生的费用经汇总、整理如表3-29所示。

表3-28 月初在产品成本表

单位：元

产品批号	直接材料	直接人工	制造费用	合计
201	2 060 000	780 000	920 000	3 760 000
202	900 000	280 000	336 000	1 516 000
203	720 000	210 000	258 000	1 188 000

表 3-29 生产费用汇总表

单位：元

产品批号	直接材料	直接人工	制造费用	合计
201	240 000			240 000
202	799 980			799 980
203	516 000			516 000
204	246 000			246 000
共同费用		760 000	608 000	1 368 000
合计	1 801 980	760 000	608 000	3 169 980

其中，直接材料根据领料单标明的产品批号汇总而来，直接人工和制造费用属各批产品共同发生的费用，对此按生产工时比例在各批产品之间分配。

（2）生产费用在完工产品和在产品之间分配的方法如下。

202 批号 B 产品，本月末完工数量较多，完工产品和月末在产品成本的分配方法采用约当产量法。月末在产品的平均完工程度为 50%，原材料于生产中逐步投入，投料率为 80%。

203 批号 C 产品，本月末完工数量为 10 件，为了简化核算，完工产品按计划成本转出，其计划单位成本为：直接材料 77 000 元，直接人工 22 925 元，制造费用 27 912 元，合计 127 837 元。

要求：

（1）将生产费用在各批产品之间进行分配。

（2）登记各批产品成本明细账。

（3）将生产费用在完工产品和月末在产品之间进行分配。

（4）结转完工产品成本，进行相关账务处理。

注：直接材料由各批产品分别耗用，不需要进行分配；直接人工和制造费用是由各批产品共同耗用的，需要按照工时进行分配。

直接人工费用分配如表 3-30 所示，制造费用分配如表 3-31 所示。

表 3-30 直接人工费用分配表

产品批号	分配标准/小时	分配率/(元·小时$^{-1}$)	应分配金额/元
201	40 000	5	200 000
202	60 000	5	300 000
203	32 000	5	160 000
204	20 000	5	100 000
合计	152 000	—	760 000

表 3-31 制造费用分配表

产品批号	成本项目	分配标准/小时	分配率/(元·小时$^{-1}$)	应分配金额/元
201	制造费用	40 000	4	160 000
202	制造费用	60 000	4	240 000
203	制造费用	32 000	4	128 000
204	制造费用	20 000	4	80 000
合计		152 000	—	608 000

根据表 3-29 编制会计分录。

  借：生产成本——基本生产成本——201   240 000
            ——202   799 980
            ——203   516 000
            ——204   246 000
   贷：原材料   1 801 980

根据表 3-30 编制会计分录。

  借：生产成本——基本生产成本——201   200 000
            ——202   300 000
            ——203   160 000
            ——204   100 000
   贷：应付职工薪酬   760 000

根据表 3-31 编制会计分录。

  借：生产成本——基本生产成本——201   160 000
            ——202   240 000
            ——203   128 000
            ——204   80 000
   贷：制造费用   608 000

根据表 3-28、表 3-29、表 3-30 和表 3-31 登记各批产品成本明细账，如表 3-32、表 3-33、表 3-34、表 3-35 所示。

表 3-32 生产成本明细账（A 产品）

批号：201   开工日期：8 月 10 日
产品名称：A 批量：20 完工日期：10 月 31 日   单位：元

20×8 年		凭证号	摘要	直接材料	直接人工	制造费用	合计
月	日						
10	1		期初余额	2 060 000	780 000	920 000	3 760 000
	31	略	本期材料费用	240 000			240 000
			根据直接人工费用分配表		200 000		200 000

续表

20×8年		凭证号	摘要	直接材料	直接人工	制造费用	合计
月	日						
			根据制造费用分配表			160 000	160 000
			合计	2 300 000	980 000	1 080 000	4 360 000
			完工产品转出	2 300 000	980 000	1 080 000	4 360 000
			期末余额	0	0	0	0

表3-33 生产成本明细账（B产品）

批号：202　　　　　　　　　　开工日期：9月8日　　　　　　　　　（本月完工24件）
产品名称：B　批量：34　　　　完工日期：　月　日　　　　　　　　单位：元

20×8年		凭证号	摘要	直接材料	直接人工	制造费用	合计
月	日						
10	1		期初余额	900 000	280 000	336 000	1 516 000
	31	略	本期材料费用	799 980			799 980
			根据直接人工费用分配表		300 000		300 000
			根据制造费用分配表			240 000	240 000
			合计	1 699 980	580 000	576 000	2 855 980
			完工产品转出	1 274 985	480 000	476 689.66	2 231 674.66
			期末余额	424 995	100 000	99 310.34	624 305.34

表3-34 生产成本明细账（C产品）

批号：203　　　　　　　　　　开工日期：9月12日　　　　　　　　（本月完工10件）
产品名称：C　批量：16　　　　完工日期：　月　日　　　　　　　　单位：元

20×8年		凭证号	摘要	直接材料	直接人工	制造费用	合计
月	日						
10	1		期初余额	720 000	210 000	258 000	1 188 000
	31	略	本期材料费用	516 000			516 000
			根据直接人工费用分配表		160 000		160 000
			根据制造费用分配表			128 000	128 000
			合计	1 236 000	370 000	386 000	1 992 000
			完工产品转出	770 000	229 250	279 120	1 278 370
			期末余额	466 000	140 750	106 880	713 630

表3-35 生产成本明细账（D产品）

批号：204　　　　　　　　　　开工日期：10月26日

产品名称：D　批量：40　　　完工日期：　月　日　　　　　　　　　　　　单位：元

20×8年		凭证号	摘要	直接材料	直接人工	制造费用	合计
月	日						
10	1		本期材料费用	246 000			246 000
	31	略	根据直接人工费用分配表		100 000		100 000
			根据制造费用分配表			80 000	180 000
			合计	246 000	100 000	80 000	526 000
			完工产品转出				
			期末余额				

产品约当产量计算情况如表3-36所示。

表3-36 约当产量计算表

产品批号	成本项目	在产品数量/件	投料程度	在产品约当产量/件	完工产品数量/件	约当总产量/件
202	直接材料	10	80%	8	24	32
	直接人工	10	50%	5	24	29
	制造费用	10	50%	5	24	29
203	直接材料	6	80%	4.8	10	14.8
	直接人工	6	50%	3	10	13
	制造费用	6	50%	3	10	13

A、B、C产品的产品成本计算单如表3-37、表3-38、表3-39所示。

表3-37 产品成本计算单（A产品）

批号：101　　　　　　　　　　开工日期：8月10日

产品名称：A　批量：20　　　完工日期：8月31日　　　　　　　　　　　　单位：元

摘要	直接材料	直接人工	制造费用	合计
月初在产品成本	2 060 000	780 000	920 000	3 760 000
本月发生生产费用	240 000	200 000	160 000	600 000
生产费用合计	2 300 000	980 000	1 080 000	4 360 000
完工产品总成本	2 300 000	980 000	1 080 000	4 360 000
单位成本	115 000	49 000	54 000	218 000

表 3-38　产品成本计算单（B 产品）

批号：202　　　　　　　　　开工日期：9 月 8 日
产品名称：B　批量：34　　完工日期：　月　日

摘要	直接材料	直接人工	制造费用	合计
月初在产品成本/元	900 000	280 000	336 000	11 516 000
本月发生生产费用/元	799 980	300 000	240 000	1 339 980
生产费用合计/元	1 699 980	580 000	576 000	12 855 980
分配率/(元·件$^{-1}$)	53 124.375	20 000	19 862.069	—
完工产品总成本/元	1 274 985	480 000	476 689.66	2 231 674.66
月末在产品成本/元	424 995	100 000	199 310.34	2 624 305.34

注：直接材料分配率=1 699 980/32=53 124.375（元/件）；
　　直接人工分配率=580 000/29=20 000（元/件）；
　　制造费用分配率=576 000/29=19 862.069（元/件）。

表 3-39　产品成本计算单（C 产品）

批号：203　　　　　　　　　开工日期：9 月 12 日　　　　（本月完工 10 件）
产品名称：C　批量：16　　完工日期：　月　日　　　　　　单位：元

摘要	直接材料	直接人工	制造费用	合计
月初在产品成本	720 000	210 000	258 000	1 188 000
本月发生生产费用	516 000	160 000	128 000	804 000
生产费用合计	1 236 000	370 000	386 000	1 992 000
单位成本	77 000	22 925	27 912	127 837
完工产品总成本	770 000	229 250	279 120	1 278 370
月末在产品成本	466 000	140 750	106 880	713 630

根据表 3-37、表 3-38、表 3-39 中的成本计算结果，编制"完工产品成本汇总表"，如表 3-40 所示。

表 3-40　完工产品成本汇总表

20×8 年 10 月　　　　　　　　　　　　　　　　　　　　　单位：元

摘要		直接材料	直接人工	制造费用	合计
201 批号 A 产品	总成本	2 300 000	980 000	1 080 000	4 360 000
（产量 20 件）	单位成本	115 000	49 000	54 000	218 000
202 批号 B 产品	总成本	1 274 985	480 000	476 689.66	2 231 674.66
（产量 24 件）	单位成本	53 124.375	20 000	19 862.069	92 986.444
203 批号 C 产品	总成本	770 000	229 250	279 120	1 278 370
（产量 10 件）	单位成本	77 000	22 925	27 912	127 837

根据表 3-40 编制本月结转完工产品入库的会计分录。

借：库存商品——A 产品　　　　　　　　　　　　　4 360 000
　　　　　　——B 产品　　　　　　　　　　　　　2 231 674.66
　　　　　　——C 产品　　　　　　　　　　　　　1 278 370
　贷：生产成本——基本生产成本——201 批次（A 产品）　4 360 000
　　　　　　　　　　　　　　　——202 批次（B 产品）　2 231 674.66
　　　　　　　　　　　　　　　——203 批次（C 产品）　1 278 370

本章要点

根据企业生产工艺流程和生产组织的特点，企业可以采用的成本计算基本方法有品种法、分批法和分步法；辅助生产方法有分类法和定额法。品种法是以产品品种作为成本计算对象，归集生产费用，计算产品成本的最基本的成本计算方法，主要适用于大量大批的单步骤生产企业和管理上不要求分步骤计算产品成本的大量大批多步骤生产企业，其成本计算期与产品生产周期不一致，与会计报告期一致，一般按月进行。品种法的成本计算程序体现着产品成本计算的一般程序，是其他各种成本计算方法的基础。分批法是指以产品生产批别或订单作为成本计算对象，归集和分配生产费用，从而计算每批产品的总成本和单位成本的一种成本计算方法。在单件小批量生产的企业，往往按批别或用户的订单来组织产品的生产。由于各批产品或每份订单的产品品种、规格、数量、质量、交货日期和要求，甚至所用的原材料和加工制造方法都不一样，为了按要求保质、保量按期交货，并加强对每批产品的生产的反映、监督、控制、考核和分析，就应该按产品生产批别或订单计算产品成本。

案例讨论

食用油企业成本核算的产品主要是精炼散装油、小包装油两大类，产品分布的空间区间主要是油罐区、精炼车间、小包装油车间。油罐区存放散装成品油、散装原材料油，并按不同的品名储存在油罐区的不同油罐中。精炼车间领用原料油经过精炼加工后的各种油品，取相应的油品名称，存入油罐区同种品种的油罐中，直接对外销售。在这里可以认为它是一种产成品，有时它也是一种原料油，例如 R024 的棕榈油是一种原料油。另外，精炼车间可以把 ROL38 的棕榈油经过分提加工产出 R024、FOL12 的棕榈油，那么为了与购进的 ROL 原材料油区分，则取名为 FR024，即表示分提产出的 ROL24 原料油，因此可以按油品的特性名称来区分辨别原料油、产成品油、半成品油，按产品名称开展管理，进行成本核算、储存、销售。食用油企业的生产车间主要是精炼生产车间、小包装油生产车间，成本核算可以围绕油品的品名展开。

资料来源：盛宏玉. 成本核算中品种法、分步法的结合应用分析——以食用油企业为例 [J]. 现代经济信息，2013（14）：221-222.

思考：

不同类型的企业适用的成本核算方法是什么？

练习题

一、单项选择题

1. 品种法的成本计算对象是产品的（　　）。
   A. 品种　　　　B. 批次　　　　C. 步骤　　　　D. 类别

2. 品种法的成本计算期等于（　　）。
   A. 产品生产周期　　B. 会计报告期　　C. 年度　　　　D. 天

3. 最基本的成本计算方法是（　　）。
   A. 分批法　　　B. 分步法　　　C. 定额法　　　D. 品种法

4. 大量大批单步骤生产按（　　）计算产品成本。
   A. 产品品种　　B. 产品批次　　C. 产品类别　　D. 完工产品

5. 分批法的成本计算对象是产品的（　　）。
   A. 品种　　　　B. 批次　　　　C. 步骤　　　　D. 类别

6. 分批法的成本计算期等于（　　）。
   A. 产品生产周期　　B. 会计报告期　　C. 年度　　　　D. 天

7. 分类法是按照（　　）归集费用、计算成本的。
   A. 批别　　　　B. 品种　　　　C. 步骤　　　　D. 类别

8. 采用分类法时，被选定为标准产品的应是（　　）。
   A. 盈利最多的产品
   B. 成本计算工作量最大的产品
   C. 产量较大、生产较稳定或规格适中的产品
   D. 占企业产品成本比重最大的产品

9. 大量大批多步骤生产按（　　）计算产品成本。
   A. 产品品种　　B. 产品批次　　C. 产品类别　　D. 生产步骤

10. 单件小批多步骤生产按（　　）计算产品成本。
    A. 产品品种　　B. 产品批次　　C. 产品类别　　D. 完工产品

11. 分批法的主要特点是（　　）。
    A. 以产品批别为成本计算对象
    B. 生产费用不需要在批内完工产品与在产品之间进行分配
    C. 费用归集与分配比较简便
    D. 成本计算期长

12. （　　）称为辅助成本计算方法。
    A. 定额法和分批法　　　　B. 定额法和分类法
    C. 分类法和分步法　　　　D. 品种法和分批法

13. 累计间接计入费用分配率是依据（　　）的有关数据计算的。
    A. 基本生产成本明细账　　B. 基本生产成本总账

C. 基本生产成本二级账 　　　　　D. 都不是

14. 采用分批法计算产品成本时，如果批内跨月完工产品的数量较多，且月末批内完工产品数量占全部批量的比重较大，则完工产品成本可按（　　）计算。

A. 计划单位成本 　　　　　B. 约当产量比例分配

C. 近期同种产品的实际单位成本 　　　　　D. 定额单位成本

15. 下列关于分批法特点的相关表述中，错误的是（　　）。

A. 成本计算对象是产品的批别

B. 成本计算期与核算报告期一致

C. 一般不存在完工产品与在产品之间分配费用的问题

D. 成本计算期与产品生产周期基本一致

二、多项选择题

1. 企业的生产按生产工艺过程的特点划分，可以分为（　　）。

A. 单步骤生产　　B. 大量生产　　C. 多步骤生产　　D. 成批生产

2. 企业的生产按生产组织的特点划分，可以分为（　　）。

A. 单步骤生产　　B. 大量生产　　C. 单件生产　　D. 成批生产

3. 产品成本计算的基本方法有（　　）。

A. 品种法　　B. 分批法　　C. 分步法　　D. 定额法

4. 产品成本计算的辅助方法有（　　）。

A. 品种法　　B. 分类法　　C. 分步法　　D. 定额法

5. 品种法适用于（　　）。

A. 单步骤生产

B. 管理上不要求分步骤计算成本的多步骤生产

C. 管理上要求分步骤计算成本的多步骤生产

D. 单件小批生产的企业

6. 品种法因其应用在不同生产特点的企业，可以分为（　　）。

A. 简单品种法　　B. 典型品种法　　C. 一般品种法　　D. 简化的品种法

7. 基本生产车间要设置的账户有（　　）。

A. 基本生产成本　　B. 辅助生产成本　　C. 制造费用　　D. 管理费用

8. 下列各项中，关于品种法的表述正确的有（　　）。

A. 广泛适用于大量大批单步骤生产的企业

B. 广泛适用于单件小批生产的企业

C. 定期计算产品成本

D. 成本核算对象是产品品种

9. 下列适用品种法的企业有（　　）。

A. 小型水泥厂　　B. 砖瓦厂　　C. 化肥厂　　D. 糖果厂

10. 下列各项中，关于产品成本计算的品种法表述正确的有（　　）。

A. 不定期计算产品成本
B. 适用于单步骤大量生产的企业
C. 期末在产品数量较少，占用的生产费用数额不大时，需要计算在产品成本
D. 以产品品种作为成本核算对象

11. 采用分批法计算产品成本，在批内产品跨月陆续完工不多的情况下，结转完工产品成本的方法可以按（　　）。

A. 定额单位成本计算　　　　　　　B. 计划单位成本计算
C. 近期同种产品实际单位成本计算　D. 暂不结转，待全部完工后一并计算

12. 分批法适用于（　　）。

A. 新产品的试制　　　　　　　　　B. 单件生产
C. 小批生产　　　　　　　　　　　D. 辅助生产的工具、模具制造

13. 采用分批法计算产品成本，作为某一成本计算对象的批别，可以按（　　）确定。

A. 同一订单中的多种产品
B. 同一订单中同种产品的组成部分
C. 不同订单中的同种产品
D. 不同订单中的不同产品

14. 在分批法下，间接费用的分配方法有（　　）。

A. 定额比例法　　　　　　　　　　B. 计划成本分配法
C. 当月分配法　　　　　　　　　　D. 累计分配法

15. 以下关于产品成本计算方法的表述，正确的有（　　）。

A. 基本生产车间采用分步法，场内供电车间采用品种法
B. 发电厂的发电车间采用品种法，供水车间不单独计算供水成本
C. 大量生产产品时采用分步法，小批生产产品时采用分批法
D. 毛坯生产采用品种法，加工装配采用分步法

三、判断题

（　　）1. 品种法下如果只生产一种产品，全部生产费用都是直接费用，可直接计入该产品成本明细账的有关成本项目中，不存在各个成本计算对象之间分配间接费用的问题。

（　　）2. 成本计算对象的确定，是正确计算产品成本的前提，也是区别各种成本计算方法的主要标志。

（　　）3. 在分批法下，成本计算期与产品生产周期基本一致，也与会计报告期一致。

（　　）4. 品种法是最基本的成本计算方法。

（　　）5. 品种法在一般情况下存在在产品成本的计价问题。

（　　）6. 品种法仅适用于大量大批单步骤生产的企业。

（　　）7. 品种法适用于大量大批生产，不适用于单件小批生产的企业。

（　　）8. 产品成本计算的基本方法有品种法、分批法、分步法、分类法、定额法。

（　　）9. 品种法以产品品种作为成本计算对象。

（　　）10. 分批法的成本计算期等于生产周期，不等于会计报告期。

（　　）11. 在单件小批生产的企业中，按照产品批别计算产品成本，往往也就是按照订单计算产品成本，因此，产品成本计算的分批法，也称订单法。

（　　）12. 采用分批法计算产品成本时，不存在完工产品与月末在产品之间分配费用的问题。

（　　）13. 分批法下的产品批量必须根据购买者的订单确定。

（　　）14. 为了使同一批产品同时完工，避免跨月陆续完工的情况，减少在完工产品与月末在产品之间分配费用的工作，产品的批量越小越好。

（　　）15. 分类法不需要分产品品种计算成本，因而产品成本计算单可按类别设置。

四、业务题

1. 资料：某企业生产甲、乙两种产品，有一个基本生产车间和一个供电车间，产品成本采用品种法计算。2019年1月份有关成本计算资料如下。

基本生产车间本月发生原材料费用132 000元：甲产品耗用A材料40 000元，乙产品耗用B材料56 000元，甲乙产品共同耗用C材料32 000元，车间一般耗用C材料4 000元。C材料定额消耗量：甲产品6 000千克，乙产品4 000千克。

基本生产车间本月发生应付工资57 200元：基本生产车间生产工人工资48 000元，基本生产车间管理人员工资9 200元。基本生产车间生产产品生产工时：甲产品300小时，乙产品500小时。按工资的14%计提福利费。

基本生产车间月初在用固定资产原值1 200 000元，固定资产月折旧率为2%。

供电车间供电2 400度，计19 200元；提供给基本生产车间1 600度，其中甲产品600度，乙产品800度，车间管理部门200度；提供给企业管理部门800度。

甲产品完工200件，月末没有在产品。乙产品本月完工160件，月末在产品40件，完工程度为50%，原材料在生产开始时一次性投入。甲产品月初在产品成本为24 000元，其中直接材料10 000元，直接人工5 264元，燃料和动力736元，制造费用8 000元。乙产品月初在产品成本为50 000元，其中：直接材料28 000元，直接人工8 772元，燃料和动力1 228元，制造费用12 000元。

要求：

（1）对各项要素费用进行分配并编制会计分录。（C材料按定额消耗量比例分配，基本生产工人工资按产品生产工时比例分配。）

（2）对辅助生产费用进行分配并编制会计分录。

（3）对制造费用进行分配并编制会计分录。（按产品生产工时比例分配。）

（4）登记甲、乙产品成本明细账，计算甲、乙产品成本。

（5）编制完工产品成本汇总表。

2. 某企业按照客户要求，小批生产甲、乙两种产品，在产品的原材料按定额成本计价，该企业5月各批产品的资料如表3-41、表3-42所示。

表 3-41 生产记录

批号	产品名称	产量	开工日期	完工日期
408	甲	20 件	4 月	本月全部完工
409	乙	8 件	5 月	本月完工 5 件（耗用 3 200 小时）

表 3-42 本月生产费用和生产工时

批号	产品名称	原材料费用/元	生产工时/小时	直接人工费用/元	制造费用/元
408	甲	4 000	1 000		
409	乙	14 000	4 000		
合计			5 000	30 000	60 000

假设乙产品的未完工产品原材料定额成本为 2 000 元，未完工乙产品耗用定额工时 800 小时。直接人工和制造费用按生产工时比例分配。产品月初累计费用如表 3-43 所示。

要求：

（1）计算本月直接人工和制造费用分配率。（列出计算式）

（2）登记各批产品成本明细账，如表 3-43、表 3-44 所示，计算各批完工产品成本。（金额单位：元）

表 3-43 产品成本明细账（甲产品）

工作批号：408　　　　　　　　　　　　　　　　　　　　开工时期：2019 年 4 月
产品名称：甲产品　　　　　　　产量：20 件　　　　　　　完工日期：2019 年 5 月
单位：元

月	日	摘　要	直接材料	直接人工	制造费用	合计
4	30	累计费用	1 000	8 000	4 000	13 000
5	31	本月生产费用				
5	31	生产费用累计				
5	31	完工转出产成品成本（20 件）				
5	31	完工产品单位成本				

表 3-44 产品成本明细账（乙产品）

工作批号：409　　　　　　　　　　　　　　　　　　　　开工时期：2019 年 5 月
产品名称：乙产品　　　　　　　产量：8 件　　　　　　　完工 5 件
单位：元

月	日	摘要	直接材料	直接人工	制造费用	合计
5	31	本月生产费用				
5	31	期末在产品成本				
5	31	完工转出产成品成本（5 件）				
5	31	完工产品单位成本				

3. 甲企业是一家制造业企业，按照客户要求分批生产001型和002型两种设备。甲企业采用分批法计算产品成本。相关资料如下。

（1）5月投产001型设备10台，当月发生直接材料费用350 000元、直接人工30 000元、制造费用50 000元。001型设备全部于6月完工。

（2）6月投产002型设备30台，当月完工20台，单位产成品实际工时200小时。在产品10台，平均完工程度为80%。

（3）原材料在001型和002型设备生产开始时一次投入。直接人工和制造费用在生产过程中陆续发生，按实际加工工时在各产品之间进行分配，同时按约当产量法在完工产品和月末在产品之间分配。

（4）2019年6月有关成本核算资料如表3-45所示。

表3-45 成本核算资料

项目	直接材料费用/元	实际工时/小时	直接人工/元	制造费用/元
001型设备		1 400		
002型设备	900 000	5 600		
合计		7 000	105 000	140 000

要求：

（1）计算6月的直接人工分配率，并将直接人工在不同产品之间以及完工产品与在产品之间进行分配。

（2）计算6月的制造费用分配率，并将制造费用在不同产品之间以及完工产品与在产品之间进行分配。

（3）计算6月002型设备单位产品原材料费用，并将原材料费用在完工产品与在产品之间进行分配。

（4）计算6月001型设备的完工产品总成本和单位产品成本。

（5）计算6月002型设备的在产品总成本、完工产品总成本和单位产品成本。

第四章

分步法

本章结构图

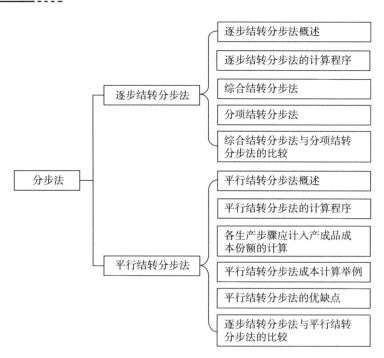

本章学习目标

> 了解分步法的概念、适用范围、特点和种类。
> 掌握逐步结转分步法的计算程序。
> 掌握平行结转分步法的计算程序。

第一节　逐步结转分步法

产品成本计算分步法，简称分步法，是指以各生产步骤的产品（或半成品）作为成本计算对象，归集生产费用、计算产品（或半成品）成本的一种方法。分步法具有以下特征。

1. 成本计算对象——各生产步骤的半成品和最终完工产品

在计算产品成本时，应以各种产品及所经生产步骤作为成本计算对象，设置产品成本明细账，归集生产费用。如果只生产一种产品，成本计算对象就是该种产成品及其所经过的各生产步骤，产品成本明细账应该按照产品的生产步骤设置。如果生产多种产品，成本计算对象则是各种产成品及其所经过的各生产步骤，产品成本明细账应该按照每种产品的各个生产步骤设置。

在实际工作中，产品成本的计算步骤与产品生产步骤的划分不一定完全一致。总之，分步法的成本计算对象是每种产品以及每种产品所经过的生产步骤。企业应根据生产特点和成本管理要求，遵循简化成本计算的原则，合理确定作为成本计算对象的生产步骤。

对管理上有必要分步计算成本的生产步骤应单独设立生产成本明细账，单独计算成本；对管理上不要求单独计算成本的生产步骤，则与其他生产步骤合并设立生产成本明细账，合并计算成本。

2. 成本计算期——与会计报告期一致

在分步法下，一般按月、定期地计算产品成本，成本计算期与会计报告期一致，而与产品的生产周期不相一致。由于企业的生产属于大量大批多步骤生产，原材料连续不断地投入，各生产步骤的半成品不断地向下一生产步骤转移，产成品不断产出，成本计算期无法与产品生产周期保持一致，只能按月计算产品成本，成本计算期与会计报告期保持一致。

3. 生产费用在完工产品及在产品之间的分配

在大量大批多步骤生产中，由于生产过程较长且可以间断，产品往往都是跨月陆续完工，因此，成本计算一般按月、定期地进行。月末计算产品成本时，各步骤一般都存在数量较大的在产品、半成品或产成品，所以应将汇集的在产品生产成本明细账中的生产费用，采用一定的分配方法，在完工产品与在产品之间进行分配，以计算出完工产品和月末在产品成本。在计算成本时需要采用适当的分配方法，将汇集在各种产品、各生产步骤产品成本明细账中的生产费用，在完工产品与在产品之间进行分配，计算各该产品、各生产步骤的完工产品成本和在产品成本。

4. 各生产步骤之间需进行成本结转

由于产品生产是分步骤进行的，上一步骤的半成品是下一步骤的加工对象（即原材料），所以，为了计算各种产品的完工产品成本，还需要采用一定的方法将生产成本在各步骤之间结转。在实际工作中，由于成本管理的要求不同，分步法在结转各步骤成本时有逐步结转和平行结转两种方法。

一、逐步结转分步法概述

1. 逐步结转分步法的含义

逐步结转分步法也称为顺序结转分步法，是指按照产品生产加工步骤的先后顺序，各步骤逐步计算并结转半成品成本，各步骤半成品成本由本步骤发生的费用和上步骤转入半成品成本构成，直至最后步骤累计计算出产成品成本的一种成本计算方法。

2. 适用范围

逐步结转分步法主要适用于成本管理中需要提供各个生产步骤半成品成本资料的企业，如半成品可以加工为不同产品或者有半成品对外出售和需要考核半成品成本的生产，特别是大量大批连续式多步骤生产，如纺织、冶金等。在这些产品的生产过程中，从原材料投入产品完工，中间要顺序经过各个生产步骤，前面各个生产步骤所生产的都是半成品，只有最后生产步骤完工的才是产成品。

3. 特点

逐步结转分步法既要计算最终产品成本，又要计算各步骤半成品成本。为了正确计算各步骤完工半成品的成本和最终产成品的成本，各步骤半成品成本必须随半成品实物转移而结转。也就是说，上一步骤计算的完工半成品成本，要随半成品实物转移，从上一步骤的"基本生产成本明细账"结转入下一步骤相同产品的"基本生产成本明细账"中，如此顺序地计算并结转各步骤完工半成品成本，直至最后步骤计算出完工产成品成本。因此逐步结转分步法主要有以下 3 个特点。

（1）半成品的成本要随着半成品的实物转移而结转。在逐步结转分步法下，当某一步骤半成品完工，实物转入半成品仓库或直接转入下一步骤加工时，其成本也随之转入"自制半成品明细账"或下一步骤"基本生产成本明细账"。

（2）各步骤"基本生产成本明细账"归集的费用，包括本步骤自身发生的费用和上一步骤完工的半成品成本。只就某一步骤的成本计算方法而言，其实就是品种法，逐步结转分步法实际上就是品种法的多次连续应用。

（3）逐步结转分步法下的在产品是狭义的在产品，不包括各步骤已完工的半成品，只包括在各个步骤加工中的在产品。

二、逐步结转分步法的计算程序

采用逐步结转分步法，每一步骤成本计算的一般程序与品种法的成本计算程序基本相同，而不同的是半成品成本在各步骤之间的结转问题。由于采用逐步结转分步法，各步骤所耗用的上一步骤半成品的成本，要随着半成品实物的转移而结转，因而半成品成本结转程序取决于半成品实物的流转程序。

根据各步骤完工半成品实物转移的方式，有两种计算程序及会计处理方法：一种是不设半成品仓库而直接在各步骤间转移，另一种是通过半成本仓库收发而间接在各步骤间传递。

1. 半成品直接转移的成本结转程序

在半成品不通过半成品仓库收发的情况下：各步骤所生产的半成品完工以后，不通过半成品仓库收发，直接转移到下一步骤继续加工。先计算第一步骤半成品成本，然后随着半成品实物的转移，将第一步骤半成品成本转入第二步骤生产成本明细账，再加上第二步骤所发生的成本，计算出第二步骤半成品成本。从第二步骤起，各步骤领用的半成品成本，构成各该步骤的一项费用，称为半成品费用，这样半成品成本就在各步骤产品成本明细账之间直接结转。然后按照加工步骤逐步累计结转到第三步骤，依次类推直到最后步骤计算出产成品成本为止。

在半成品完工后，如果不通过半成品仓库收发，而为下一步骤直接领用，半成品成本应在各步骤的生产成本明细账之间直接结转，不设立"自制半成品"账户，不必编制结转半成品成本入库的会计分录。相关账务处理如下。

借：生产成本——基本生产成本——第二步骤
　　贷：生产成本——基本生产成本——第一步骤

2. 半成品入库的成本结转程序

在半成品通过半成品仓库收发的情况下，各步骤所生产的半成品完工以后，通过半成品仓库收发，不为下一步骤直接领用。通过半成品仓库收发，应设置"自制半成品"账户进行核算。在半成品验收入库时，借记"自制半成品"账户，贷记"基本生产成本"账户；在下一步骤领用时，再编制半成品领用的会计分录，将下一步骤领用的自制半成品成本转入该步骤生产成本明细账。

每月月末，各项生产成本在各步骤生产成本明细账中归集以后，如果既有完工半成品，又有加工中的在产品，则应将各步骤的生产成本采用适当的分配方法在其完工半成品与加工中在产品（也就是狭义的在产品）之间进行分配，以便计算完工半成品成本。这样，通过半成品成本的逐步结转，在最后一个步骤的生产成本明细账中，即可计算出产成品的成本。

在半成品入库的情况下，成本计算程序如图4-1所示。

图 4-1　逐步结转分步法成本计算程序（设半成品仓库）（单位：元）

相关账务处理如下。

(1) 本步骤完工的半成品验收入库时。

借：自制半成品——××半成品
　　贷：生产成本——基本生产成本——第一步骤

(2) 下一个步骤从半成品仓库领用上一步骤的半成品时。

借：生产成本——基本生产成本——第二步骤
　　贷：自制半成品——××半成品

采用逐步结转分步法，每月月末各步骤产品成本明细账中归集了各项生产费用（包括所耗上一步骤半成品费用）。如果某步骤既有完工的半成品（最后步骤为产成品），又有正在本步骤加工中的在产品（狭义在产品），就需要采用适当的分配方法，将本步骤归集的生产费用在完工半成品（最后步骤为产成品）与正在本步骤加工中的在产品（狭义在产品）之间进行分配，从而计算出本步骤完工半成品（最后步骤为产成品）的成本，然后通过半成品的逐步结转。半成品成本就像"滚雪球"一样，不断增大，在最后一个步骤的产品成本明细账中，可以计算出完工产成品成本。

这一核算程序表明，采用逐步结转分步法分步骤归集生产费用，逐步计算并结转半成品成本，半成品成本结转与半成品实物转移同步进行。而每一个步骤的成本计算都可以看成是运用了一次品种法，因此，可以将逐步结转分步法看成品种法的多次连续应用。

逐步结转分步法按半成品成本逐步结转的方式，又可分为综合结转分步法和分项结转分步法两种。

三、综合结转分步法

1. 综合结转分步法概述

综合结转分步法是将各步骤所耗用的上一步骤半成品成本，不分成本项目以一笔总数转入下一步骤产品成本计算单的"直接材料"或专设的"半成品"成本项目中的分步法。综合结转，可以按照半成品的实际成本结转，也可以按照半成品的计划成本结转。

(1) 在半成品按实际成本综合结转下，各步骤所耗上一生产步骤的半成品费用，应根据所耗半成品的数量乘以半成品的实际单位成本计算。如果各步骤半成品不是直接转入下一生产步骤，而是通过半成品仓库收发，半成品成本通过"自制半成品"账户核算。

(2) 在半成品按实际成本综合结转时，各步骤所耗上一步骤的半成品费用＝下一步骤领用半成品实际数量×半成品实际单位成本。

2. 综合结转分步法成本计算举例

【例4-1】假定某工业企业的甲种产品生产分两个步骤，分别由两个车间进行。第一车间生产 A 半成品，交半成品仓库验收；第二车间按照所需加工数量向半成品仓库领用。该企业以甲产品及其所经过的生产步骤的 A 半成品作为成本核算对象，按成本核算对象设置的产品成本明细账有：甲产成品（第二车间）、甲产品的 A 半成品（第一车间）。产品成本明细账按照直接材料（或半成品）、直接人工和制造费用三个成本项目设置专栏组织核算。

该企业经过半成品仓库收发的 A 半成品,设置"自制半成品——A 半成品"明细账组织收入、发出和结存的核算。送交半成品仓库的半成品,按实际成本综合结转;半成品仓库发出的 A 半成品采用全月一次加权平均法计算其实际成本。

该企业 2019 年 6 月有关资料如下。

① 第一车间和第二车间发生的费用已经在各成本核算对象之间进行了分配。两个车间月末在产品均按定额成本计价。

② 月初、月末在产品定额成本以及本月生产费用发生额如表 4-1 所示。

表 4-1　成本资料

单位:元

	项目	直接材料	半成品	直接人工	制造费用	合计
第一车间	月初在产品定额成本	38 000	—	22 000	46 000	106 000
	本月发生生产费用	126 000	—	60 000	122 000	308 000
	月末在产品定额成本	56 000	—	26 000	52 000	134 000
第二车间	月初在产品定额成本	—	122 000	24 000	50 000	196 000
	本月发生生产费用			74 000	177 000	251 000
	月末在产品定额成本	—	52 000	10 000	27 000	89 000

③ 本月初半成品仓库结存 A 半成品 800 件,其实际成本总额为 206 000 元。本月第一车间完工入库 A 半成品 1 000 件,第二车间从半成品仓库领用 A 半成品 1 400 件。本月完工入库甲产成品 1 600 件。

成本计算程序如下。

(1) 计算第一车间本月生产 A 半成品的实际成本。

第一车间为生产甲产品的第一生产步骤,没有上步骤转入费用,将 A 半成品月初在产品定额成本和本月发生的生产费用记入第一车间产品成本明细账后,即可用生产费用合计数扣减月末在产品定额成本,从而计算出完工 A 半成品的成本。

其计算过程如表 4-2 所示。

表 4-2　产品成本计算表

车间名称:第一车间　　　　　　　　产品名称:半成品 A

2019 年		摘要	产量/件	直接材料/元	直接人工/元	制造费用/元	成本合计/元
月	日						
6	1	在产品定额成本		38 000	22 000	46 000	106 000
6	30	本月生产费用		126 000	60 000	122 000	308 000
6	30	生产费用合计		164 000	82 000	168 000	414 000

续表

2019 年		摘要	产量 /件	直接材料 /元	直接人工 /元	制造费用 /元	成本合计 /元
月	日						
6	30	完工半成品成本	1 000	108 000	56 000	116 000	280 000
6	30	半成品单位成本		108	56	116	280
6	30	在产品定额成本		56 000	26 000	52 000	134 000

完工半成品直接材料成本=164 000-56 000=108 000（元）；

完工半成品直接人工成本=82 000-26 000=56 000（元）；

完工半成品制造费用=168 000-52 000=116 000（元）；

完工半成品成本合计=108 000+56 000+116 000=280 000（元）

或=414 000-134 000=280 000（元）。

根据第一车间的半成品入库单所列的入库数量和第一车间产品成本明细账中完工转出的A半成品成本，编制如下会计分录。

借：自制半成品——A半成品　　　　　　　　　　　　　　　280 000

　　贷：生产成本——基本生产成本——第一车间（A半成品）　280 000

（2）根据计价后的第一车间半成品入库单和第二车间半成品领用单，登记"自制半成品明细账"，如表4-3所示。

表4-3　自制半成品明细账

半成品名称：A

月份	月初余额		本月入库		合计			本月领用	
	数量 /件	实际成本 /元	数量 /件	实际成本 /元	数量 /件	实际成本 /元	单位成本 /元	数量 /件	实际成本 /元
6	800	206 000	1 000	280 000	1 800	486 000	270	1 400	378 000
7	400	108 000							

半成品加权平均单位成本=486 000÷1 800=270（元）；

本月领用半成品实际成本=1 400×270=378 000（元）。

根据第二车间领用半成品的领用单，编制如下会计分录。

借：生产成本——基本生产成本——第二车间（甲产品）　378 000

　　贷：自制半成品——A半成品　　　　　　　　　　　　　378 000

（3）计算第二车间本月生产甲产成品的实际成本。

第二车间生产的甲产成品成本，包括本步骤发生的生产费用和从半成品仓库领用的A半成品成本。在第二车间产品成本明细账中，登记了月初在产品的定额成本、本月本步发生的生产费用和半成品仓库转入的耗用A半成品费用以后，就可以按照与第一车间成本计算相同的方法计算出完工的甲产成品实际成本。其计算过程如表4-4所示。

表 4-4 产品成本明细账

车间名称：第二车间　　　　　　　　产品名称：甲产品

2019 年		摘要	产量/件	半成品/元	直接人工/元	制造费用/元	成本合计/元
月	日						
6	1	在产品定额成本		122 000	24 000	50 000	196 000
6	30	本月生产费用		—	74 000	177 000	251 000
6	30	转入 A 半成品费用		378 000	—	—	378 000
6	30	生产费用合计		500 000	98 000	227 000	825 000
6	30	完工产成品成本	1 600	448 000	88 000	200 000	736 000
6	30	完工产成品单位成本		280	55	125	460
6	30	在产品定额成本		52 000	10 000	27 000	89 000

甲产成品实际成本总额=448 000+88 000+200 000=736 000（元）；

甲产成品实际平均单位成本=736 000/1 600=460（元）。

根据第二车间产品成本明细账的成本计算结果和第二车间甲产品入库单，编制结转完工入库甲产品实际总成本的会计分录如下。

借：库存商品——甲产品　　　　　　　　　　　　　　　736 000

　　贷：生产成本——基本生产成本——第二车间（甲产品）　736 000

【例 4-2】某企业大量生产甲产品，经 3 个生产步骤连续加工而成。原材料在生产开始时一次投入，各步骤完工的半成品直接交下一步骤加工，不通过半成品仓库收发。该企业采用逐步结转分步法计算产品成本，半成品成本按实际成本综合结转，采用约当产量法计算成本。甲产品 5 月的产量记录和有关费用资料如表 4-5 和表 4-6 所示。

表 4-5 产品产量记录

单位：件

项目	一车间	二车间	三车间
月初在产品	50	20	70
本月投入或上步骤转入	300	250	200
本月完工	250	200	250
月末在产品	100	70	20

表 4-6 生产费用资料

单位：元

摘要	车间	直接材料	半成品	直接人工	制造费用	合计
月初在产品成本	一车间	4 500		550	950	6 000
	二车间		3 000	480	520	4 000
	三车间		17 500	3 850	3 150	24 500

续表

摘要	车间	直接材料	半成品	直接人工	制造费用	合计
本月发生费用	一车间	27 000		6 050	10 450	43 500
	二车间			10 800	11 700	22 500
	三车间			24 750	20 250	45 000

注：在产品完工程度均为50%，月初在产品成本据上月成本计算单所得，本月发生费用根据本月各种费用分配表所得。

成本计算程序如下。

（1）按产品品种及各步骤设置生产成本明细账。

因该企业只生产甲产品，所以只要按甲产品的3个生产步骤设置生产成本明细账。

（2）分步骤归集和分配各项生产费用。

品种法下，分品种归集和分配生产费用；分步法下，则按步骤归集和分配生产费用。

（3）分步计算成本。

①第一步骤：即第一车间。

设3个成本项目（见表4-7），据产品成本明细账归集的生产费用编制产品成本计算单，计算单也按步骤设置。

表4-7　第一车间成本计算单

产品：A半成品　　　　　5月　　　　　完工数量：250件

摘要	直接材料	直接人工	制造费用	合计
月初在产品成本/元	4 500	550	950	6 000
本月生产费用/元	27 000	6 050	10 450	43 500
生产费用合计/元	31 500	6 600	11 400	49 500
完工半成品数量/件	250	250	250	—
在产品约当产量/件	100	50	50	
约当产量合计/件	350	300	300	—
分配率/(元·件$^{-1}$)	90	22	38	150
完工半成品成本/元	22 500	5 500	9 500	37 500
月末在产品成本/元	9 000	1 100	1 900	12 000

表4-7中有关成本计算如下。

分配率的计算：

直接材料分配率=31 500/(250+100)＝90（元/件）；

直接人工分配率=6 600/(250+100×50%)＝22（元/件）；

制造费用分配率=11 400/(250+100×50%)＝38（元/件）。

完工半成品成本的计算：

完工A半成品直接材料成本=250×90＝22 500（元）；

完工 A 半成品直接人工成本＝250×22＝5 500（元）；

完工 A 半成品制造费用成本＝250×38＝9 500（元）；

完工 A 半成品成本合计＝22 500+5 500+9 500＝37 500（元）。

月末在产品成本的计算：

在产品直接材料成本＝100×90＝9 000（元）；

在产品直接人工成本＝50×22＝1 100（元）；

在产品制造费用成本＝50×38＝1 900（元）；

月末在产品成本合计＝9 000+1 100+1 900＝12 000（元）。

注：若分配率为无理数，在产品成本的计算采用倒挤法，即月末在产品成本＝费用合计－完工产品成本。

②第二步骤：即第二车间。

设3个成本项目：半成品、直接人工和制造费用，资料如表4-8所示。

表4-8 第二车间成本计算单

产品：B 半成品　　　　　　5月　　　　　　完工数量：200件

摘要	半成品	直接人工	制造费用	合计
月初在产品成本/元	3 000	480	520	4 000
本月生产费用/元	37 500	10 800	11 700	60 000
生产费用合计/元	40 500	11 280	12 220	64 000
完工半成品数量/件	200	200	200	—
在产品约当产量/件	70	35	35	—
约当产量合计/件	270	235	235	—
分配率/(元·件$^{-1}$)	150	48	52	250
完工半成品成本/元	30 000	9 600	10 400	50 000
月末在产品成本/元	10 500	1 680	1 820	14 000

注：第一车间完工的半成品成本37 500元综合转入第二车间成本计算单中的"半成品"成本项目中，即第一车间的半成品成本37 500元包含直接材料22 500元、直接人工5 500元和制造费用9 500元，但不分项目转入下一车间的相应项目中，而是汇总转入下一车间的"半成品"项目。

表4-8中有关成本计算如下。

分配率的计算：

半成品分配率＝40 500 /270＝150（元/件）；

直接人工分配率＝11 280/235＝48（元/件）；

制造费用分配率＝12 220/235＝52（元/件）。

完工半成品成本的计算：

完工 B 半成品直接材料成本＝200×150＝30 000（元）；

完工 B 半成品直接人工成本＝200×48＝9 600（元）；

完工 B 半成品制造费用成本 = 200×52 = 10 400（元）；

完工 B 半成品成本合计 = 30 000+ 9 600+10 400 = 50 000（元）。

月末在产品成本的计算：

在产品直接材料成本 = 70×150 = 10 500（元）；

在产品直接人工成本 = 35×48 = 1 680（元）；

在产品制造费用成本 = 35×52 = 1 820（元）；

月末在产品成本合计 = 10 500+1 680+1 820 = 14 000（元）。

③第三步骤：即第三车间。

设 3 个成本项目：半成品、直接人工、制造费用，资料如表4-9所示。

表 4-9　第三车间成本计算单

产品：甲产品　　　　　　　5 月　　　　　　　完工数量：250 件

摘要	半成品	直接人工	制造费用	合计
月初在产品成本/元	17 500	3 850	3 150	24 500
本月生产费用/元	50 000	24 750	20 250	95 000
生产费用合计/元	67 500	28 600	23 400	119 500
完工产成品数量/件	250	250	250	
在产品约当产量/件	20	10	10	
约当产量合计/元	270	260	260	
分配率/(元·件$^{-1}$)	250	110	90	450
完工产品成本/元	62 500	27 500	22 500	112 500
月末在产品成本/元	5 000	1 100	900	7 000

表 4-9 中有关成本计算如下。

分配率的计算：

直接材料分配率 = 67 500/270 = 250（元/件）；

直接人工分配率 = 28 600/260 = 110（元/件）；

制造费用分配率 = 23 400/260 = 90（元/件）。

完工产品成本的计算：

甲产品成本 = 250×250 = 62 500（元）；

甲产品直接人工成本 = 250×110 = 27 500（元）；

甲产品制造费用成本 = 250×90 = 22 500（元）；

完工产品成本合计 = 62 500+27 500+22 500 = 112 500（元）。

月末在产品成本的计算：

在产品直接材料成本 = 20×250 = 5 000（元）；

在产品直接人工成本 = 10×110 = 1 100（元）；

在产品制造费用成本 = 10×90 = 900（元）；

月末在产品成本合计=5 000+1 100+900=7 000（元）。

3. 综合结转分步法的成本还原

（1）成本还原的意义。

采用综合结转法，各步骤耗用半成品的成本是以"半成品"或"直接材料"项目综合反映的，这一综合成本项目内，包括了最后步骤之前所有步骤为生产产品而耗用的材料费用、动力费用、工资费用及制造费用，在产品成本中占有相当大的比例。而在完工产品成本的"直接材料""直接人工""制造费用"等成本项目内，仅只反映了最后步骤的上述费用发生情况，这样计算出来的产成品成本，不能提供按原始成本项目反映成本资料。因此，为了能够提供按原始成本项目反映的产成品成本资料，以便从整个企业的角度考核和分析产品成本的构成和水平，就必须对产成品成本中"半成品"项目进行"还原"。所谓成本还原就是从最后一个步骤起，将产成品成本中所耗上一步骤半成品的综合成本，逐步分解还原为直接材料、直接人工、制造费用等原始成本项目，从而求得按原始成本项目反映的产成品成本。

（2）成本还原的方法。

成本还原的方法：把最后一步的产品成本计算单中的"半成品"或"直接材料"的数据（一般按照前一步骤完工半成品的成本构成比例）逐步还原，直至把其中包括的直接材料、直接人工和制造费用完全分离开，其还原流程如下。

①按半成品各成本项目占全部成本的比重还原（还原分配率法）。

这是根据本月产成品耗用上步骤半成品的成本乘以还原分配率计算半成品成本还原的方法。也就是将本步骤耗用上步骤半成品的综合成本，按照上步骤完工该种半成品的成本结构进行分解，求得其原始成本各项目的金额。

成本还原的计算程序如下：

第一步：计算成本还原分配率。这里的成本还原分配率是指各步骤完工产品成本构成，即各成本项目占全部成本的比重。其计算公式如下。

还原分配率=上步骤完工半成品各成本项目的金额/上步骤完工半成品成本合计×100%

第二步：将半成品的综合成本进行分解。分解的方法是用产成品成本中半成品的综合成本乘以还原分配率。其计算公式如下。

半成品成本还原=本月产成品耗用上步骤半成品的成本×还原分配率

第三步：计算还原后成本。还原后成本是根据还原前成本加上半成品成本还原计算的，其计算公式如下。

还原后产品成本=还原前产品成本+半成品成本还原

第四步：如果成本计算有两个以上的步骤，第一次成本还原后，还有未还原的半成品成本，乘以前一步骤该种半成品的各个成本项目的比重。后面的还原步骤和方法同上，直到还原到第一步骤为止，才能将综合成本还原为原来的成本项目。

【例4-3】以【例4-1】计算的结果资料为基础，按还原分配率法进行成本还原，编制"产品成本还原计算表"，如表4-10所示。

表 4-10 产品成本还原计算表

产品名称：甲产品　　　　　　6月　　　　　　产量：1 600 件

行次	项目	还原分配率/(元·件$^{-1}$)	半成品/元	直接材料/元	直接人工/元	制造费用/元	成本合计/元
①	还原前产成品成本		448 000		88 000	200 000	736 000
②	本月生产半成品成本			108 000	56 000	116 000	280 000
③	成本还原值	1.6	-448 000	172 800	89 600	185 600	0
④	还原后产成品成本④=①+③			172 800	177 600	385 600	736 000
⑤	还原后产成品单位成本⑤=④÷1 600			108	111	241	460

本月第二车间生产的甲产成品成本中，所耗上一步骤（第一车间）A 半成品的综合成本为 448 000 元。

上一步骤（第一车间）本月所产 A 半成品的总成本为 280 000 元。

A 半成品成本还原分配率=448 000÷280 000=1.6（元/件）。

第③行的成本还原值：

甲产成品所耗 A 半成品费用中的直接材料=108 000×1.6=172 800（元）；

甲产成品所耗 A 半成品费用中的直接人工=56 000×1.6=89 600（元）；

甲产成品所耗 A 半成品费用中的制造费用=116 000×1.6=185 600（元）。

第④行的还原后产成品各成本项目的成本金额：

甲产成品的直接材料=0+172 800=172 800（元）；

甲产成品的直接人工=88 000+89 600=177 600（元）；

甲产成品的制造费用=200 000+185 600=385 600（元）；

还原以后的甲产成品成本总额=172 800+177 600+385 600=736 000（元）。

②项目比重还原法。

这是按各步骤耗用半成品的总成本占上一步骤完工半成品总成本的比重还原。这种方法是将本月产成品耗用上一步骤半成品的综合成本，按本月所生产该种半成品成本结构进行还原。采用这种方法进行成本还原的计算程序如下。

a. 计算成本还原分配率。成本还原分配率是指产成品成本中半成品成本占上一步骤所生产该种半成品总成本的比重，其计算公式如下。

成本还原分配率=本月产成品耗用上步骤半成品成本合计/本月生产该种半成品成本合计×100%

b. 计算半成品成本还原。半成品成本还原是用成本还原分配率乘以本月生产该种半成品成本项目的金额，其计算公式如下。

半成品成本还原＝成本还原分配率×本月生产该种半成品成本项目金额

c. 计算还原后产品成本。还原后产品成本是用还原前产品成本加上半成品成本还原计算的，其计算公式如下。

还原后产品成本＝还原前产品成本＋半成品成本还原

d. 如果成本计算需经两个以上的步骤，则需重复前3个步骤，进行再次还原，直至还原到第一步骤为止。

【例4-4】以【例4-2】计算的结果资料为基础，按项目比重还原法进行成本还原。

还原步骤：若生产步骤为n，则还原次数为$n-1$次。

①找还原起点：即第一次还原的对象，为最后一个生产步骤产成品成本中包含的"半成品"项目的金额，为62 500元（见表4-9）。

②第一次还原。

还原率＝产品成本中"半成品"项目金额/上一步骤半成品总成本＝62 500/50 000＝1.25；即以上一步骤半成品总成本作为还原标准进行还原。

还原金额＝上一步骤半成本各项目金额×还原率

"半成品"项目还原金额＝30 000×1.25＝37 500（元）；

"直接人工"项目还原金额＝9 600×1.25＝12 000（元）；

"制造费用"项目还原金额＝10 400×1.25＝13 000（元）；

合计＝37 500＋12 000＋13 000＝62 500（元）（应等于还原率的分子数）。

注：若还原率为无理数，则"制造费用"项目还原金额应采用倒挤法，即以还原率的分子数减去已还原的金额。

③第二次还原。

还原率＝第一次还原后"半成品"项目还原金额/上一步骤半成品总成本＝37 500/37 500＝1。

"直接材料"项目还原金额＝22 500×1＝22 500（元）；

"直接人工"项目还原金额＝5 500×1＝5 500（元）；

"制造费用"项目还原金额＝9 500×1＝9 500（元）；

④计算还原后总成本（分项目计算后汇总）。

各项目总成本＝各次还原的该项目金额＋最后生产步骤该项目金额

直接材料总成本＝22 500（元）；

直接人工总成本＝27 500＋12 000＋5 500＝45 000（元）；

制造费用总成本＝22 500＋13 000＋9 500＝45 000（元）；

合计＝22 500＋45 000＋45 000＝112 500（元）（应等于还原前的总成本）。

实际工作中成本还原通过产品成本还原计算表来进行，如表4-11所示。

表 4-11 产品成本还原计算表

甲产品　　　　　　　　　5 月　　　　　　产量：250 件

项目	(1) 还原前产成品总成本	(2) 第二步骤半成品成本	(3) 第一次还原	(4) 第一步骤半成品成本	(5) 第二次还原	(6) 还原后产成品总成本	(7) 产成品单位成本
还原率			1.25		1		
B 半成品/元	62 500		-62 500				
A 半成品/元		30 000	37 500		-37 500		
直接材料/元				22 500	22 500	22 500	90
直接人工/元	27 500	9 600	12 000	5 500	5 500	45 000	180
制造费用/元	22 500	10 400	13 000	9 500	9 500	45 000	180
合计/元	112 500	50 000	0	37 500	0	112 500	450

(3) 综合结转法的优缺点。

①综合结转法的优点。

可以在各生产步骤的产品成本明细账中反映各该步骤完工产品所耗半成品费用的水平和本步骤加工费用的水平，有利于各个生产步骤的成本管理；以综合方式结转半成品成本可以简化半成品成本结转工作。

②综合结转法的缺点。

不能提供按原始成本项目反映的产成品成本信息，因而难以从企业角度分析和考核产品成本的结构和水平；如果管理上要求提供这方面的成本资料，还需要将综合结转算出的产成品成本进行成本还原，从而增加核算工作量。

四、分项结转分步法

1. 分项结转分步法概述

分项结转法，是将各步骤所耗上一步骤的自制半成品成本，按照成本项目分项转入各步骤产品生产成本明细账的相应成本项目中。如果半成品通过半成品仓库收发，在自制半成品明细账中登记半成品成本时，也要按照成本项目分别登记。

分项结转可以按照半成品的实际成本结转，也可以按照半成品的计划成本结转。后一种做法计算工作量较大，所以一般采用按实际成本分项结转的方法。

分项结转分步法一般适用于管理上不要求计算各步骤完工产品所耗上步骤半成品费用和本步骤加工费用，而要求按原始成本项目计算产品成本的企业。

2. 分项结转分步法成本计算举例

【例 4-5】仍以【例 4-1】资料，假定第一车间生产的 A 半成品直接交第二车间继续加工，本月第一车间完工入库 A 半成品 1 000 件，第二车间完工入库甲产成品 1 200 件。两个车间月初、月末在产品定额成本以及本月生产费用发生额资料同【例 4-1】。

（1）采用分项逐步结转分步法计算产品成本。计算过程如表4-12所示。

表4-12　基本生产成本明细账（第一车间）

车间名称：第一车间　　　　产品名称：半成品A

2019年		摘要	产量/件	直接材料/元	直接人工/元	制造费用/元	成本合计/元
月	日						
6	1	月初在产品定额成本		38 000	22 000	46 000	106 000
6	30	本月生产费用		126 000	60 000	122 000	308 000
6	30	生产费用合计		164 000	82 000	168 000	414 000
6	30	完工半成品成本	1 000	108 000	56 000	116 000	280 000
6	30	半成品单位成本		108	56	116	280
6	30	在产品定额成本		56 000	26 000	52 000	134 000

根据第一车间产品成本明细账中完工转出的A半成品成本，编制如下会计分录。

借：基本生产成本——第二车间（甲产品）　　　280 000
　　贷：基本生产成本——第一车间（A半成品）　　　280 000

（2）计算第二车间本月生产甲产成品的实际成本。第二车间生产的甲产成品成本，包括本步骤发生的生产费用和第一车间转入的A半成品成本。计算过程如表4-13所示。

表4-13　基本生产成本明细账（第二车间）

车间名称：第二车间　　　　产品名称：甲产品

2019年		摘要	产量/件	原材料/元	直接人工/元	制造费用/元	成本合计/元
月	日						
6	1	月初在产品定额成本		122 000	24 000	50 000	196 000
6	30	本月生产费用		—	74 000	177 000	251 000
6	30	转入A半成品费用		108 000	56 000	116 000	280 000
6	30	生产费用合计		230 000	154 000	343 000	727 000
6	30	完工产成品成本	1 200	178 000	144 000	316 000	638 000
6	30	完工产成品单位成本		148.33	120	263.33	531.66
6	30	在产品定额成本		52 000	10 000	27 000	89 000

完工甲产成品直接材料成本＝230 000－52 000＝178 000（元）；
完工甲产成品直接人工成本＝154 000－10 000＝144 000（元）；
完工甲产成品制造费用成本＝343 000－27 000＝316 000（元）；
完工甲产成品总成本＝178 000＋144 000＋316 000＝638 000（元）；
完工甲产成品直接材料单位成本＝178 000/1 200＝148.33（元）；
完工甲产成品直接人工单位成本＝144 000/1 200＝120（元）；
完工甲产成品制造费用单位成本＝316 000/1 200＝263.33（元）；
完工甲产成品单位成本＝148.33＋120＋263.33＝531.66（元）。

根据第二车间产品成本明细账的成本计算结果和第二车间甲产品入库单，编制结转完工入库甲产品实际总成本的会计分录如下。

借：库存商品——甲产品　　　　　　　　　　　　　　　　　638 000
　　贷：生产成本——基本生产成本——第二车间（甲产品）　638 000

3. 分项结转分步法的优缺点

（1）优点。

采用分项结转分步法逐项结转半成品成本，能全面反映各步骤完工产品中所耗上一步骤半成品费用水平和本步骤加工费用水平，有利于各步骤的成本管理，而不必进行成本还原；可以分析和考核企业产品成本计划和各生产步骤半成品成本计划的执行情况，为正确计算半成品销售成本提供资料。

（2）缺点。

成本结转工作比较复杂，而且在各步骤完工产品成本中看不出所耗上一步骤半成品的费用和本步骤加工费用的水平，不便于进行完工产品成本分析。

五、综合结转分步法与分项结转分步法的比较

表 4-14 所示为综合结转分步法与分项结转分步法的比较。

表 4-14　综合结转分步法与分项结转分步法的比较

方法	要点	优点	缺点	适用范围
综合结转分步法	半成品成本不分项目	可反映出各步骤完工产品所耗半成品费用的水平和本步骤加工费用的水平，有利于各个生产步骤的成本管理	为了反映产品成本构成，必须进行成本还原，增加了核算工作	只宜在半成品具有独立国民经济意义、管理上要求计算各步骤完工产品所耗半成品费用，但不要求进行成本还原的情况下采用
分项结转分步法	半成品成本分项目	可以直接、正确地提供按原始成本项目反映的企业产品成本资料；便于从整个企业角度考核和分析产品成本计划的执行情况；不需要进行成本还原	成本结转工作比较复杂；不便于进行各步骤完工产品的成本分析	在管理上不要求计算各步骤完工产品所耗半成品费用和本步骤加工费用，而要求按原始成本项目计算产品成本的企业采用；其主要目的是编制按原始成本项目反映的企业产品成本报表

第二节　平行结转分步法

一、平行结转分步法概述

1. 平行结转分步法的含义

平行结转分步法是以最终产品为目标，不计算各步骤完工半成品的成本，也不计算各步

骤所耗上一步骤的半成品成本，只计算本步骤所发生的各项生产费用以及这些费用中应计入产成品成本的份额，将这些"份额"经过平行结转、汇总，计算产成品成本的方法。平行结转分步法也叫不计算半成品成本分步法。

2. 平行结转分步法的适用范围

平行结转分步法主要适用于在成本管理上要求分步归集费用，但不要求计算半成品成本的生产，特别是没有半成品对外出售的大量大批装配式生产，如机械制造、电视机生产等。

3. 平行结转分步法的特点

（1）各生产步骤不计算半成品成本，只计算本步骤所发生的生产费用。

（2）各步骤之间不结转半成品成本。

（3）为了计算各生产步骤发生的费用中应计入产成品的"份额"，必须将每一生产步骤发生的费用划分为耗用于产成品部分和尚未最后制成的在产品（广义在产品）部分。

（4）将各步骤费用中应计入产成品的"份额"，平行结转，汇总计算该种产成品的总成本和单位成本。

4. 各步骤应计入产成品成本份额的计算

各步骤的生产费用也要在完工产品与月末在产品之间进行分配。

完工产品：此处指狭义的完工产品，即最终产成品。

在产品：此处指广义的在产品，即尚未完工的全部在产品和半成品，包括以下项目。

（1）尚在本步骤加工的在产品，即狭义在产品。

（2）本步骤已完工转入半成品仓库的半成品。

（3）本步骤已完工转入以后步骤进一步加工、尚未最后制成的半成品（以后步骤的在产品）。

二、平行结转分步法的计算程序

采用平行结转分步法计算产品成本时，其计算程序如下。

（1）按每种产品的品种及其所经过的生产步骤设置产品成本明细账。各步骤成本明细账按成本项目归集本步骤发生的生产费用（不包括耗用上一步骤半成品的成本）。

（2）按每一种产品及其所经过的生产步骤，分别成本项目归集本步骤发生的生产费用（不包括耗用上一步骤半成品的成本），计算出每一步骤所发生的生产费用总额。

（3）月末采用一定的方法计算每一生产步骤应计入产成品成本中的份额。在计算各步骤应计入产成品成本的份额时，需将各步骤产品成本明细账中所归集的生产费用，采用一定的方法，在完工产品与在产品之间进行分配。

（4）将各步骤费用中应计入产成品成本中的份额，按成本项目平行结转、汇总，计算出产成品的总成本和单位成本。

三、各生产步骤应计入产成品成本份额的计算

运用平行结转分步法计算产成品成本的一个关键问题是：如何确定各步骤生产费用中应

计入产成品成本的份额，也就是如何将每一生产步骤的生产费用在完工产品与在产品之间进行分配。其中，完工产品是指企业最后一个步骤完工的产成品，某步骤完工产品成本，是该步骤生产费用中分配于产成品成本的份额。在产品是指就整个企业而言尚未完工的全部在产品和半成品，即广义的在产品，包括：尚在本步骤加工中的在产品，即狭义在产品；本步骤已完工转入半成品仓库的半成品；本步骤已完工转到以后各步骤进一步加工尚未最后完工的半成品。

在平行结转分步法下，各步骤的生产费用（即本月本步归集的费用加月初广义的在产品成本，不包括所耗上一步骤的半成品费用）要在本月产成品所耗用本步生产的半成品与广义的在产品之间进行分配，计算出产成品成本份额和广义的在产品成本。

各步骤生产费用应计入产成品成本"份额"的计算公式如下。

某步骤计入产成品份额＝产成品数量×单位产成品耗用该步骤半成品数量×该步骤单位半成品费用

相关费用可采用约当产量法、定额比例法、在产品按定额成本计价法求得，分配时，应按成本项目分别进行。

1. 定额比例法、在产品按定额成本计价法

采用这两种方法，作为分配标准的定额资料比较容易取得。

产成品的定额消耗量或定额费用＝产成品的数量×产成品的消耗定额（费用定额）

在产品的定额消耗量或定额费用的计算：由于广义在产品分散在各个生产步骤或半成品仓库，具体的盘存、计算工作比较复杂，较简便的方法是采用倒挤的方法。

2. 约当产量法

某步骤（各成本项目）单位成本＝（该步骤月初在产品费用+本月发生费用）/该步骤约当产量

某步骤（各成本项目）约当产量＝产成品所耗用该步骤半成品数量 + 该步骤月末广义在产品约当产量＝产成品所耗用该步骤半成品数量+该步骤月末狭义在产品约当产量+该步骤已完工留存在半成品仓库和以后各步骤的半成品数量

如果每单位产成品耗用各步骤生产的半成品为1个单位，上式中"产成品所耗用该步骤半成品数量"就直接用最后步骤完工产成品数量进行计算，同时后两项合计再加上"该步骤月末狭义在产品约当产量"，就可表示为该步骤月末广义在产品的约当产量。

【例4-6】某产品分两个步骤生产，原材料于生产开始时一次投入，月末第一步骤加工中的在产品为60件，完工程度为50%；第二步骤加工中的在产品为20件，产成品为200件。第二步骤单位在产品和产成品耗用第一步骤半成品2件。第一步骤月初在产品成本和本月发生费用合计40 000元，其中原材料36 000元，加工费4 000元。

假定生产费用在完工产品与在产品之间采用定额比例法分配。原材料按材料定额消耗量比例分配，加工费用按定额工时比例分配，单位半成品原材料定额消耗量为75千克，单位半成品定额工时为10小时，单位在产品定额工时为5小时。那么：

第一步骤单位定额耗用量应负担材料成本＝36 000/[（200×2+20×2+60）×75］＝0.96（元）；

第一步骤应计入产成品材料成本份额=200×2×75×0.96=28 800（元）；

第一步骤单位定额工时应负担加工成本=4 000/（200×2×10+20×2×10+60×5）=0.85（元）；

第一步骤应计入产成品加工成本份额=200×2×10×0.85=3 400（元）；

第一步骤应计入产成品成本份额=28 800+3 400=32 200（元）。

四、平行结转分步法成本计算举例

【例4-7】某公司大量生产乙产品，顺序经过3个车间连续加工制成，最后形成产成品，采用平行结转分步法计算乙产品成本。各车间计入产品成本的份额采用约当产量法计算，原材料在第一车间开工时一次投入，设置直接材料、直接人工和制造费用3个成本项目。该企业5月相关成本计算资料如表4-15、表4-16所示。

表4-15 产量记录

项目	第一车间	第二车间	第三车间
月初在产品数量/件	120	0	40
本月投入或上步转入数量/件	400	440	380
本月完工转出数量/件	440	380	400
月末在产品数量/件	80	60	20
月末在产品完工程度/%	25	50	50

表4-16 月初在产品成本和本月生产费用表

单位：元

成本项目	月初在产品成本			本月生产费用		
	一车间	二车间	三车间	一车间	二车间	三车间
直接材料	21 000	0	0	112 000	0	0
直接人工	10 640	8 000	4 540	25 000	24 400	17 600
制造费用	8 000	6 000	4 000	14 680	15 600	11 580
合计	39 640	14 000	8 540	151 680	40 000	29 180

要求：

（1）采用平行结转分步法计算各车间的生产成本。

（2）登记生产成本明细账。

计算步骤如下。

（1）根据表4-15、表4-16，编制各车间基本生产成本明细账，如表4-17、表4-18、表4-19所示。

表4-17 第一车间生产成本明细账

单位：元

摘要	直接材料	直接人工	制造费用	合计
月初在产品成本	21 000	10 640	8 000	39 640
本月生产费用	112 000	25 000	14 680	151 680
生产费用合计	133 000	35 640	22 680	191 320
单位产品成本	237.5	71.28	45.36	354.14
应计入产品成本的份额	95 000	28 512	18 144	141 656
月末在产品成本	38 000	7 128	4 536	49 664

单位产品成本计算如下。

直接材料＝133 000／[400+（80+60+20）]＝237.5（元）；

直接人工＝35 640／[400+(80×25%+60+20)]＝71.28（元）；

制造费用＝22 680／[400+(80×25%+60+20)]＝45.36（元）。

第一车间应计入产品成本的份额计算如下。

直接材料＝237.5×400＝95 000（元）；

直接人工＝71.28×400＝28 512（元）；

制造费用＝45.36×400＝18 144（元）。

表4-18 第二车间生产成本明细账

单位：元

摘要	直接人工	制造费用	合计
月初在产品成本	8 000	6 000	14 000
本月生产费用	24 400	15 600	40 000
生产费用合计	32 400	21 600	54 000
单位产品成本	72	48	120
应计入产品成本的份额	28 800	19 200	48 000
月末在产品成本	3 600	2 400	6 000

单位产品成本计算如下。

直接人工＝(8 000+24 400)／[400+(60×50%+20)]＝72（元）；

制造费用＝(6 000+15 600)／[400+(60×50%+20)]＝48（元）。

第二车间应计入产品成本的份额计算如下。

直接人工＝72×400＝28 800（元）；

制造费用＝48×400＝19 200（元）。

表4-19 第三车间生产成本明细账

单位：元

摘要	直接人工	制造费用	合计
月初在产品成本	4 540	4 000	8 540
本月生产费用	17 600	11 580	29 180
生产费用合计	22 140	15 580	37 720
单位产品成本	54	38	92
应计入产品成本的份额	21 600	15 200	36 800
月末在产品成本	540	380	920

单位产品成本计算如下。

直接人工=（4 540+17 600）/[400+（20×50%）]=54（元）；

制造费用=（4 000+11 580）/[400+（20×50%）]=38（元）。

第三车间应计入产品成本的份额计算如下。

直接人工=54×400=21 600（元）；

制造费用=38×400=15 200（元）。

（2）根据各车间生产成本明细账所计算的各步骤生产费用应计入产成品成本的份额，平行汇总计算产成品成本，如表4-20所示。

表4-20 产品成本计算表

单位：元

成本项目	第一车间	第二车间	第三车间	产成品总成本	单位成本
直接材料	95 000	0	0	95 000	237.50
直接人工	28 512	28 800	21 600	78 912	197.28
制造费用	18 144	19 200	15 200	52 544	131.36
合计	141 656	48 000	36 800	226 456	566.14

【例4-8】某企业生产一种产品100件，该产品生产顺序经过3个步骤，采用平行结转分步法进行成本计算，月末在产品和产成品的成本分配采用约当产量法，为此需要计算完工产品和在产品的约当产量。有关材料如表4-21所示。

表4-21 产品成本资料

步骤	1	2	3
完工产品/件	80	50	40
在产品/件	20	30	10
在产品完工程度/%	60	40	20

要求：

（1）如果每一步骤耗用上一步骤半成品数量为1件，计算各步骤的完工产品数量、在产品数量以及完工产品和在产品的约当产量。

（2）如果每件第二步骤的在产品耗用2件第一步骤的完工半成品，每件第三步骤的在产品耗用3件第二步骤的完工半成品，计算各步骤的完工产品数量、在产品数量、完工产品约当产量和在产品的约当产量。

计算过程如下。

（1）由于每一步骤耗用上一步骤半成品为1件，各步骤完工产品数量和约当产量均为40件。

第一步骤广义在产品数量=该步骤狭义在产品数量+后续各步骤狭义在产品数量=20+30+10=60（件）；

第一步骤广义在产品的约当产量=该步骤狭义在产品数量×完工程度+后续各步骤狭义在产品数量=20×60%+30+10=52（件）。

第二步骤广义在产品数量=该步骤狭义在产品数量+后续步骤狭义在产品数量=30+10=40（件）；

第二步骤广义在产品的约当产量=该步骤狭义在产品数量×完工程度+后续步骤狭义在产品数量=30×40%+10=22（件）。

第三步骤在产品数量=10件；

第三步骤在产品的约当产量=10×20%=2（件）。

（2）第一步骤完工产品数量=40件；

第一步骤完工产品约当产量=最终完工产品相当于本步骤的完工产品数量=40×（2×3）=240（件）；

第一步骤广义在产品数量=该步骤狭义在产品数量+第二步骤狭义在产品数量×2+第三步骤狭义在产品数量×2×3 =20+30×2+10×2×3=140（件）；

第一步骤广义在产品的约当产量=该步骤狭义在产品数量×完工程度+第二步骤狭义在产品数量×2+第三步骤狭义在产品数量×2×3=20×60%+30×2+10×2×3=132（件）。

第二步骤完工产品数量=40件；

第二步骤完工产品的约当产量=最终完工产品相当于本步骤的完工产品数量=40×3=120（件）；

第二步骤广义在产品数量=该步骤狭义在产品数量+第三步骤狭义在产品数量×3=30+10×3=60（件）；

第二步骤广义在产品的约当产量=该步骤狭义在产品×完工程度+第三步骤狭义在产品×3=30×40%+10×3=42（件）。

第三步骤完工产品数量=40件；

第三步骤完工产品的约当产量=最终完工产品相当于本步骤的完工产品数量=40件；

第三步骤在产品数量=10件；

第三步骤在产品的约当产量=10×20%=2件。

五、平行结转分步法的优缺点

1. 平行结转分步法与逐步结转分步法相比较具有的优点
(1) 各步骤可以同时计算产品成本,从而可以简化和加速成本计算工作。
(2) 能够直接提供按原始成本项目反映的产成品成本资料,不必进行成本还原,省去了大量烦琐的计算工作。

2. 平行结转分步法与逐步结转分步法相比较具有的缺点
(1) 不能提供各步骤半成品成本资料及各步骤所耗上一步骤半成品费用资料,因而不利于各步骤的成本管理。
(2) 由于各步骤间不结转半成品成本,半成品实物转移与费用结转脱节,因而不能为各步骤在产品的实物管理和资金管理提供资料。

六、逐步结转分步法与平行结转分步法的比较

1. 成本管理的要求不同

逐步结转分步法是计算半成品成本的分步法,平行结转分步法是不计算半成品成本的分步法。要不要计算半成品的成本取决于成本管理的要求。这两种方法的区别,首先表现在它们体现了不同的成本管理要求。

如果企业自制半成品对外销售,或半成品的成本是进行同行业成本评比的重要指标,或某种半成品为企业多种产品共同耗用,在成本管理上就要求计算半成品的成本,这样成本的计算就要采用逐步结转分步法。逐步结转分步法可以为分析和考核各生产步骤半成品成本计划的完成情况、为正确地计算半成品的销售成本提供资料。

如果企业半成品的种类较多,且不对外销售时,在成本管理上可以不要求计算半成品的成本。这样,采用平行结转分步法,各生产步骤可以同时计算应计入产成品成本的份额,无须逐步计算和结转半成品的成本。

2. 产成品成本计算方法不同

逐步结转分步法是按照生产步骤逐步计算和结转半成品成本,直到最后步骤才能计算出完工产品的成本;各生产步骤的成本核算需要等待上一步骤的成本核算结果;如果半成品采用综合结转,为了反映产品成本的构成,还必须进行成本还原,增加了成本核算的工作量。而采用分项结转半成品成本,虽然可以直接提供按原始成本项目反映的成本构成,不需要进行成本还原,但各步骤成本结转比较复杂。逐步结转分步法核算工作较大,不便于核算工作的分工,核算工作的效率也比较低。

平行结转分步法是将各生产步骤应计入产成品成本的份额平行结转加以汇总来计算产品成本的,各步骤应计入产成品成本的份额可以同时计算,无须等待,可以简化和加速成本核算工作。

3. 在产品的含义不同

在逐步结转分步法下,各生产步骤完工产品和在产品之间分配费用,各步骤的完工产品是指各该步骤完工半成品(只有最后一个步骤才是完工产成品);而在产品是指各该步骤狭义的在产品,即正在各该步骤加工中的在产品。

在逐步结转分步法下，半成品的成本随着半成品的实物转移而结转，各生产步骤在产品成本的发生地和在产品的所在地是一致的。这样，有利于在产品和半成品的管理。

在平行结转分步法下，各生产步骤完工产品和在产品之间分配费用，各生产步骤完工产品均指在企业已完成全部生产加工过程、已验收入库的产成品；而在产品是指广义的在产品，广义在产品包括尚在本步骤加工中的在产品（即狭义在产品），也包括本步骤已完工转入半成品仓库的半成品，还包括已从半成品仓库转到以后各步骤进一步加工、尚未最后产成的产品。在平行结转分步法下，半成品的实物已经转移而半成品的成本仍留在各步骤，这样各生产步骤在产品成本的发生地和在产品的所在地往往是不一致的。这样不利于在产品和半成品的管理。

本章要点

产品成本计算分步法，简称分步法，是指以各生产步骤的产品（或半成品）作为成本计算对象，归集生产费用，计算产品（或半成品）成本的一种方法。本章主要讲解产品成本计算的逐步结转分步法及成本还原，产品成本计算的平行结转分步法。

案例讨论

某企业为冶金企业，生产可分为炼铁、炼钢、轧钢等生产步骤，产品的生产已经定型，针对产品的计划和定额管理工作基础都很扎实，各项消耗定额比较准确、稳定，产品的各月末在产品数量比较稳定。

该冶金企业产品的半成品除供本企业加工产成品所用外，还对外销售，需要计算半成品成本。从企业内部管理的要求看，该冶金企业所生产的产品不仅需要从整个企业角度考核和分析其成本构成情况，而且需要严格进行分步骤的成本管理，即要求各步骤成本核算所提供的资料能够较为清晰地反映各步骤的工作业绩和经济责任。

要求：根据该公司的上述情况讨论以下问题。

1. 从既满足管理的要求又要加速成本计算工作的要求出发，这种产品最适合采用什么成本计算方法？

2. 请详细说明你所选择的成本计算方法都包括哪些方面的工作。

练习题

一、单项选择题

1. 产品成本计算的分步法适用于（　　）。
   A. 大量大批的多步骤生产　　B. 小批生产
   C. 单件生产　　D. 大量大批的单步骤生产

2. 成本还原的对象是（　　）。
   A. 本步骤生产费用　　B. 上步骤转来的生产费用
   C. 产成品成本　　D. 各步骤所耗上一步骤半成品的综合成本

3. 在产品成本计算的分步法下，假设本月产成品所耗半成品费为 a 元，而本月所产半成品成本为 b 元，则还原分配率为（　　）。

A. $a/(a-b)$　　　B. $(a-b)/a$　　　C. a/b　　　D. b/a

4. 成本还原是指从（　　）生产步骤起，将其耗用上一步骤的自制半成品的综合成本，按照上一步骤完工半成品的成本项目的比例分解还原为原来的成本项目。

A. 最前一个　　　B. 中间一个　　　C. 最后一个　　　D. 随意任选一个

5. 在逐步结转分步法下，完工产品与在产品之间的费用分配，是指在（　　）之间的费用分配。

A. 产成品与广义的在产品

B. 完工半成品与月末加工中的在产品

C. 产成品与月末在产品

D. 前面各步骤完工半成品与加工中的在产品，最后步骤的产成品与加工中的在产品

6. 在逐步结转分步法下，根据半成品入库单等原始凭证，应编制的会计分录为（　　）。

A. 借：产成品
　　　贷：半成品费用

B. 借：自制半成品
　　　贷：基本生产成本

C. 借：半成品费用
　　　贷：产成品

D. 借：基本生产成本
　　　贷：自制半成品

7. 分项结转分步法的缺点是（　　）。

A. 成本结转工作比较复杂　　　B. 需要进行成本还原

C. 不能提供原始项目的成本资料　　　D. 不便于加强各生产步骤的成本管理

8. 采用平行结转分步法，不论半成品是在各生产步骤之间直接结转还是通过半成品仓库收发，都（　　）。

A. 不通过自制半成品科目进行总分类核算

B. 通过自制半成品科目进行总分类核算

C. 不通过产成品科目进行总分类核算

D. 通过产成品科目进行总分类核算

9. 在平行结转分步法下，完工产品与在产品之间的费用分配，是（　　）之间的分配。

A. 完工半成品与广义在产品　　　B. 广义在产品与狭义在产品

C. 产成品与月末广义在产品　　　D. 产成品与月末狭义在产品

10. 采用平行结转分步法（　　）。

A. 不能全面地反映各个生产步骤产品的生产耗费水平

B. 能够全面地反映最后一个生产步骤产品的生产耗费水平

C. 能够全面地反映各个生产步骤产品的生产耗费水平

D. 能够全面地反映第一个生产步骤产品的生产耗费水平

二、多项选择题

1. 广义在产品包括（　　）。
   A. 尚在各步骤加工的在产品
   B. 转入各半成品仓库准备继续加工的半成品
   C. 对外销售的自制半成品
   D. 已入库的外购半成品

2. 采用逐步结转分步法，按照结转的半成品成本在下一步骤产品成本明细账中的反映方法，可分为（　　）。
   A. 平行结转法　　　　　　　　　　B. 分项结转法
   C. 按计划成本结转法　　　　　　　D. 综合结转法

3. 平行结转分步法的适用情况包括（　　）。
   A. 半成品对外销售
   B. 半成品不对外销售
   C. 管理上不要求提供各步骤半成品资料
   D. 半成品种类较多，逐步结转半成品成本工作量较大

4. 以下关于成本计算分步法的表述中，正确的有（　　）。
   A. 逐步结转分步法有利于各步骤在产品的实物管理和成本管理
   B. 当企业经常对外销售半成品时，不宜采用平行结转分步法
   C. 采用逐步分项结转分步法时，需要进行成本还原
   D. 采用平行结转分步法时，无须将产品生产费用在完工产品和在产品之间进行分配

5. F公司是一个家具制造企业。该公司按生产步骤的顺序，分别设置加工、装配和油漆3个生产车间。公司的产品成本计算采用平行结转分步法，按车间分别设置成本计算单。装配车间成本计算单中"月末在产品成本"项目的"月末在产品"范围应包括（　　）。
   A. "加工车间"正在加工的在产品　　B. "装配车间"正在加工的在产品
   C. "装配车间"已经完工的半成品　　D. "油漆车间"正在加工的在产品

6. 采用平行结转分步法，每一步骤要在完工产品和月末在产品之间进行分配。如果某产品生产分3步骤在三个车间进行，则第二车间的在产品包括（　　）。
   A. 第一车间正在加工的在产品　　　B. 第二车间正在加工的在产品
   C. 第二车间已经完成的半成品　　　D. 第三车间正在加工的在产品

7. 某企业A产品的生产成本核算采用逐步结转分步法。该产品的生产在两个车间进行，第一车间为第二车间提供半成品，第二车间将其加工为产成品。月初两个车间均没有在产品。本月第一车间投产200件，有120件完工并转入第二车间，第二车间完工70件。各车间月末在产品的完工程度为50%，各生产车间按约当产量法在完工产品和在产品之间分配生产费用。下列说法正确的有（　　）。
   A. 第一车间成本计算单中的完工产品是70件
   B. 第一车间成本计算单中的完工产品是120件
   C. 第一车间的在产品约当产量是40件

D. 第一车间的在产品约当产量是 90 件

8. 下列关于成本计算分步法的表述中,不正确的是（   ）。

A. 逐步结转分步法不利于各步骤在产品的实物管理和成本管理

B. 当企业经常对外销售半成品时,应采用平行结转分步法

C. 采用逐步分项结转分步法时,无须进行成本还原

D. 采用平行结转分步法时,无须将产品生产费用在完工产品和在产品之间进行分配

三、判断题

(   ) 1. 平行结转分步法的完工产品为每步骤完工的半成品,在产品为各步骤尚未加工完成的在产品和各步骤已完工但尚未最终完成的产品。

(   ) 2. 采用逐步结转分步法计算成本时,各步骤的费用由两部分组成,一部分是本步骤发生的费用,另一部分是上一步骤转入的半成品成本。

(   ) 3. 分步法下,无论是逐步结转还是平行结转,最终都需要通过"自制半成品"科目进行成本核算。

(   ) 4. 分步法计算产品成本,按步骤设置的成本明细账,可能与实际的生产步骤一致,也可能与实际的生产步骤不一致。

四、业务题

1. 某工厂生产 A 产品经过 3 个步骤,原材料在生产开始时一次投入,月末在产品按约当产量法计算,各步骤在产品完工程度均为 50%。有关产量记录和生产费用记录如表 4-22 和表 4-23 所示。

表 4-22 生产数量记录

产品：A 产品   单位：件

	一车间	二车间	三车间
月初在产品	80	60	30
本月投入或上步转入	120	160	120
本月完工转入下步或入库	160	120	100
月末在产品	40	100	50

表 4-23 生产费用记录

单位：元

成本项目	月初在产品成本				本步骤生产费用			
	一步骤	二步骤	三步骤	合计	一步骤	二步骤	三步骤	合计
直接材料	12 000	—	—	12 000	31 500	—	—	31 500
燃料与动力	2 400	2 200	650	5 250	6 240	5 800	2 350	14 390
直接人工	3 500	3 120	890	7 510	8 650	7 280	3 235	19 165
制造费用	2 200	2 000	600	4 800	5 900	5 800	2 400	14 100
合计	20 100	7 320	2 140	29 560	52 290	18 880	7 985	79 155

根据 A 产品的生产特点及成本管理的要求,A 产品采用平行结转分步法计算产品成本。

要求：编制产品成本计算单，计算 A 产品的单位成本。

2. 某企业丙产品生产分两个步骤，分别由两个车间进行，第一步骤完工的半成品全部为第二步骤领用，不通过半成品仓库收发，本月生产产品成本明细账如表 4-24、表 4-25、表 4-26 所示。

表 4-24 产品成本明细账（第一车间丙半成品）

单位：元

项目	原材料	工资及福利费	制造费用	合计
月初在产品成本	8 000	2 400	5 600	
本月费用	20 000	3 600	12 400	
生产费用合计				
完工半产品成本				
月末在产品成本	12 000	2 000	8 000	

表 4-25 产品成本明细账（第二车间丙产成品）

单位：元

项目	半成品	工资及福利费	制造费用	合计
月初在产品成本	6 000	3 000	1 000	
本月费用		16 000	6 000	
生产费用合计				
完工产品成本				
月末在产品成本	9 000	3 200	1 200	

表 4-26 成本还原计算表

项目	还原分配率	半成品	原材料	工资及福利费	制造费用	成本合计
还原前产成品成本						
本月所产半成品成本						
成本还原						
还原后产成品成本						

要求：采用综合结转分步法计算丙产品第一、第二步骤完工产品成本，并进行成本还原。

3. 某工厂设有 3 个基本生产车间，大量生产甲产品。

甲产品顺序经过 3 个车间进行生产。第一车间生产 A 半成品，完工后全部交给第二车间继续加工；第二车间生产 B 半成品，完工后全部交给半成品仓库；第三车间从半成品仓库领出 B 半成品继续加工，完工后即为甲产品，全部交产成品仓库。

该厂以生产的甲产品及其所经过生产步骤的半成品（A、B 两种半成品）为成本核算对象。生产成本明细账按成本核算对象开设，即分为甲产品（第三车间）、B 半成品（第二车间）和 A 半成品（第一车间），并按直接材料、直接人工和制造费用 3 个成本项目设专栏组织核算。该厂设置"自制半成品"账户,下设明细账核算 B 半成品的收入、发出和结存情况。没有经过半成品仓库收发的 A 半成品,不通过"自制半成品"账户核算。该厂各生产步骤所产半成品成本,按实际成本综合结转。半成品仓库发出的 B 半成品采用加权平均法计算其实际成本。

该厂各生产步骤(车间)完工产品和月末在产品之间的费用分配,均采用约当产量法。甲产品原材料在第一车间生产开始时一次投入;第二车间、第三车间领用的半成品,也在各生产步骤生产开始时投入。各步骤在产品完工率分别为 30%、50% 和 60%。

该厂 2018 年 6 月生产的有关记录如下。

(1) 有关产量资料如表 4-27 所示。

表 4-27　生产数量记录

产品：甲产品　　　　　　　　　　　　　　　　　　　　　　　　　　　　　　　　单位：件

项目	一车间	二车间	三车间
月初在产品	70	90	30
本月投入或上步转入	180	150	200
本月完工转入下步或入库	150	200	180
月末在产品	100	40	50

月初半成品仓库 B 半成品 30 件,实际总成本 4 800 元。

(2) 有关费用资料如表 4-28 所示。

表 4-28　生产费用记录

单位：元

项目		直接材料	半成品	直接人工	制造费用	合计
月初资料	一车间	3 500		1 400	600	5 500
	二车间		6 600	1 800	1 600	10 000
	三车间		7 100	1 200	500	8 800
本月发生额	一车间	9 000		4 000	3 000	16 000
	二车间			7 000	5 000	12 000
	三车间			3 000	1 600	4 600

要求：

(1) 完成第一车间半成品成本明细账并列示计算过程。

(2) 完成第二车间半成品成本明细账并列示计算过程。

(3) 完成第三车间产成品成本明细账并列示计算过程。

(4) 对甲产品成本进行成本还原。

4. 某企业生产的 A 产品,经过两个生产步骤连续加工制成。第一步骤为第二步骤提供半成品,第二步骤将半成品加工为产成品 1 000 件。各步骤计入产成品成本的费用采用定额比例法计算。直接材料费用按定额费用比例分配,其他费用按定额工时比例分配。有关资料如表 4-29、表 4-30、表 4-31 所示。

要求：采用平行结转分步法计算 A 产品成本，完成产品成本明细账和产品成本汇总表的编制。

表 4-29 第一步骤产品成本明细账

产量：1 000 件

项目	直接材料		定额工时	直接人工	制造费用	合计
	定额	实际				
月初在产品费用/元		35 500		8 500	9 500	
本月生产费用/元		52 000		11 500	18 500	
合计/元						
分配率/(元·件$^{-1}$)						
产成品成本中本步份额/元	20 400		2 500			
月末在产品费用/元	14 600		1 500			

表 4-30 第二步骤产品成本明细账

产量：1 000 件

项目	直接材料		定额工时	直接人工	制造费用	合计
	定额	实际				
月初在产品费用/元				6 500	7 800	
本月生产费用/元				9 100	13 000	
合计/元						
分配率/(元·件$^{-1}$)						
产成品成本中本步份额/元			2 000			
月末在产品费用/元			600			

表 4-31 A 产品成本汇总表

单位：元

项目	产量	直接材料	直接人工	制造费用	合计
第一步骤成本份额					
第二步骤成本份额					
合计					
单位成本					

第五章

成本性态和本量利分析

本章结构图

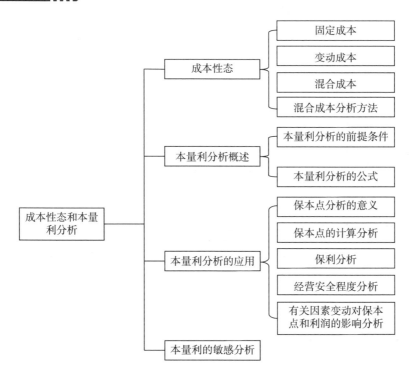

本章学习目标

> 掌握成本性态的概念,掌握固定成本、变动成本、混合成本的概念及其构成。

> 了解本量利分析的基本概念、基本假设和基本公式,掌握边际贡献、边际贡献率、变动成本率等指标。

➢ 掌握保本分析、保利分析、经营安全程度分析的相关公式。
➢ 掌握各因素的变动幅度,以实现目标利润。

第一节　成本性态

一个企业成功与否通常是以企业盈亏来衡量的,而盈亏又表现为利润的多少。利润由产品售价、成本和业务量决定,通过对企业成本、业务量和利润三者之间的变量关系进行分析,为企业预测、决策分析以及规划和控制企业发展奠定坚实的基础。

成本性态又称成本习性,是指在一定条件下成本总额与业务量之间的依存关系。在成本性态的定义中,需要重点关注成本总额、业务量、一定条件这三个概念。

成本总额是指一定时期内为取得营业收入而发生的各种成本费用,包括制造成本和非制造成本。

业务量是企业在一定的生产经营期内投入或完成的经营工作量的统称。它既可以用绝对数表示,也可以用相对数表示。绝对数又可细分为实物量、价值量和时间量三种形式;相对数则可用百分比或比率等形式反映。业务量通常是指生产量或销售量。

一定条件是指一定的时间范围和业务量变动范围。

按照成本性态,可以将成本划分为固定成本、变动成本和混合成本三类。

一、固定成本

在企业全部成本中,在一定时期和一定业务量范围内成本总额不随业务量增减变动的部分称为固定成本,如按年限平均法计提的固定资产折旧费、职工培训费、房屋及设备租金等。固定成本的特征如表5-1所示。

表5-1　固定成本的特征

特征	1. 在一定业务量范围内,固定成本总额保持不变
	2. 在一定业务量范围内,单位成本应负担的固定成本与业务量成反比例关系

【例5-1】甲企业2015—2018年A产品的年生产能力为1 000~7 000台,每年计提的生产设备折旧额为7 000元,近年来,A产品的生产数量与固定成本之间的关系如表5-2所示。

表5-2　A产品的生产数量与固定成本资料

项目	2015年	2016年	2017年	2018年
生产数量/台	1 000	2 000	5 000	7 000
固定成本/元	7 000	7 000	7 000	7 000
单位固定成本/元	7	3.5	1.4	1

从表5-2可以看出,当产量从1 000台增加到7 000台时,固定成本总额始终保持不变,

均为 7 000 元，但单位固定成本随产量的增加从 7 元下降到 1 元。

根据固定成本按其支出数额是否受管理当局短期决策行为的影响，可将其进一步细分为约束性固定成本和酌量性固定成本两类。

约束性固定成本指通过管理当局的决策行动不能改变其数额的那部分固定成本，酌量性固定成本是指通过管理当局的决策行为可以改变其数额的固定成本。

二、变动成本

变动成本指在一定范围内，其成本总额随业务量的变动而成正比例变动的成本，如直接材料、直接人工、按工作量法计提的固定资产折旧费等。变动成本的特征如表 5-3 所示。

表 5-3　变动成本的特征

特征	1. 在一定业务量范围内，变动成本总额随业务量变动成正比例变动
	2. 在一定业务量范围内，单位变动成本不受业务量变动的影响，保持不动

【例 5-2】甲公司生产衬衫，每件用料 40 元，每件支付计件工资 10 元，则在不同产量水平下，该衬衫的变动成本如表 5-4 所示。

表 5-4　产量与变动成本资料

产量/件	800	1 000	1 200	1 400	1 600
变动成本总额/元	40 000	50 000	60 000	70 000	80 000
单位变动成本/元	50	50	50	50	50

从表 5-4 可以看出，当产量从 800 件增加到 1 600 件时，变动成本总额也从 40 000 元增加到 80 000 元，但衬衫的单位变动成本始终保持不变，均为 50 元。

变动成本按照其发生的原因可分为技术性变动成本和酌量性变动成本两类。技术性变动成本又称约束性变动成本，是指单位成本由客观因素决定，消耗量由技术因素决定的那部分变动成本，是企业管理当局的决策无法改变其支出数额并与业务量有明确的技术或实务关系的变动成本。酌量性变动成本是指其单位消耗由客观因素决定，单位成本主要受企业管理部门决策影响的那部分变动成本。

三、混合成本

混合成本是指介于固定成本与变动成本之间的各项成本，同时包含固定成本与变动成本两种因素。混合成本的基本特征是：其成本总额随业务量变动而变动，但其变动幅度并不保持严格的比例关系。

混合成本按照其变动趋势可以分为半变动成本、半固定成本、延期变动成本和曲线式混合成本四种。

1. 半变动成本

半变动成本又称标准式混合成本，此类成本主要由两部分组成：一部分是一个初始的固定基数,一般不变,即固定成本部分,无论业务量是否发生,这部分成本总会发生,不受业务量影响;另一部分是在此基数上随着业务量变动成正比例变动,为变动成本部分。企业需要缴纳的电话费、电费和水费,以及机器设备的维修保养费等就属于半变动成本。这些费用中的一部分是基数,即不管本期是否有业务量发生,都需要支付,属于固定成本的性质;另一部分则是根据耗用量的多少来计算,属于变动成本的性质,半变动成本性态模型如图5-1所示。

2. 半固定成本

半固定成本又称为阶梯式混合成本,其成本总额在一定业务量范围内是固定的,当业务量突破该范围,其发生额就突然跳跃到一个新的水平,并在新的业务量变动范围内保持不变,直到发生新的跳跃变动为止。企业的检验员、质检员、运货员等的工资都属于半固定成本。半固定成本性态模型如图5-2所示。

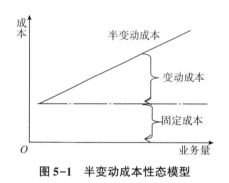

图5-1 半变动成本性态模型　　　　图5-2 半固定成本性态模型

3. 延期变动成本

延期变动成本又称低坡式混合成本,其成本总额在一定的业务量范围内有一个固定不变的基数,但突破这一范围,则随业务量变动成正比例变动。延期变动成本在特定业务量范围内与固定成本类似,超过特定业务量范围发生的成本则与变动成本类似。例如,在正常工作时间的情况下,企业支付给职工的工资是固定的,但发生加班后,就要根据加班时间按比例支付职工加班工资和津贴。这部分加班工资和津贴则呈现出变动成本的性质。延期变动成本性态模型如图5-3所示。

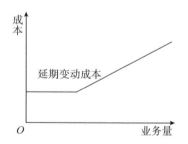

图5-3 延期变动成本性态模型

4. 曲线式混合成本

曲线式混合成本通常有一个初始量,在一定条件下保持不变,相当于固定成本,当有业务量发生时,成本总额随业务量的变化而变化,但不呈现线性关系,而是呈现曲线关系。按照曲线斜率的不同,曲线混合成本可分为递减型混合成本和递增型混合成本两类,其特征如表5-5所示。

表 5-5 递减型混合成本和递增型混合成本特征

类型	递减型混合成本	递增型混合成本
特征	有一个初始成本值,之后成本随着业务量的增加而增加,但是成本增长幅度小于业务量增长幅度	有一个初始成本值,之后成本随业务量的增加而增加,但是成本的增长幅度大于业务量的增长幅度

递减型混合成本性态模型如图 5-4 所示,递增型混合成本性态模型如图 5-5 所示。

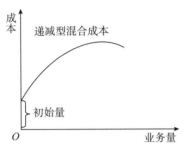

图 5-4 递减型混合成本性态模型

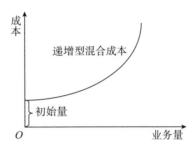

图 5-5 递增型混合成本性态模型

四、混合成本分析方法

对于同时包含变动成本和固定成本的混合成本,必须采用适当的方法进行分解,以区分出其中的变动成本和固定成本因素,再分别纳入变动成本和固定成本中,计算出变动成本和固定成本。混合成本通常采用一定的数学或统计方法进行分解,具体包括高低点法、散布图法和回归分析法等。

1. 高低点法

高低点法是对混合成本进行分解的一种简单方法,这种方法以一定时期内的最高点业务量的混合成本与最低点业务量的混合成本之差,除以最高点业务量与最低点业务量之差,先计算出单位变动成本,再据以将混合成本中的变动成本和固定成本部分分解出来的一种方法。采用高低点法对混合成本进行分解,主要列如下方程组,其中,a 是固定成本,b 是单位变动成本,根据方程组求得单位变动成本和固定成本。

$$最高点成本 = a + b \times 最高点业务量 \quad (式5-1)$$
$$最低点成本 = a + b \times 最低点业务量 \quad (式5-2)$$

解方程组可得

$$b = (最高点成本 - 最低点成本) / (最高点业务量 - 最低点业务量)$$

【例 5-3】已知甲企业只生产一种 A 产品,2018 年 1—6 月生产的产量及成本资料如表 5-6 所示。要求:运用高低点法对其成本进行分解,并预测 2018 年 7 月的总成本,其中假设 2018 年 7 月的产量为 48 件。

(1) 确定最高点和最低点。成本最高点和最低点是自变量,本例题中即是产量的最高点和最低点,分别是 6 月份 50 件产量对应的总成本 10 000 元和 1 月份 40 件产量对应的总成本 8 800 元。

表 5-6　甲企业产量及成本资料表

月份	产量/件	总成本/元
1	40	8 800
2	43	9 200
3	45	9 500
4	42	9 000
5	47	9 800
6	50	10 000

（2）确立方程组，假设固定成本为 a，单位变动成本为 b。则

$$10\ 000=a+b\times 50$$
$$8\ 800=a+b\times 40$$

（3）解方程组后可得 a 和 b，解得

$$b=120\ （元/件）$$
$$a=4\ 000\ （元）$$

那么，甲企业的成本函数为 $Y=4\ 000+120X$

由于 2018 年 7 月的产量为 48 件，则该月的总成本为

$$Y=4\ 000+120X=4\ 000+120\times 48=9\ 760\ （元）$$

2. 散布图法

散布图法又称布点图法或目测画线法，是指根据若干时期的历史资料，将其业务量和成本数据逐一在坐标图上标注，形成若干个散布点，再通过目测的方法尽可能画出一条接近所有坐标点的直线，并据此确定混合成本中变动成本和固定成本的方法。其中，直线在纵坐上的截距即固定成本，然后据以推算单位变动成本，以进行成本性态分析。

散布图法能够考虑所提供的所有历史数据，其图像比较形象直观，易于理解，比高低点法更精确，是对高低点法的一种改进。但是，由于画成本直线完全靠目测，容易出现人为的误差，因而其计算结果也存在一定的不准确性。运用散布图法的具体步骤如下。

第一，标出散布点。将各期业务量与相应成本的历史资料作为点的坐标标注在平面坐标图上。

第二，画线。通过目测画出一条直线，使其尽可能通过或接近所有坐标点，使所有坐标点均匀地分布在直线两侧。

第三，读出固定成本值。在纵坐标上读出该直线的截距值，即固定成本 a。

第四，求单位变动成本。在该直线上任取一点 p，假设其坐标值为 (x, y)，将其代入下式计算单位变动成本。

$$b=(y-a)/x \quad\quad\quad （式5-3）$$

第五，建立成本性态模型。根据求出的 a 和 b，写出 $Y=a+bx$ 的成本性态模型。

【例5-4】甲公司2018年1—6月份某项混合成本与有关产量的资料如表5-7所示。

表5-7　甲公司产量与某项混合成本资料

月份	1	2	3	4	5	6	合计
产量/件	30	20	52	35	40	25	202
成本/元	340	250	560	380	430	280	2 240

根据表5-7绘制散布图，如图5-6所示。

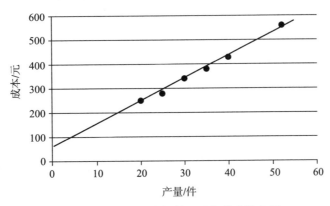

图5-6　甲公司产量与某项混合成本散布图

从图5-6可知，直线与y轴的交点约为(0，75)，直线与y轴的截距约为75，即混合成本中的固定成本a为75元。根据直线上两点的坐标(0，75)和(20，250)，求得直线的斜率，即单位变动成本$b = (250 - 75)/(20 - 0) = 8.75$(元)。

因此，混合成本的性态模型为$y = 75 + 8.75x$。

3. 回归分析法

回归分析法又称最小平方法，是根据一定期间业务量和混合成本的历史资料，运用最小二乘法原理确定一条最能反映业务量与混合成本关系的回归直线，借以分析确定混合成本中变动成本和固定成本的方法。这条回归直线的截距就是固定成本，斜率就是单位变动成本。回归分析法的具体步骤如下。

(1) 根据历史资料列表求出n，$\sum x$，$\sum y$，$\sum xy$，$\sum x^2$，$\sum y^2$的值。

(2) 计算相关系数r，并据此判断x与y的相关性

$$r = \frac{n\sum xy - \sum x \sum y}{\sqrt{[n\sum x^2 - (\sum x)^2][n\sum y^2 - (\sum y)^2]}} \qquad (式5-4)$$

(3) 计算回归系数a和b的值，如果$r = 1$或者接近1，则说明x与y正相关或基本正相关，存在线性关系，则

$$a = \frac{\sum y - b\sum x}{n} \qquad (式5-5)$$

$$b = \frac{n\sum xy - \sum x \sum y}{n\sum x^2 - (\sum x)^2} \qquad (式5-6)$$

相关系数 r 的取值范围为 $0 \sim 1$，当 $r = 0$ 时，表示成本总额与业务量无相关关系；当 $r = 1$ 时，表示成本总额与业务量完全相关。

（4）建立回归方程。

$$y = a + bx \qquad (式5-7)$$

【例 5-5】为了调查某广告对销售收入的影响，甲公司记录了 5 个月的销售收入与广告费，数据如表 5-8 所示。

表 5-8　甲公司广告费和销售收入情况　　　　　　　　　　　　　　单位：万元

月份	广告费（x）	销售收入（y）
1	1	10
2	2	10
3	3	20
4	4	20
5	5	40

根据表 5-8 中的数据，计算得到回归分析的相关数据如表 5-9 所示。

表 5-9　回归分析相关数据　　　　　　　　　　　　　　单位：万元

月份	广告费（x）	销售收入（y）	xy	x^2	y^2
1	1	10	10	1	100
2	2	10	20	4	100
3	3	20	60	9	400
4	4	20	80	16	400
5	5	40	200	25	1 600
合计	15	100	370	55	2 600

$$r = \frac{n\sum xy - \sum x \sum y}{\sqrt{\left[n\sum x^2 - \left(\sum x\right)^2\right]\left[n\sum y^2 - \left(\sum y\right)^2\right]}}$$

$$= 350/387.29 = 0.9$$

从 r 的值来看，接近 1，因此 x 与 y 基本正相关，存在线性关系，所以

$$b = \frac{n\sum xy - \sum x \sum y}{n\sum x^2 - \left(\sum x\right)^2}$$

$$= 350/50 = 7$$

$$a = \frac{\sum y - b\sum x}{n}$$

$$= -5/5 = -1$$

则回归方程 $y = -10\,000 + 7x$。

回归分析法是对前面的散布图法的改进，其计算结果精确；但是不足之处是其计算数据

多，分解过程复杂。

无论是高低点法、散布图法还是回归分析法，均含有估计的成分，且带有一定程度的假定，分解的结果不可能绝对精确。因此，混合成本在相关范围内变动不大时，为简化手续，也可不进行分解而全部视为固定成本处理。

第二节 本量利分析概述

本量利分析是分析成本、业务量、利润三者之间依存关系的一种定量分析方法。它是在成本性态分析的基础上，运用数学模型或图形着重揭示和分析固定成本、变动成本、销售量、销售单价、销售额、利润等变量之间的内在联系和变动规律，从而为企业预测、决策、预算、控制和规划提供必要的财务信息。

一、本量利分析的前提条件

本量利分析是利用数学模型来揭示成本、业务量和利润之间的关系，而三者之间的关系只有在一定条件下才会表现出内在的规律性。因此，本量利分析必须在一定的假设条件下进行，本量利分析的假设条件主要有成本性态分析、相关范围及线性假设、产销平衡和品种结构不变假设。

1. 成本性态分析

成本性态分析假设就是假设全部成本可以可靠地分为固定成本和变动成本。成本按性态分为固定成本和变动成本，成本性态分析假设是本量利分析的必要前提。企业在生产经营过程中发生的成本，有的成本性态明显，可以很容易判断其属于固定成本还是变动成本；有的则很难判断其性态，需要运用经验判断和数学方法，将其人为地分为固定成本或变动成本。

2. 相关范围及线性假设

假定在一定业务量范围内，总成本性态模型表现为线性方程式 $y=a+bx$。同时，在相关范围内，销售单价也保持不变，使得销售收入函数也表现为一个线性方程式 $y=px$，此外，总成本函数和收入函数均以同一产销业务量为自变量。

3. 产销平衡和品种结构不变假设

假设当期产品的生产量与业务量相一致，不考虑存货水平变动对利润的影响。产销平衡指企业生产出来的产品总是可以销售出去，能够实现生产量等于销售量，在这一假设条件下，本量利分析中的"量"指销售量而不是生产量，在销售单价不变的情况下，销售就是指销售收入。

假设同时生产销售多种产品的企业，其销售产品的品种结构不变。产品品种结构不变指在一个生产和销售多种产品的企业里，每种产品的销售收入占总销售收入的比重不会发生变化。在这一假设条件下，多品种本量利分析问题可以很方便地使用单一品种情况下的本量利分析的有关结果。如果没有该假设，多品种情况下的本量利分析将变得异常复杂，以至于难以得出相应的结果。

二、本量利分析的公式

1. 基本公式

本量利分析所考虑的相关因素主要包括固定成本、单位变动成本、销售量、销售单价、销售收入和净利润等，这些变量之间的关系可以用下列公式反映。

$$\begin{aligned}
\text{净利润} &= \text{销售收入} - \text{总成本} \\
&= \text{销售收入} - \text{变动成本} - \text{固定成本} \\
&= \text{销售单价} \times \text{销售量} - \text{单位变动成本} \times \text{销售量} - \text{固定成本} \\
&= (\text{销售单价} - \text{单位变动成本}) \times \text{销售量} - \text{固定成本}
\end{aligned} \qquad (\text{式 5-8})$$

上述公式明确地表达了本量利之间的数量关系，它包含五个相互联系的变量，只要给定其中四个变量，就可以通过上述公式计算出另一个变量的值。一般情况下，在一定期间，通常将销售单价、单位变动成本和固定成本视为稳定常量，而将销售量和净利润视为变量。

2. 边际贡献、边际贡献率

边际贡献又称贡献毛益，指产品的销售收入超过其变动成本的金额。边际贡献首先用于补偿固定成本，补偿固定成本之后的余额即为企业的利润。边际贡献大于固定成本，会产生利润；如小于固定成本，则会发生亏损；等于固定成本，处于不盈不亏状态。边际贡献有两种表现形式，一种是绝对额表现的，分为单位边际贡献与边际贡献总额；另一种是相对数表示的，即边际贡献率，是边际贡献总额占产品销售收入总额的百分比，或单位边际贡献占销售单价的百分比，即每一份销售收入所能提供的边际贡献的份额。相关计算公式如下。

$$\text{边际贡献} = \text{销售收入} - \text{变动成本} \qquad (\text{式 5-9})$$

$$\text{单位边际贡献} = \text{销售单价} - \text{单位变动成本} = \text{边际贡献}/\text{销售量} \qquad (\text{式 5-10})$$

$$\text{边际贡献率} = \text{边际贡献}/\text{销售收入} \times 100\% = \text{单位边际贡献}/\text{销售单价} \times 100\% \qquad (\text{式 5-11})$$

【例5-6】甲公司只生产一种A产品，销售单价为10元，单位变动成本为6元，销售量为500件，固定成本为800元。要求：分别计算甲公司的边际贡献、净利润、单位边际贡献、边际贡献率。

边际贡献=10×500-6×500=2 000（元）；

净利润=2 000-800=1 200（元）；

单位边际贡献=10-6=4（元）；

边际贡献率=2 000/5 000×100%=40%。

3. 变动成本率

变动成本率指变动成本在销售收入中所占的比例，或者单位变动成本占销售单价的百分比。计算公式如下。

$$\begin{aligned}
\text{变动成本率} &= \text{变动成本}/\text{销售收入} \times 100\% \\
&= \text{单位变动成本}/\text{销售单价} \times 100\%
\end{aligned} \qquad (\text{式 5-12})$$

将边际贡献率与变动成本率两个指标联系起来考虑，可以得出如下关系式。

边际贡献率+变动成本率=1
边际贡献率=1-变动成本率
变动成本率=1-边际贡献率　　　　　　　　　　　　　　　　（式5-13）

由边际贡献率与变动成本率的关系可知，凡是变动成本率低的企业，其边际贡献必然高，创利能力必然大。

因此，【例5-6】中A产品的变动成本率=6/10×100%=60%。

第三节　本量利分析的应用

本量利分析可以用于企业的预测和决策，具体来说，本量利分析主要有保本点分析、保利分析和经营安全程度分析。

一、保本点分析的意义

保本点又称盈亏临界点，指企业在一定期间内的销售收入等于总成本，即不盈不亏、利润为零的状态。保本点在成本管理会计中是一项很重要的管理信息，因为保本点是企业获取利润的基础，任何一个企业在进行利润规划时，首先必须预测保本点，超过保本点，再扩大销售量，才能获得利润。保本点分析就是确定盈亏平衡点。保本点分析是一种研究企业正好处于不盈不亏状态时的本量利关系的定量分析方法，是本量利分析的核心内容。保本点是企业预测和决策时需要考虑的重要指标，通过该指标，企业管理者可以了解企业保本所必须达到的产销量，预测企业在特定业务量水平下的盈亏水平，规划目标利润，从而有效地计划和控制企业的生产经营活动。进行保本点分析，可以帮助人们认识本量利之间的一些规律性关系，主要表现在以下方面。

（1）在保本点不变的情形下，如果产品销售量超过保本点一个单位的业务量，就可以获得一个单位边际贡献的盈利，销售量越大，则实现越多的利润；若产品的销售量低于保本点一个单位的业务量，则亏损一个单位边际贡献，销售量越小，则亏损越大。

（2）在销售量不变的情形下，保本点越低，则产品实现的利润越多；保本点越高，则产品实现的利润越少。

（3）在销售收入既定的情形下，保本点的高低取决于单位变动成本与固定成本总额的大小，单位变动成本或固定成本总额越小，则保本点越低；反之，单位变动成本或固定成本越大，则保本点越高。

保本点通常有两种表现形式：一是用实物量表现，称为保本点销售量，即销售多少数量的产品才能保本，简称保本量；另一种用货币金额表现，称为保本点销售额，即销售多少金额的产品才能保本，简称保本额。

二、保本点的计算分析

1. 单一产品保本点分析

单一产品保本点分析是指企业在只生产和销售一种产品的条件下，运用本量利分析法，确定盈亏平衡点的销售量和销售额。

(1) 保本点销售量。

保本点即盈亏平衡点,指企业不盈不亏、利润为零时的销售量。根据本量利的基本公式,假设利润为零,求出的销售量即是保本点销售量,计算公式如下。

$$\text{保本点销售量} = \text{固定成本} / (\text{销售单价} - \text{单位变动成本}) \qquad (式5-14)$$

由于单位边际贡献=销售单价-单位变动成本,所以,上式可以写为:

$$\text{保本点销售量} = \text{固定成本} / \text{单位边际贡献} \qquad (式5-15)$$

当企业预计或实际销售量大于保本点销售量时,企业利润大于零,则处于盈利状态;当企业预计或实际销售量小于保本点的销售量时,企业利润小于零,则企业处于亏损状态。

(2) 保本点销售额。

单种产品的保本点既可用实物量表示,也可以用金额表示。保本点销售额,即盈亏平衡点的销售额的计算公式如下。

$$\text{保本点销售额} = \text{保本点销售量} \times \text{销售单价} \qquad (式5-16)$$

保本点销售额还可以用另外一个公式计算,由于保本点销售量=固定成本/(销售单价-单位变动成本),将等式两边同时乘以销售单价,进行转化后可得:

$$\text{保本点销售额} = \text{固定成本总额} / \text{边际贡献率}$$
$$= \text{固定成本总额} / (1 - \text{变动成本率}) \qquad (式5-17)$$

【例5-7】甲公司只生产和销售A产品,销售单价为800元,生产产品的单位变动成本为400元,年固定成本总额为800 000元。要求:计算甲公司保本点的销售量和销售额。

保本点的销售量=800 000÷(800-400)=2 000(件);

保本点的销售额=800×2 000=1 600 000(元)。

通过上面的计算可知,甲公司保本点的销售量为2 000件,保本点的销售额为1 600 000元,即当A产品的销售量达到2 000件,或者销售额为1 600 000元时,该公司就可以实现保本,处于盈亏平衡状态。

2. 多品种保本点分析

在实践中,企业只产销一种产品的情况不多,绝大多数企业会同时生产和销售多种产品,因此,也需要进行多品种的保本点分析。企业产销一种产品,盈亏平衡点既可以用实物量表示,也可以用金额表示;而在企业产销多种产品时,由于不同产品的数量是不能直接相加的,因此盈亏平衡点不能用实物量表示,只能用金额表示。多种产品销售额的计算方法主要有加权平均法等。

由于各种产品的边际贡献率不同,整个企业的综合保本点销售额与产品的品种结构有直接的联系,因此需要根据各种产品的销售单价、单位变动成本和销售数量计算出一个加权的边际贡献率,然后根据固定成本总额和加权平均的边际贡献率计算出保本点,即盈亏平衡点销售额。

企业管理人员除了要了解多种产品的综合保本点销售额外,还需要了解每种产品保本点销售额。因此,还可以根据各种产品综合保本点销售额和各种产品的销售比重推算各种产品的保本点销售额，其计算步骤如下。

（1）计算出各种产品销售额占全部产品销售额的比重。

$$某种产品销售额比重 = \frac{某产品销售额}{\sum 各种产品销售额} \times 100\% \qquad （式5-18）$$

（2）以各种产品的边际贡献率为基础，以各该产品的销售比重为权数，计算出整个企业的加权平均边际贡献率。

$$加权平均边际贡献率 = \sum（某种产品的边际贡献率 \times 某种产品销售比重）$$

（式5-19）

（3）计算多种产品综合保本点销售额。

$$综合保本点销售额 = 固定成本总额/加权平均边际贡献率 \qquad （式5-20）$$

（4）根据每种产品的销售比重推算各该产品的保本点销售额。

$$某种产品的保本点销售额 = 综合保本点销售额 \times 某种产品的销售比重 \qquad （式5-21）$$

【例5-8】某企业生产销售 A、B、C 三种产品，它们的销售额分别是 50 000 元、30 000 元、20 000 元。它们的边际贡献率分别为 12%、20%、15%。企业的固定成本为 9 000 元。计算各产品的保本点销售额。

第一，计算总销售收入 = 50 000+30 000+20 000 = 100 000（元）。

第二，计算各产品销售收入占总销售收入的比重。

A 产品销售收入占总销售收入比重 = 50 000/100 000×100% = 50%；

B 产品销售收入占总销售收入比重 = 30 000/100 000×100% = 30%；

C 产品销售收入占总销售收入比重 = 20 000/100 000×100% = 20%。

第三，计算加权平均边际贡献率。

加权平均边际贡献率 = 12%×50% +20%×30% +15%×20% = 15%。

第四，计算盈亏平衡点下的综合保本点销售额。

综合保本点销售额 = 9 000/15% = 60 000（元）。

第五，计算每个产品的保本点销售额。

A 产品保本点销售额 = 60 000×50% = 30 000（元）；

B 产品保本点销售额 = 60 000×30% = 18 000（元）；

C 产品保本点销售额 = 60 000×20% = 12 000（元）。

三、保利分析

保本点分析是假定利润为零，企业处于不亏不盈状态下的分析，但是保本点只是最低的要求，企业想要在激烈的竞争中生存、发展，必须追求更多的利润。所以，在企业经营过程中，除进行保本点分析外，还需要进行利润的预测分析，即保利分析。

保利分析是在保本点分析的基础上，研究当企业实现目标利润时本量利关系的一种方法。通过保利分析，可以先确定为实现目标利润而应达到的目标销售量和目标销售额，即保利点，从而以销定产，确定目标生产量、目标生产成本与目标资金需要量等，为企业实现目标控制奠定基础，为企业短期经营确定方向。

1. 预测利润

目标利润是企业未来一定时期内在利润方面要达到的目标，是企业管理当局根据本企业在计划期内的实际生产能力、生产技术条件、材料物资供应情况及市场预测等因素提出的经营成果目标。

根据本量利的基本原理，预测利润可以按下列公式计算。

$$\begin{aligned}利润 &= 销售收入 - 变动成本 - 固定成本 \\ &= 边际贡献 - 固定成本 \\ &= (销售单价 - 单位变动成本) \times 销售量 - 固定成本 \\ &= 单位边际贡献 \times 销售量 - 固定成本\end{aligned}$$ （式5-22）

【例5-9】甲企业生产A产品，单位产品的售价为12元，单位变动成本为4元，固定成本总额为7 000元，预计计划期内企业可以销售甲产品2 000件。试预测该企业计划期内可以实现的利润额。

单位边际贡献 = 12 - 4 = 8（元）；

该企业计划期内预计实现的利润 = 12×2 000 - 4×2 000 - 7 000 = 9 000（元）。

2. 确定实现目标利润的销售量与销售额

企业在经营过程中，一般需要结合同行业平均利润水平等相关数据资料，根据企业在计划期内的生产能力、生产技术条件、产品市场和材料物资等要素市场状况的实际情况，确定本企业计划期内的目标利润水平，并据以分析确定计划期内实现目标利润的销售量和销售额。相关公式如下。

$$实现目标利润的销售量 = \frac{(固定成本 + 目标利润)}{销售单价 - 单位变动成本}$$ （式5-23）

$$= \frac{(固定成本 + 目标利润)}{单位边际贡献}$$

实现目标利润的销售额 = 实现目标利润的销售量 × 销售单价

$$= \frac{(固定成本 + 目标利润)}{边际贡献率}$$ （式5-24）

【例5-10】接【例5-9】，若当年企业的目标利润为30 000元，计算该企业实现目标利润的销售量与销售额。

实现目标利润的销售量 = (7 000 + 30 000)/8 = 4 625（件）；

实现目标利润的销售额 = 4 625×12 = 55 500（元）。

3. 确定实现目标利润的销售单价

企业确定目标利润后，根据预计的销售量和预计的成本水平，利用成本、业务量和利润之间的关系，可以分析确定实现目标利润的销售单价，为企业产品的定价提供依据。计算公式如下。

$$实现目标利润的销售单价 = \frac{(变动成本 + 固定成本 + 目标利润)}{预计销售量}$$ （式5-25）

【例5-11】 接【例5-9】,若该企业的目标利润为30 000元,预计销售量为4 000件,则要实现目标利润,甲产品的销售单价应该是多少?

实现目标利润的销售单价=(4×4 000+7 000+30 000)/4 000=13.25(元)。

四、经营安全程度分析

通过保本点分析和保利分析可知,只有当产品销售量(额)大于盈亏平衡点销售量(额)时,企业才能盈利。产品销售量(额)超过盈亏平衡点销售量(额)越多,企业的盈利越多,企业的经营就越安全;反之,产品销售量(额)超过盈亏平衡点销售量(额)越少,企业的盈利越少,企业经营就越不安全。

衡量企业经营安全程度的指标主要有两类:一是安全边际和安全边际率,另一类是保本作业率。

1. 安全边际分析

安全边际指实际(预计)的销售量与保本点销售量或实际(预计)的销售额与保本点销售额之间的差额。它可用来反映实际或预计销售量(额)在多大范围内下降,而企业不至于发生亏损;或企业可承受因市场波动而导致业务量减少的最大范围。安全边际有两种变现形式:一是绝对数,即安全边际量或安全边际额;另一种是相对数,即安全边际率。相关计算公式如下。

(1) 安全边际量与安全边际额。

安全边际量=实际或预计的销售量−保本量　　　　　　　(式5-26)

安全边际额=实际或预计的销售额−保本额

=销售单价×实际或预计的销售量−销售单价×保本量

=销售单价×安全边际量　　　　　　　(式5-27)

安全边际越大,表示企业经营的安全程度越高,亏损的可能性越小;反之,安全边际越小,企业经营的安全程度越低,亏损的可能性越大。

(2) 安全边际率。

安全边际率=(安全边际量/实际或预计的销售量)×100%

=(安全边际额/实际或预计的销售额)×100%　　　　(式5-28)

安全边际率是评价企业经营程度的重要指标,安全边际率的数值越大,企业的经营越安全,所以它也是一个正指标。安全边际率数值越小,说明企业经营越不安全。

通常利用安全边际率评价企业经营安全程度的一般标准如表5-10所示。

表5-10　评价企业经营安全程度的一般标准

安全边际率	10%以下	10%~20%	20%~30%	30%~40%	40%以上
安全程度	危险	要注意	较安全	安全	很安全

(3) 安全边际与利润的关系。

安全边际所提供的边际贡献就是企业的利润,安全边际越大,利润越大。因此,利润可表现为下列形式。

$$利润 = 安全边际量 \times 单位边际贡献$$
$$= 安全边际额 \times 边际贡献率 \qquad (式5\text{-}29)$$

销售利润率是衡量企业销售收入的收益水平的指标，属于盈利能力类指标。其理论公式为：销售利润率=销售利润/销售收入×100%。将安全边际率引入销售利润率的计算，具体的计算公式如下。

$$销售利润率 = 安全边际率 \times 边际贡献率 \qquad (式5\text{-}30)$$

2. 保本作业率

保本作业率是指保本点销售量占实际（预计）销售量或保本点销售额占实际（预计）销售额的百分比，也可称危险率。它是一个逆指标，数值越小，企业的经营越安全；反之，则越不安全。

$$保本点作业率 = 保本点销售量/实际或预计的销售量 \times 100\% \qquad (式5\text{-}31)$$

从以上计算公式可以看出，保本作业率和安全边际率关系密切，二者之间的关系如下。

$$保本作业率 + 安全边际率 = 1 \qquad (式5\text{-}32)$$

保本作业率反映企业对某产品的产销能力利用到什么程度才能达到不盈不亏的状态，保本作业率指标的数值越大，说明企业经营安全程度越低，相反，说明企业经营的安全程度越高。当保本作业率为1时，说明企业的销售量正好达到保本水平，企业盈亏平衡，利润为零。

【例5-12】甲企业生产和销售A产品，销售单价为60元，单位变动成本为20元，固定成本总额为500 000元，计划期预计销售量为15 000件。试计算A产品的安全边际、安全边际率和保本作业率，并分析企业经营的安全程度。

A产品的保本点销售量=500 000/(60-20)=12 500（件）；

A产品的保本点销售额=12 500×60=750 000（元）；

A产品的安全边际量=15 000-12 500=2 500（件）；

A产品的安全边际额=15 000×60-750 000=150 000（元）；

A产品的安全边际率=2 500/15 000×100%=16.67%；

A产品的保本作业率=1-16.67%=83.33%。

由于该企业A产品的安全边际率为16.67%，所以需要注意下。

五、有关因素变动对保本点与利润的影响分析

本量利分析都是假定销售单价、单位变动成本和固定成本总额是一个确定值，然而在实际中，这些因素往往是不确定的，对它们的变动很难事先预计，各因素的变动都会对保本点和利润产生影响，因此分析这些因素的影响程度，有利于减少亏损或追求更多的利润。

【例5-13】甲公司计划期内预计生产销售A产品10 000件，单价20元，单位变动成本12元，固定成本总额60 000元。据此确定保本点的销售量和销售额，以及企业可以实现的利润。

保本点销售量=60 000/(20-12)=7 500（件）；

保本点销售额=7 500×20=150 000（元）；

预计可实现销售利润=(20-12)×10 000-60 000=20 000（元）。

1. 单位产品售价变动对保本点与利润的影响

（1）销售单价变动对保本点的影响。

销售单价是影响保本点的一个重要因素，在单位成本一定的情况下，当销售单价提高时，销售同样数量的产品，会提高销售收入，从而补偿全部成本所需要的销售量会减少，保本点下降。反之，当销售单价降低时，销售同样数量产品，会减少销售收入，从而补偿全部成本所需要的销售量会增加，保本点上升。

根据保本点的计算公式"保本点销售量=固定成本/（销售单价-单位变动成本）"可知，保本点销售量与销售单价的变动成反向变动关系，即销售单价提高或下降时，保本点销量也会相应地下降或上升。

（2）销售单价变动对利润的影响。

本量利分析的基本公式为：利润=（销售单价-单位变动成本）×销售量-固定成本，根据这一计算公式可知，在成本和业务量水平一定的情况下，销售单价的变动，会引起销售收入的变化，进而对利润产生影响，利润和销售单价成正向变动关系，当销售单价提高或降低时，利润也相应地增加或减少。

【例5-14】接【例5-13】，若产品的销售单价由20元提高到22元，计算保本点的销售量、销售额及预计实现的利润。

保本点销售量=60 000/（22-12）=6 000（件）；

保本点销售额=6 000×22=132 000（元）；

预计可实现销售利润=（22-12）×10 000-60 000=40 000（元）。

因此，在其他因素不变的情况下，当销售单价由20元提高到22元时，保本点的销售量由7 500件下降到6 000件，保本点销售量减少了1 500件，保本点销售额下降了18 000元，预计可实现的利润提高了20 000元。

2. 单位变动成本变动对保本点和利润的影响

企业劳动生产率提高，采用新的生产工艺，生产技术以及生产要素价格变动等，会使产品单位变动成本不断下降或上升，进而影响保本点和利润。

（1）单位变动成本变动对保本点的影响。

在其他因素不变的情况下，当单位变动成本降低时，单位边际贡献会增加，从而补偿固定成本所需的销售量减少，保本点下降。反之，当单位变动成本上升时，单位边际贡献降低，从而补偿固定成本所需的销售量增加，保本点提高。

根据保本点计算公式"保本点销售量=固定成本/（销售单价-单位变动成本）"可知，保本点销售量的变动与单位变动成本成正向变动关系，单位变动成本提高时，保本点销量也随之提高；当单位变动成本降低时，保本点销量也随之降低。

（2）单位变动成本变动对利润的影响。

根据利润计算公式"利润=（销售单价-单位变动成本）×销售量-固定成本"可知，在销售单价和销售量一定的情况下，单位变动成本的变动，会使变动成本总额和总成本水平变化,进而影响利润。利润和单位变动成本呈现反向变动关系。当单位变动成本提高或降低时,利润相应地减少或提高。

【例5-15】接【例5-13】,在其他因素不变的情况下,单位变动成本由原来的12元降低为10元,则保本点销售量、保本点销售额以及预计可实现的利润各是多少?

保本点销售量=60 000/(20-10)=6 000(件);

保本点销售额=6 000×20=120 000(元);

预计可实现销售利润=(20-10)×10 000-60 000=40 000(元)。

因此,在其他因素不变的情况下,当单位变动成本由12元降低为10元时,保本点的销售量由7 500件下降到6 000件,保本点销售量减少了1 500件,保本点销售额下降了30 000元,预计可实现的利润提高了20 000元。

3. 固定成本变动对保本点和利润的影响。

固定成本在一定范围内是保持不变的,但企业决策的变化也会引起固定成本的变动,从而对保本点和利润产生影响。

(1) 固定成本变动对保本点的影响。

在销售单价和单位变动成本不变的情形下,产品的单位边际贡献是确定的,当固定成本变动时,补偿固定成本所需的销售量会随之变动,进而引起保本点销售量的上升或下降。

根据保本点计算公式"保本点销售量=固定成本/(销售单价-单位变动成本)"可知,保本点销售量与固定成本呈现正向变动关系,即固定成本降低时,保本点销售量会随之下降,固定成本提高时,保本点销售量会相应上升。

(2) 固定成本变动对利润的影响。

根据利润计算公式"利润=(销售单价-单位变动成本)×销售量-固定成本"可知,在销售单价和销售量一定的情况下,固定成本的变动会使总成本发生变化,进而影响利润。从利润计算公式来看,利润和固定成本呈现反向变动关系,当固定成本降低或提高时,利润会增加或减少。

【例5-16】接【例5-13】,在其他因素不变的情况下,固定成本由60 000元提高到70 000元时,则保本点销售量、保本点销售额以及预计可实现的利润各是多少?

保本点销售量=70 000/(20-12)=8 750(件);

保本点销售额=8 750×20=175 000(元);

预计可实现销售利润=(20-12)×10 000-70 000=10 000(元)。

因此,在其他因素不变的情况下,当固定成本由60 000元提高为70 000元时,保本点销售量由7 500件上升到8 750件,保本点销售量提高了1 250件,保本点销售额提高了25 000元,预计可实现的利润降低了10 000元。

4. 销售量变动对保本点和利润的影响

市场供求关系的变化及企业促销手段的变化等都可能导致产品的销售量发生变动,由于保本点的高低是由销售单价、单位变动成本和固定成本三个因素决定的,所以销售量的变动对保本点销售量和销售额没有影响。

根据利润计算公式"利润=(销售单价-单位变动成本)×销售量-固定成本"可知,在其他因素不变的情况下,每增加一个单位的销售量,就会增加一个单位的边际贡献,利润也会相应增加。因此利润与销售量呈现同向变动关系,当销售量降低或增加时,利润也相应降低或增加。

【例5-17】接【例5-13】,在其他因素不变的情况下,若预计销售量由10 000件增加到11 000件,则预计可实现的利润为多少?

预计可实现的利润=(20-12)×11 000-60 000=28 000(元)。

在其他因素不变的情况下,当预计销售量由10 000件增加到11 000件时,利润提高了8 000元。

5. 多因素同时变动的影响

上述是为了保证实现目标利润,只有单个因素变化的情况,但是在实际中,成本、售价、销量等因素都是互相影响的,各因素单独变动的情况比较少。因此,为了反映实际情况,应综合考虑各因素的相互作用对保本点和利润的影响。

【例5-18】接【例5-13】,在各因素同时变动的情况下,销售单价由20元提高到22元,单位变动成本由12元降低到10元,固定成本由60 000元提高到70 000元,销售量由10 000件增加到11 000件,则保本点销售量、销售额以及预计可实现的利润各是多少?

保本点销售量=70 000/(22-10)=5 833(件);

保本点销售额=5 833×22=128 326(元);

预计可实现销售利润=(22-10)×11 000-70 000=62 000(元)。

从上述计算可知,在各因素同时变化的情况下,保本点销售量由原来的7 500件,下降为5 833件,下降了1 667件;保本点销售额由原来的150 000元下降为128 326元,下降了21 674元;预计可实现的利润增加了42 000元。

第四节　本量利的敏感分析

敏感性分析方法是一种广泛应用于各领域的分析技术,它是研究一个系统在周围环境发生变化时,该系统状态会发生怎样变化的方法。销售量、销售单价、单位变动成本和固定成本各因素变化对利润的影响程度是不同的。也就是利润对这些因素变动的敏感程度是不同的,为了测量利润对这些因素变动的敏感程度,人们在长期实践中建立了敏感系数这一指标。

$$敏感系数=目标值变动百分比/因素值变动百分比 \qquad (式5-33)$$

根据该公式,企业管理者可以分析哪些是敏感因素,即该因素微小的变化导致利润很大的变化;哪些是不敏感因素,即该因素很大的变化只导致利润不大的变化。企业管理者通过分析,对敏感因素应予以高度重视,对于不敏感因素,则可以不作重点关注。这样,就可以分清主次,把握重点。下面通过举例来说明敏感因素的确定。

【例5-19】甲企业计划年度的销售量为4 000件,销售单价为100元,单位变动成本为

40元,固定成本为40 000元。如果这些因素变动幅度均为20%,则利润对各因素变动的敏感系数(以下简称各因素的敏感系数)可分别确定如下。

原销售利润=(100-40)×4 000-40 000=200 000(元)。

(1) 销售单价的敏感系数。

销售单价增长20%,即单价=100×(1+20%)=120(元)。

销售利润=(120-40)×4 000-40 000=280 000(元);

目标值变动百分比(即利润变动百分比)=(280 000-200 000)÷200 000=40%;

销售单价的敏感系数=40%÷20%=2。

这就意味着,销售单价增长1%,利润将提高2%。

(2) 销售量的敏感系数。

销售量增长20%,即销售量=4 000×(1+20%)=4 800(件)。

销售利润=(100-40)×4 800-40 000=248 000(元);

目标值变动百分比(即利润变动百分比)=(248 000-200 000)÷200 000=24%;

销售量的敏感系数=24%÷20%=1.2。

这就说明,销售量增长1%,利润将提高1.2%。

(3) 单位变动成本的敏感系数。

单位变动成本增长20%,即单位变动成本=40×(1+20%)=48(元)。

销售利润=(100-48)×4 000-40 000=168 000(元);

目标值变动百分比(即利润变动百分比)=(168 000-200 000)÷200 000=-16%;

单位变动成本的敏感系数=-16%÷20%=-0.8。

这就表明,单位变动成本增长1%,利润将反向变动0.8%,即将降低0.8%。

(4) 固定成本的敏感系数。

固定成本增长20%,即固定成本=40 000×(1+20%)=48 000(元)。

销售利润=(100-40)×4 000-48 000=192 000(元);

目标值变动百分比(即利润变动百分比)=(192 000-200 000)÷200 000=-4%;

固定成本的敏感系数=-4%÷20%=-0.2。

这就是说,固定成本增长1%,利润将降低0.2%。

具体利润的各因素敏感系数还可以通过以下公式计算得到。

假设销售单价为P,销售利润为S,销售数量为Q,单位变动成本为b,固定成本为F。

则目标利润$S=(P-b)\times Q-F$,下列公式中的S_1为原销售利润,S_2为相关因素变动后的新利润,P_1为原销售单价,P_2为变动后的销售单价,下面仅列出销售单价的敏感系数公式的推导过程,其他的可进行类似推导。

$$销售单价的敏感系数 = \frac{S_2 - S_1}{S_1} \times \frac{P_1}{P_2 - P_1}$$

$$= \frac{(P_2 - b) \times Q - F - [(P_1 - b) \times Q - F]}{S_1} \times \frac{P_1}{P_2 - P_1}$$

$$= \frac{(P_2 - P_1) \times Q}{S_1} \times \frac{P_1}{P_2 - P_1}$$

$$= \frac{P_1 \times Q}{S_1} \qquad \text{(式 5-34)}$$

相应地，可以推导出其他几个因素的敏感系数公式。

$$销售量的敏感系数 = \frac{(P_1 - b) \times Q}{S_1} \qquad \text{(式 5-35)}$$

$$单位变动成本的敏感系数 = -\frac{b \times Q}{S_1} \qquad \text{(式 5-36)}$$

$$固定成本的敏感系数 = -\frac{F}{S_1} \qquad \text{(式 5-37)}$$

从这几个公式中可以看出，各公式的分母均为利润 S_1，所以公式值的大小完全取决于分子的大小。因此，对各敏感系数的分子进行比较即可。

从销售单价和销售量的敏感系数公式的分子来看，$P_1 \times Q > (P_1 - b) \times Q$，所以销售单价的敏感系数一定大于销售量的敏感系数；从销售单价和单位变动成本的敏感系数公式的分子来看，企业在正常盈利条件下，$PQ>bQ$，所以销售单价的敏感系数一定大于单位变动成本的敏感系数；同样地，销售单价的敏感系数也大于固定成本的敏感系数。所以，一般来说，销售单价的敏感系数应该是最大的，也就是利润对销售单价变动的反应最为敏感。所以，与其他因素相比，销售价格变动对企业利润的影响最大。

根据这些推导公式，可得到【例 5-19】中各因素的敏感系数。

首先，计算目标利润。

目标利润 = $(P-b) \times Q - F$ = $(100-40) \times 4\,000 - 40\,000 = 200\,000$（元）。

然后，计算各因素的敏感系数。

销售单价的敏感系数 = $\dfrac{P_1 \times Q}{S_1} = 100 \times 4\,000 \div 200\,000 = 2$；

销售量的敏感系数 = $\dfrac{(P_1 - b) \times Q}{S_1} = \dfrac{(100 - 40) \times 4\,000}{200\,000} = 1.2$；

单位变动成本的敏感系数 = $-\dfrac{b \times Q}{S_1} = -40 \times 4\,000 \div 200\,000 = -0.8$；

固定成本的敏感系数 = $-\dfrac{F}{S_1} = -40\,000 \div 200\,000 = -0.2$。

本章要点

成本性态又称成本习性，在一定条件下反映成本总额与业务量之间的依存关系。按照成本性态，可以将成本划分为固定成本、变动成本和混合成本三类。在成本性态分析的基础上，运用数学模型或图形分析固定成本、变动成本、销售量、销售单价、销售额、利润等变量之间的内在联系和变动规律即是本量利分析。本量利分析是分析成本、业务量、利润三者之间依存关系的一种定量分析方法。本量利分析主要应用于保本点分析、保利分析、经营安全程度分析。销售量、销售单价、单位变动成本和固定成本各因素变化对利润的影响程度是不同的，也就是利润对这些因素变动的敏感程度是不同的，为了测量利润对这些因素变动的敏感程度，人们在长期实践中建立了敏感系数这一指标。

案例讨论

甲公司是一家民营企业，主要资产包括客房和餐厅，该企业营业旺季共20周，高峰期10周。客房部有60个单间和30个标间，标间费用是单间费用的1.5倍，其中，单间每日变动成本为20元，标间变动成本为30元，客房部固定成本为600 000元；餐厅预计每天每个客人能带来4元的边际贡献，固定成本为30 000元。

假定在营业高峰期客房部所有房间均被预订，在旺季的其余10周里，标间的入住率为70%，单间的入住率为80%，每天约有40个散客，所有的客人均在餐厅用餐，标间均是2人入住。

要求：根据上述资料分析以下几个问题。

1. 若客房部确定的目标利润为2 600 000元，则单间和标间收费各为多少？
2. 客房部达到保本点时，单间和标间的最低收费各为多少？
3. 若客房部利润为2 600 000元，则甲公司总利润可达到多少？

练习题

一、单项选择题

1. 利润=（实际销售量-保本销售量）×（　　）。
   A. 边际贡献率　　　　　　B. 单位利润
   C. 销售单价　　　　　　　D. 单位边际贡献

2. 某企业只生产一种产品，销售单价为6元，单位变动成本为4.5元，销量为500件，则其产品边际贡献为（　　）元。
   A. 650　　　　　　　　　　B. 750
   C. 850　　　　　　　　　　D. 950

3. 已知产品销售单价为24元，保本销售量为150件，销售额可达4 800元，则安全边际率为（　　）。
   A. 33.33%　　　　　　　　B. 25%
   C. 50%　　　　　　　　　D. 20%

4. 下列指标中，可据以判断企业经营安全程度的指标是（　　）。
   A. 保本量　　　　　　　　B. 边际贡献
   C. 保本作业率　　　　　　D. 保本额

5. 如果产品的销售单价与单位变动成本上升的百分率相同，其他因素不变，则保本点销售量会（　　）。

A. 上升　　　　　　　　　　　　B. 下降

C. 不变　　　　　　　　　　　　D. 不确定

6. 保本作业率与安全边际率之间的关系是（　　）。

A. 两者相等　　　　　　　　　　B. 前者一般大于后者

C. 后者一般大于前者　　　　　　D. 两者之和等于1

7. 销售量不变，保本点越高，则能实现的利润（　　）。

A. 越小　　　　　　　　　　　　B. 不变

C. 越大　　　　　　　　　　　　D. 不一定

8. 某企业只生产一种产品，月计划销售600件，单位变动成本为6元，月固定成本为1 000元，欲实现利润1 640元，则销售单价应为（　　）元。

A. 16.40　　　　　　　　　　　B. 14.60

C. 10.60　　　　　　　　　　　D. 10.40

9. 销售收入为20万元，边际贡献率为60%，其变动成本总额为（　　）万元。

A. 8　　　　　　　　　　　　　B. 12

C. 4　　　　　　　　　　　　　D. 16

10. 某产品每月固定成本为1 000元，销售单价为10元，计划销售量为600件，欲实现目标利润800元，其单位变动成本为（　　）元。

A. 10　　　　　　　　　　　　B. 9

C. 8　　　　　　　　　　　　　D. 7

二、多项选择题

1. 下列两个指标之和为1的有（　　）。

A. 安全边际率与边际贡献率　　　B. 安全边际率与保本作业率

C. 边际贡献率与保本作业率　　　D. 变动成本率与边际贡献率

2. 本量利分析的基本内容有（　　）。

A. 保本点分析　　　　　　　　　B. 经营安全程度分析

C. 保利分析　　　　　　　　　　D. 成本分析

3. 安全边际率＝（　　）。

A. 安全边际量÷实际销售量　　　B. 保本销售量÷实际销售量

C. 安全边际额÷实际销售额　　　D. 保本销售额÷实际销售额

4. 变动成本包括（　　）。

A. 变动生产成本　　　　　　　　B. 直接材料

C. 变动制造费用　　　　　　　　D. 变动销售及管理费用

5. 边际贡献率的计算公式可表示为（　　）。

A. 1-变动成本率　　　　　　　　B. 边际贡献/销售收入

C. 固定成本/保本点销售量　　　D. 固定成本/保本点销售额

6. 从保本点的计算公式可以看出，降低保本点的途径主要有（　　）。
　　A. 降低固定成本总额　　　　　　　B. 降低单位变动成本
　　C. 提高销售单价　　　　　　　　　D. 消除固定成本
7. 下列项目中，属于固定成本的有（　　）。
　　A. 购置设备的年折旧费　　　　　　B. 租赁设备的维修费
　　C. 自行购置设备的维修费　　　　　D. 租赁设备按天计算的租金
8. 根据单一产品的本量利分析模式，下列关于利润的计算公式中，正确的有（　　）。
　　A. 利润＝保本点销售量×单位安全边际　　B. 利润＝安全边际量×单位边际贡献
　　C. 利润＝实际销售额×安全边际率　　　　D. 利润＝安全边际额×边际贡献率
9. 本量利分析的基本假设包括（　　）。
　　A. 相关范围假设　　　　　　　　　B. 线性假设
　　C. 产销平衡假设　　　　　　　　　D. 品种结构不变假设
10. 下列各项中，可据以判断企业是否处于保本状态的标志有（　　）。
　　A. 安全边际率为零　　　　　　　　B. 边际贡献等于固定成本
　　C. 收支相等　　　　　　　　　　　D. 保本作业率为零

三、判断题

（　）1. 在进行本量利分析时，不需要任何假设条件。

（　）2. 所谓保本是指企业的边际贡献等于固定成本。

（　）3. 安全边际率和保本作业率是互补的，安全边际率高则保本作业率低，其和为1。

（　）4. 变动成本率高的企业，边际贡献率也高，创利能力也大。

（　）5. 当边际贡献总额等于固定成本时，达到盈亏临界点作业率为100%，安全边际为0。

（　）6. 在生产多种产品的条件下，只能确定总保本量，不能确定总保本额。

（　）7. 超过保本点的安全边际所提供的边际贡献即是企业的利润。

（　）8. 某企业的变动成本率为60%，安全边际率为30%，则其销售利润率为18%。

（　）9. 本量利分析中的"量"指的是业务量，既可以是产出量，也可以是投入量；既可以是实物量，也可以是时间量、货币量。

（　）10. 保本点销售量指标既适用于单一产品保本点的分析，也适用于整个企业多品种保本点的分析。

四、业务题

1. 已知：某公司只生产一种产品，2018年销售收入为1 000万元，税前利润为100万元，变动成本率为60%。

　　要求：

　　（1）计算该公司2018年的固定成本。

　　（2）假定2019年该公司只追加20万元的广告费，其他条件均不变，试计算该年的固定成本。

(3) 计算 2019 年该公司保本额。

2. 已知：某企业只产销一种产品，2018 年销售量为 8 000 件，销售单价为 240 元，单位成本为 180 元，其中单位变动成本为 150 元，该企业计划 2019 年利润比 2018 年增加 10%。

要求：运用本量利分析原理进行规划，从哪些方面采取措施，才能实现目标利润（假定采取某项措施时，其他条件不变）。

3. 已知：某公司 2018 年销售收入为 180 000 元，销售成本为 160 000 元，其中固定成本为 88 000 元。若 2019 年计划增加广告费 3 200 元，销售单价仍为 40 元/件。

要求：

(1) 预测 2019 年该公司的保本点。

(2) 若 2019 年计划实现目标利润 52 800 元，则目标销售额应为多少？

4. 已知：某公司 2019 年预计销售某种产品 50 000 件，若该产品变动成本率为 50%，安全边际率为 20%，单位边际贡献为 15 元。

要求：

(1) 预测 2019 年该公司的保本销售额。

(2) 计算 2019 年该公司可获得的利润。

5. 甲企业为生产和销售单一产品的企业。当年有关数据如下：销售 A 产品 4 000 件，销售单价 80 元，单位变动成本 50 元，固定成本总额 50 000 元，实现利润 70 000 元，计划年度目标利润 100 000 元。

要求：

(1) 计算实现目标利润的销售量。

(2) 计算销售量、销售单价、单位变动成本及固定成本的敏感系数。

第六章

变动成本法

本章结构图

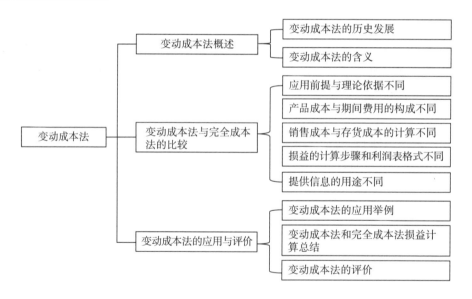

本章学习目标

- ➢ 理解变动成本法的含义与内容。
- ➢ 掌握变动成本法与完全成本计算法的区别。
- ➢ 了解变动成本法的应用。

变动成本法是管理会计中经常采用的一种成本计算方法，它所提供的成本信息资料是企业进行短期经营决策的重要依据。

第一节　变动成本法概述

不同的成本计算方法可能形成的产品成本和利润不同，进而会影响企业的成本规划与控制，以及对管理者的业绩评价。管理会计突破了财务会计的成本分类方法，按成本动因对成本进行分类，产生了变动成本法与作业成本法。

一、变动成本法的历史发展

关于变动成本法的起源，国外会计专著的论述不一。据考证，早在 1836 年，英国的曼彻斯特工厂就出现了变动成本法的雏形。1876 年，法国的施特劳斯·别尔格曾经宣布过直接成本法（变动成本法）的初步设想。1904 年，英国出版的《会计百科全书》中已经记载了与变动成本法有关的内容。

1906 年 2 月，美国的《制度》杂志曾经刊登了一段话："与变动成本法的基本思路有很多相似之处：在生产经营活动的抉择中，为估计其所期望的净损益，第一步就是要找出适合衡量一定的生产经营活动效果的单位费用，单位直接收入减去单位直接费用的单位直接净收入或单位净贡献，然后以它来抵偿不影响生产经营活动的费用。这些不影响生产经营活动的费用不管选择什么生产经营活动方式都一样固定或不变。单位净收入（或单位净贡献）乘以产品数量就可以用来比较由于选择各种不同的生产经营活动而产生的不同损益。"

美国柯勒所著的《会计辞典》，第一篇专门论述直接成本法的论文是由美国籍英国会计学家乔纳森·N·哈里斯撰写的，刊登于 1936 年 1 月 15 日的《全国会计师联合会公报》。文章追溯了 1934 年哈里斯在杜威—阿尔末化学企业设计的"直接标准成本制造计划"中所发现的问题。当时，该企业销售量上升利润却反而下降的现象，引起了哈里斯的注意。他发现问题的根源在于采用传统的完全成本法。依据此资料，哈里斯对比了新旧两种方法对营业净利润的不同影响，揭示了直接成本法的优点。自哈里斯的文章公开发表之后，直接成本法的概念迅速传播。

到了 20 世纪 50 年代，随着企业环境的改变、竞争的加剧、决策意识的增强，人们逐渐认识到传统的完全成本法所提供的会计信息越来越不能满足企业会计内部管理的需要，必须重新认识变动成本法，充分发挥其积极作用。美国一些会计师和经理又重新研究并开始在实务中试行变动成本法，并将变动成本法中的边际贡献这一概念用于本量利分析及其他方面。这使人们认识到，变动成本法不仅有利于企业加强成本管理，而且对制订利润计划、组织科学的经营决策具有很大作用。从此，变动成本法开始受到人们的普遍重视。到 20 世纪 60 年代，变动成本法风靡欧美，并成为管理会计开展工作的另一项前提条件。

二、变动成本法的含义

1. 变动成本法的概念

变动成本法（Variable Costing）也称直接成本法，是针对传统的成本计算方法——完全成本法而提出的。变动成本法是指在成本按成本性态进行分析的基础上，产品成本包括变动部分，如变动直接材料、变动直接人工和变动制造费用，而不包括固定制造费用，将固定制造费用列入期间费用，按贡献式损益确定程序计量损益的一种成本计算方法。

2. 变动成本法的理论依据

管理会计理论认为：在变动成本法下，应将成本按成本性态分为变动成本和固定成本两部分。因此，应重新解释产品成本和期间费用的定义。产品成本应随产品实体流转而流转，只有当产品销售出去时才能与相关收入实现配比，得以补偿成本。固定制造费用的发生与产量没有直接关系，是为企业提供生产经营条件而产生的，不管其利用程度高低，其费用的发生和金额不随产品产量的增减变化而变化，其效益随着时间的推移而逐渐丧失，不能递延到下一会计期间，所以不应计入产品成本，而应全部计入当期的期间费用，直接从当期收入中得到补偿。

3. 变动成本法的特点

变动成本法和完全成本法的根本区别在于对于固定制造费用的不同处理。这种区别导致了这两种方法拥有各自的特点。变动成本法的特点可以通过与完全成本法的对比来认识。

（1）变动成本法强调成本性态分析。变动成本法的应用前提是成本性态分析，将企业成本划分为变动成本和固定成本两大类。特别是把制造费用按照生产量分为变动制造费用和固定制造费用，对销售费用和管理费用按照销售量分为变动销售和管理费用、固定销售和管理费用。

（2）变动成本法强调不同制造费用补偿方式的不同。变动成本法强调变动制造费用是产品成本的构成内容之一，从销售收入中得到补偿；而固定制造费用与销售费用和管理费用一起作为期间费用，从其发生的同期收入中得到补偿。

（3）变动成本法强调边际贡献对企业利润的作用。边际贡献扣除期间费用形成了企业利润。在一定条件下，企业的期间费用短期内是固定不变的，因此企业的利润很大程度上取决于边际贡献，边际贡献是对企业盈利贡献的标志，也间接反映了变动成本对企业利润的影响。

（4）完全成本法强调制造费用补偿的一致性。在完全成本法下，固定制造费用是与产品生产有关的费用，应与直接材料、直接人工和变动制造费用一起形成产品的生产成本，统一从产品销售收入中得到补偿。完全成本法强调生产量对企业利润的影响，固定制造费用构成了产品成本的一部分，使得已售产品成本和存货成本负担完全一致。在一定销量条件下，利润对产量的变化较为敏感，产量的提高也会使利润提高。

第二节　变动成本法与完全成本法的比较

为了使管理会计满足企业预测、决策、规划、控制、考评等管理职能的需要，必须采用与财务会计完全成本法不同的成本核算方法，即变动成本法。由于对固定制造费用的处理方式不同，变动成本法与完全成本法之间存在着很大的差异，主要表现在以下几方面。

一、应用前提与理论依据不同

变动成本法的应用前提是成本性态分析,即把全部成本划分为变动成本和固定成本两部分,尤其是将具有混合成本性质的制造费用分解为变动性制造费用和固定性制造费用两部分。

完全成本法是财务会计核算成本的基本方法。完全成本法的前提是把成本按其经济职能或经济用途分为生产成本和非生产成本。那些发生在生产领域为生产产品发生的成本就应归属于生产成本,而发生在流通和服务领域的为组织日常销售和管理发生的成本应归属于非生产成本。

变动成本法与完全成本法所提供的信息用途不同,这是两者最本质的区别。完全成本法是适应企业内部事后将间接成本分配给各种产品的需要,反映产品发生的全部资金耗费。它提供的成本信息可以确定产品实际成本和利润,并满足对外提供报表的需要,有助于促进企业扩大信息,刺激企业增产的积极性,因而被广泛接受。变动成本法是为强化企业内部管理的要求,满足企业未来决策需要而产生的。由于变动成本法揭示了成本、业务量和利润之间的规律,所以有助于企业加强成本管理,强化预测、决策、计划、控制和业绩考核等职能,促进以销定产,减少或避免因盲目生产而带来的损失。

二、产品成本与期间费用的构成不同

变动成本法是先将制造费用按成本性态分为变动制造费用和固定制造费用两部分,计入产品成本的是直接材料、直接人工和变动性制造费用;而完全成本法则将直接材料、直接人工和全部制造费用计入产品成本。

变动成本法下的期间费用由固定制造费用、销售费用、管理费用和财务费用构成,即变动成本法下的期间费用为固定生产成本和非生产成本之和。完全成本法下的期间费用即非生产成本,包括销售费用、管理费用和财务费用,如图6-1、图6-2所示。

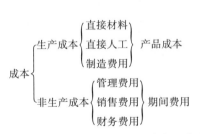

图6-1 完全成本法下的产品成本及期间费用构成

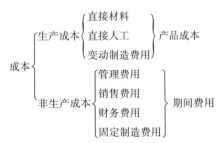

图6-2 变动成本法下的产品成本及期间费用构成

【例6-1】假设某企业只生产一种产品,全年的产量为4 000件,期初没有存货,本年销售量为3 600件,期末存货为400件,销售单价为100元/件。本月耗费直接材料成本为120 000元,单位产品材料成本为30元,直接人工费用为80 000元,变动性制造费用为20 000元,固定制造费用为48 000元,变动销售费用为20 000元,固定销售费用为 40 000

元，变动管理费用为 2 000 元，固定管理费用为 18 000 元。

根据上述资料，分别应用两种成本法计算该企业的产品成本和期间费用，其结果如表 6-1 所示。

表 6-1 两种成本法计算的产品成本及期间费用

成本项目		完全成本法		变动成本法	
		总成本/元	单位成本/元	总成本/元	单位成本/元
产品成本	直接材料	120 000	30	120 000	30
	直接人工	80 000	20	80 000	20
	变动制造费用	20 000	5	20 000	5
	固定制造费用	48 000	12	—	—
	合计	268 000	67	220 000	55
期间费用	固定制造费用	—	—	48 000	
	销售费用	60 000		60 000	
	管理费用	20 000		20 000	
	合计	80 000		128 000	

由计算结果可以看出，按完全成本法计算的产品总成本和单位成本均高于按变动成本法计算的产品总成本和单位成本；而完全成本法下的期间费用却低于变动成本法下的期间费用。这种差异主要源于两种方法对固定制造费用的处理不同。

三、销售成本及存货成本的计算不同

变动成本法和完全成本法的产品成本构成成分不同，导致各自的本期销售成本和期末存货成本的构成成分不同。在变动成本法下，单位产品成本不包括固定制造费用，固定制造费用直接计入期间费用，因此本期销售成本和期末存货成本不包括任何固定制造费用。在完全成本法下，单位产品成本包括固定制造费用，当期末存货不为零时，本期发生的固定制造费用需要在本期销售成本和期末存货成本之间分配，被销售成本吸收的固定制造费用计入本期损益，被期末存货吸收的固定制造费用递延到下期。

变动成本法和完全成本法下销售成本和存货成本计算公式如下。

在变动成本法下：

本期销售成本 = 单位变动生产成本 × 本期销售量

本期存货成本 = 单位变动生产成本 × 存货数量

在完全成本法下：

本期销售成本 = 期初存货成本 + 本期发生产品成本 − 期末存货成本

本期存货成本 = 单位完全生产成本 × 存货数量

【例 6-2】根据【例 6-1】资料，要求：分别按变动成本法和完全成本法确定期末存货成本和本期销售成本。

两种方法下，期末存货成本和本期销售成本的计算结果如表 6-2 所示。

表 6-2　期末存货成本和本期销售成本的计算结果

项目	完全成本法	变动成本法	差额
期初存货成本/元	0	0	0
本期产品成本/元	268 000	220 000	48 000
本期生产量/件	4 000	4 000	0
单位产品成本/元	67	55	12
本期销售量/件	3 600	3 600	0
期末存货量/件	400	400	0
期末存货成本/元	26 800	22 000	4 800
本期销售成本/元	241 200	198 000	43 200

由表 6-2 可知，按完全成本法计算的期末存货成本比按变动成本法计算的期末存货成本高 4 800 元。其原因是：在完全成本法下期末存货成本 26 800 元中，除了包含变动生产成本 22 000 元之外，还包含 4 800 元的固定制造费用。同样，在完全成本法下的销售成本 241 200 元中，除了包含 198 000 元的变动生产成本外，还包含 43 200 元的固定制造费用。由此可见，两种方法对固定制造费用的处理方法的不同，使得按完全成本法计算的期末存货成本和本期销售成本均高于变动成本法计算的成本水平。

四、损益的计算步骤和利润表格式不同

1. 损益的计算

在变动成本法下，利润表将所有成本项目分为变动成本和固定成本，按照成本性态分类，按贡献式损益确定程序计算损益，主要适应内部管理要求。损益计算步骤如下。

第一步：计算边际贡献。

$$\begin{aligned}边际贡献 &= 销售收入 - 变动成本 \\ &= 产品单价 \times 销售量 - 单位产品变动生产成本 \times 销售量 - \\ &\quad 变动销售费用 - 变动管理费用 - 变动财务费用 \\ &= (产品单价 - 单位产品变动生产成本) \times 销售量 - (变动销售\\ &\quad 费用 + 变动管理费用 + 变动财务费用)\end{aligned}$$

第二步：计算营业利润。

$$\begin{aligned}营业利润 &= 边际贡献 - 固定成本 \\ &= 边际贡献 - (固定制造费用 + 固定销售费用 + \\ &\quad 固定管理费用 + 固定财务费用)\end{aligned}$$

在完全成本法下，成本项目按照职能分类和排列，利润表按传统式损益确定程序计算损益，主要是适应外部用户的需求。损益计算步骤如下。

第一步：计算销售毛利。

　　　　销售毛利=销售收入-销售成本

　　　　　　　=产品单价×销售量-（期初存货成本+

　　　　　　　本期生产成本-期末存货成本）

第二步：计算营业利润。

　　　　营业利润=销售毛利-期间费用

　　　　　　　=销售毛利-（销售费用+管理费用+财务费用）

【例6-3】根据【例6-1】中资料，分别用两种方法计算利润，并加以比较。

变动成本法下：

边际贡献=（100×3 600）-（55×3 600+20 000+2 000）=140 000（元）；

利润=140 000-（48 000+40 000+18 000）=34 000（元）。

完全成本法下：

销售毛利=（100×3 600）-（0+67×4 000-67×400）=118 800（元）；

利润=118 800-（60 000+20 000）=38 800（元）。

从上述计算的结果看，完全成本法下的利润为38 800元，比变动成本法下计算的结果多4 800元，是因为完全成本法把期末存货400件中每件包括的固定制造费用12元，从销售成本内结转至下一会计期间，因而本期成本减少4 800元，于是本期利润就多了4 800元；而变动成本法没把固定制造费用分配到相应的存货中去，而把成本期的期间成本从边际贡献中扣除，因而本期期间成本增加，导致利润减少。总之，这两者的不同，是因为它们从销售收入中所扣除的固定成本金额不同。变动成本法不管产销量如何不一致，总是把本期的固定成本总额全部扣除；而完全成本法所扣除的固定成本为期初存货中固定成本加上本期固定成本减去期末存货中的固定成本。

2. 利润表的格式

变动成本法和完全成本法下的利润表格式的区别如表6-3所示。

表6-3　变动成本法和完全成本法下的利润表格式的区别

变动成本法	完全成本法
销售收入	销售收入
减：变动成本	减：销售成本
变动生产成本	期初存货成本
变动销售费用	加：本期生产成本
变动管理费用	可供销售的产品成本
变动财务费用	减：期末存货成本
变动成本合计	销售成本合计
边际贡献	销售毛利

续表

变动成本法	完全成本法
减：固定成本	减：期间费用
固定制造费用	销售费用
固定销售费用	财务费用
固定管理费用	管理费用
固定财务费用	
固定成本合计	期间费用合计
营业利润	营业利润

【例6-4】沿用【例6-1】的资料，编制贡献式利润表如表6-4所示，传统式利润表如表6-5所示。

表6-4　贡献式利润表（按变动成本法编制）

单位：元

摘要	发生额	合计金额
销售收入		360 000
减：变动成本		
变动生产成本	198 000	
变动销售费用	20 000	
变动管理费用	2 000	
变动财务费用		
变动成本合计		220 000
边际贡献		140 000
减：固定成本		
固定制造费用	48 000	
固定销售费用	40 000	
固定管理费用	18 000	
固定财务费用		
固定成本合计		106 000
营业利润		34 000

表 6-5 传统式利润表（按完全成本法编制）

单位：元

摘要	发生额	合计金额
销售收入		360 000
减：销售成本		
期初存货成本	0	
加：本期生产成本	268 000	
可供销售的产品成本	268 000	
减：期末存货成本	26 800	
销售成本合计		241 200
销售毛利		118 800
减：期间费用		
销售费用	60 000	
财务费用		
管理费用	20 000	
期间费用合计		80 000
营业利润		38 800

表 6-4 和表 6-5 是根据一个会计期间，并且在期初没有存货的条件下编制的利润表。假如期初、期末均有存货，有时期初存货大于期末存货，有时则相反，那么它们计算的利润也会有不同的结论。一般可以认为有三种情况，会得出三种结论。

（1）生产量等于销售量，即期末存货等于期初存货，那么两种方法扣除的固定成本总额相等，计算的利润相等。

（2）生产量大于销售量，即期末存货大于期初存货，则完全成本计算的利润大。这是因为增加的存货中所包含的固定制造费用转入下一会计期间，增加了本期利润。所以完全成本法计算的利润多出额等于单位固定制造费用乘以期末增加的存货。以【例 6-4】为例，完全成本法所计算的利润比变动成本法所计算的利润多 4 800 元，正好等于转入下期的固定制造费用 4 800 元。

（3）销售量大于生产量，即期末存货小于期初存货，则变动成本法计算的利润大。这是因为减少的存货中，用完全成本法把上期结转到存货中的固定制造费用也转入本期成本，造成本期成本增加，利润减少。变动成本法比完全成本法算出的利润多出的余额等于单位固定制造费用乘以期末减少的存货。

从长远看，在多个经营周期内，用两种方法计算的损益总额不会有显著差异。因为有的年份生产量大于销售量，有的年份生产量小于销售量，各种情况相抵后，会呈现出产销平衡的趋势。

五、提供信息的用途不同

变动成本法是企业内部的一种成本会计制度。成本的记录、账户设置、成本的汇集、内部报表的编制需要按照成本性态的分类进行会计处理，主要是满足企业的经营预测与经营决策，进行成本控制和业绩评价，加强企业内部的管理和控制需要。完全成本计算法的成本计算包括产品制造过程中的全部制造成本，反映了企业的财务状况和财务成果，主要是满足对外提供财务报表的需要。

第三节　变动成本法的应用与评价

从第二节的内容可以看出，完全成本法和变动成本法的差异主要体现在产品成本和期间费用的构成、期末存货成本、利润表的格式和损益的计算等方面。为了进一步掌握变动成本法的特点，本节结合例题加以说明。

一、变动成本法的应用举例

【例6-5】某企业20×9年生产一种产品，单位售价为10元，全年生产9 000件，销售10 000件（本年的9 000件加上上年结转的存货1 000件），期末存货为0。每件产品生产成本的资料如表6-6所示。根据变动成本法和完全成本法计算的20×9年营业利润如表6-7所示。

表6-6　产品生产成本

单位：元

成本项目	成本金额
单位变动直接材料	3
单位变动直接人工	2
单位变动制造费用	2
固定制造费用总额	18 000
固定销售费用总额	1 600
变动销售费用总额	400
固定管理费用总额	700
变动管理费用总额	300

表6-7 变动成本法和完全成本法下计算的营业利润（销量>产品）

单位：元

变动成本法		完全成本法	
销售收入	100 000	销售收入	100 000
减：变动成本		减：销售成本	
变动生产成本	70 000	期初存货成本	8 800
变动销售费用	400	加：本期生产成本	81 000
变动管理费用	300	可供销售的产品成本	89 800
变动财务费用	0	减：期末存货成本	0
变动成本合计	70 700	销售成本合计	89 800
边际贡献	29 300	销售毛利	10 200
减：固定成本		减：期间费用	
固定制造费用	18 000	销售费用	2 000
固定销售费用	1 600	财务费用	0
固定管理费用	700	管理费用	1 000
固定财务费用	0		
固定成本合计	20 300	期间费用合计	3 000
营业利润	9 000	营业利润	7 200

变动成本法下，单位产品变动生产成本=3+2+2=7（元）；变动生产成本=单位产品变动生产成本×销售量=7×10 000=70 000（元）。

完全成本法下，上一年单位产品成本=8.8元，期初存货成本=8.8×(10 000－9 000)=8 800（元）；本年单位产品成本=3+2+2+18 000÷9 000=9（元）；本期生产成本=本年单位产品成本×生产量=9×9 000=81 000（元）。

从以上计算可以看出，两种不同的成本计算方法下，营业利润相差1 800元。完全成本法下的营业利润比变动成本法下的营业利润少1 800元，原因在于变动成本法下，固定制造费用18 000元全部被当作期间费用从边际贡献中扣除；而在完全成本法下，在本期生产量小于销售量的情况下，本期销售的产品中不仅包括本期生产的9 000件产品的固定制造费用，还包括了上期结转来的产成品中的包含的固定制造费用，即本期产品销售成本中不仅包括了本年发生的全部固定制造费用18 000元，还包括了上一年所结转的固定制造费用1 800元。所以在销售收入相同的情况下，变动成本法扣除了全部的固定制造费用，而完全成本法扣除了本年和上年结转的固定制造费用，使得变动成本法扣除的成本少，完全成本法扣除的成本多，导致变动成本法下计算的营业利润大于完全成本法下计算的营业利润。

【例6-6】某企业20×9年生产一种产品，单位售价为10元，全年生产10 000件，销售9 000件，期初产成品为0。每件产品生产成本资料同【例6-5】。根据变动成本法和完全成本法计算的20×9年营业利润如表6-8所示。

表6-8 变动成本法和完全成本法下计算的营业利润（销量<产量）

单位：元

变动成本法		完全成本法	
销售收入	90 000	销售收入	90 000
减：变动成本		减：销售成本	
变动生产成本	63 000	期初存货成本	0
变动销售费用	400	加：本期生产成本	88 000
变动管理费用	300	可供销售的产品成本	88 000
变动财务费用	0	减：期末存货成本	8 800
变动成本合计	63 700	销售成本合计	79 200
边际贡献	26 300	销售毛利	10 800
减：固定成本		减：期间费用	
固定制造费用	18 000	销售费用	2 000
固定销售费用	1 600	财务费用	0
固定管理费用	700	管理费用	1 000
固定财务费用	0		
固定成本合计	20 300	期间费用合计	3 000
营业利润	6 000	营业利润	7 800

变动成本法下，单位产品变动生产成本=3+2+2=7（元）；变动生产成本=单位产品变动生产成本×销售量=7×9 000=63 000（元）。

完全成本法下，单位产品成本=3+2+2+18 000÷10 000=8.8（元）；本期生产成本=本年单位产品成本×生产量=8.8×10 000=88 000（元）；期末存货成本=8.8×(10 000-9 000)=8 800（元）。

从以上计算可以看出，在两种不同的成本计算法下，两者的营业利润相差1 800元。完全成本法下的营业利润比变动成本法下的营业利润多1 800元，原因是：在变动成本法下，固定制造费用18 000元全被当作期间费用从边际贡献中扣除；在完全成本法下，固定制造费用中有1 800元被吸收在期末尚未销售的1 000件产品中，将以期末存货形式结转至下期。所以在销售收入相同的情况下，变动成本法下扣除了全部的固定制造费用，完全成本法下仅扣除了部分固定制造费用，由此导致变动成本法下计算的营业利润小于完全成本法下计算的营业利润。

二、变动成本法和完全成本法损益计算总结

结合【例6-5】和【例6-6】的计算结果，可以得出以下结论。

（1）当本期生产量大于销售量，完全成本法下计算的损益大于变动成本法下计算的损益。

（2）当本期生产量小于销售量，完全成本法下计算的损益小于变动成本法下计算的

损益。

（3）当本期生产量等于销售量，完全成本法下计算的损益等于变动成本法下计算的损益。

同时，变动成本法下计算的营业利润和完全成本法下计算的营业利润之间差额的计算公式如下。

差额＝期末存货包括的固定制造费用－期初存货包括的固定制造费用

进一步，可得出以下结论。

（1）如果期末存货成本包括的固定制造费用等于期初存货成本包括的固定制造费用（按完全成本法计算），两种方法下计算的损益相等。

（2）如果期末存货成本包括的固定制造费用大于期初存货成本包括的固定制造费用（按完全成本法计算），完全成本法下计算的损益大于变动成本法下计算的损益。

（3）如果期末存货成本包括的固定制造费用小于期初存货成本包括的固定制造费用（按完全成本法计算），完全成本法下计算的损益小于变动成本法下计算的损益。

无论怎样理解，都可以认为引起变动成本法和完全成本计算法下损益差异的主要原因在于固定制造费用。变动成本法把固定制造费用视为期间费用，全部由本期销售产品承担。完全成本法把固定制造费用视为产品成本，由本期销售产品和期末存货承担，进而分别计入本期销售成本和期末存货，而本期期末存货成本又成为未来期间的销售成本。

三、变动成本法的评价

1. 变动成本法的优点

变动成本法是适用于面向未来、加强企业内部管理的需要而产生的。它能够提供反映成本与业务量之间、利润与销售量之间变化规律的信息，有助于加强成本管理，强化管理预测、决策、规划、控制和业绩考核等职能。变动成本法的优点主要包括以下几方面。

（1）促使企业管理者重视市场。采用完全成本法会出现销售量下降，利润反而增长的反向关系，容易助长只重视生产、忽视销售这种潜在危险倾向。这种盲目生产造成产品大量积压，带来经济损失。在变动成本法下，固定成本作为期间费用直接计入当期损益，不必随存货递延到下一期，销售量和利润同方向增减，有利于企业管理部门树立市场观念，努力开发市场，重视销售，减少或避免因盲目生产给企业带来经济损失。

（2）简化成本计算。采用变动成本法，把所有的固定成本都列作期间费用，从边际贡献中直接扣除，节省了许多间接费用的分摊手续，简化了成本计算工作。同时，也防止了间接费用中的主观随意性，特别是在制造费用种类繁多、经营环节复杂的现代化生产经营中，能简化成本核算工作。在多品种生产的企业，变动成本法的上述优点尤为突出。

（3）变动成本法更符合"配比原则"。变动成本法以成本性态为基础分析计算存货成本。一部分是与产品生产数量直接相关的成本，包括直接材料、直接人工和变动制造费用。这部分成本中由已销售产品负担的相应部分需要与销售收入相配比。另一部分则是与产品生产数量无直接联系的成本，即固定制造费用。这部分成本是企业为维持正常生产能力所必须负担的成本，它们与生产能力的利用程度无关，既不会因为产量的提高而增加，也不会因为产量的下降而减少，只会随着时间的推延而丧失，当然应全部列为期间费用而与当期的收益相配比。至于销售费用与管理费用，变动成本法下同样是作为期间费用，只不过在进行相关决策时，也需按成本性态进行划分。

（4）明确部门责任，强化成本控制和业绩评价。在变动成本法下，产品成本取决于各项变动生产成本的高低，固定制造费用列作期间费用，所以在一定产量条件下，利润对销量的变化更为敏感，这在客观上能够刺激销售。产品销售收入与变动成本的差额是管理会计中的一个重要概念，即边际贡献。以边际贡献减去期间费用就是利润。

（5）能够提供重要的管理信息。采用变动成本法提供的单位变动成本和边际贡献，揭示了业务量与成本水平变化的内在规律，体现了产销量、成本和利润之间的依存关系，提供了各种产品盈利能力的重要资料和经营风险等重要信息。这些都为企业进行本量利分析以及正确地进行成本计划、控制和经营决策提供了重要依据，增强了成本信息的有用性，有利于企业进行短期决策。产品销售不仅是企业实现收入和利润的必要条件，也是充分条件。而在完全成本法下，多生产即可多得利润，这当然有悖于逻辑规律。变动成本法将产品制造成本按成本性态划分为变动制造费用和固定制造费用两部分，认为只有变动制造费用才构成产品成本。变动成本法认为固定制造费用转销的时间选择十分重要，它应该属于为取得收益而已经丧失的成本。

2. 变动成本法的缺点

（1）不能提供完整的产品定价决策信息。产品定价需要知道产品的全部成本信息资料，而变动成本法只是将变动制造费用计入产品成本中，将固定制造费用计入期间成本，产品成本信息中缺失了固定制造费用。固定制造费用作为生产过程中发生的实际耗费，应当包括在产品成本中，如果不包含这部分费用，则成本信息不完整，产品价值明显低于实际价值，不能为企业进行产品的定价决策提供资料。

（2）增加成本核算工作，应用成本较高。变动成本法的首要条件是进行成本性态分析，将成本划分为变动成本和固定成本，尤其是将制造费用划分为变动制造费用和固定制造费用。在实际生产活动中，成本往往是混合成本，影响成本的因素较多，对成本进行性态分析可能是一项复杂的成本计算工作和确认工作，从而增加了企业成本核算费用。

（3）不便于提供对外财务报告。变动成本法下产品存货成本中只包含直接材料、直接人工和变动制造费用三项内容，不包含固定制造费用，而将其列入期间成本处理。因此，变动成本法下期末存货价值将会低于完全成本法下期末存货价值。因存货计价的不完整而对资产计量和收益计量产生影响，从而导致不便编制对外财务报告。

本章要点

本章主要介绍了变动成本法的定义、理论依据和特点，比较分析了变动成本法和完全成本法在成本划分标准、产品成本和期间费用的构成、期末存货计算、损益的计算等方面产生的一系列差异和变动成本法的优缺点。

变动成本法是指在成本按成本性态分析的基础上，产品成本包括变动部分，如直接材料、直接人工和变动制造费用，而不包括固定制造费用。由于对固定制造费用的处理方式不同，变动成本法与完全成本法在成本划分标准、产品成本和期间费用的构成、期末存货计算、损益的计算、提供的信息用途等方面产生了一系列差异。

变动成本法是在成本性态分析的基础上将成本划分为变动成本和固定成本。完全成本法是在成本用途的基础上将成本划分为产品成本和期间费用。在变动成本法下，单位产品成本不包括固定制造费用，固定制造费用直接计入期间费用，因此本期销售成本和期末存货成本不包括任何固定制造费用。在完全成本法下，单位产品成本包括固定制造费用，当期末存货不为零时，本期发生的固定制造费用需要在本期销售成本和期末存货成本之间进行分配。

变动成本法可以促使企业管理者重视销售市场，避免盲目生产，简化成本核算工作，明确部门经济责任，强化成本控制和业绩评价，提供各种产品的会计信息，强化经营管理。但变动成本法也存在一定局限，如不能提供完整的产品定价决策信息，增加成本核算工作，应用成本较高，不便于提供对外财务报告。

案例讨论

变动成本法在联想集团中的应用

1. 企业简介。联想集团成立于1984年，是一家在信息产业内多元化发展的大型企业集团，是富有创新性的国际化科技企业。从1996年开始，联想电脑销量一直位居中国国内市场首位；2004年，联想集团收购IBM PC（个人电脑）事业部；2013年，联想电脑销售量升居世界第一位，成为全球最大的PC生产厂商。2014年10月，联想集团宣布该企业已经完成对M企业的收购。联想集团主要生产智能电视、主板、手机、台式电脑、服务器、笔记本电脑、一体机电脑等商品。

2. 联想集团应用变动成本法案例分析。联想集团某型号产品，2014年产量为500 000台，实际销售量为450 000台；2015年产量为450 000台，全年最终实际销售量为500 000台。两年中，该产品在市场上的实际销售价格均为0.3万元，其中单位变动成本为0.12万元，单位变动销售费用为0.06万元。2014年和2015年，企业的固定制造费用无变化，均为3 000万元，固定销售及管理费用均为10 000万元。那么，对于2014年和2015年两年的营业利润，应用完全成本法和变动成本法进行核算，分别如下。

变动成本法：

2014年：450 000×0.3-450 000×（0.12+0.06）-13 000=41 000（万元）；

2015年：500 000×0.3-500 000×（0.12+0.06）-13 000=47 000（万元）。

完全成本法：

2014年：450 000×（0.3-0.12-0.06-3 000/500 000）-10 000=41 300（万元）；

2015年：500 000×0.3-450 000×（0.12+0.06+3 000/450 000）-50 000×（0.12+0.06+3 000/500 000）-10 000=45 000（万元）。

第六章　变动成本法

通过以上计算可以看出，同一时期在不同的会计核算方法下，税前利润结果是不同的。2014 年，完全成本法下的税前利润为 41 300 万元，高于变动成本法下的税前利润 41 000 万元，而 2014 年销量 450 000 台却低于 2014 年产量 500 000 台；2015 年，完全成本法下的税前利润为 45 000 万元，低于变动成本法下的税前利润 47 000 万元，而 2015 年销量 500 000 台却高于 2015 年产量 450 000 台。在 2014 年、2015 年两年之内，联想集团的销售和税前利润之间是相互脱节的，如果采用完全成本法核算，销售得越多反而利润越低，最终企业利润表中的当期税前利润和联想集团的实际经营情况并不相符。

在这种情况下，完全成本法所提供的会计信息是不真实的，最终会造成会计信息失真，进而影响企业决策。如果采用完全成本法核算，企业期末存货成本被当作库存商品，这部分库存商品就被视为"未来可卖出的收益资产"，被计入资产负债表中，只有库存商品销售后才能作为主营业务成本，成为销售当期收入的扣减项，这就造成虚增企业生产当期的税前利润，而非销售当期税前利润。如果采用变动成本法核算，期末存货成本计入下个会计周期，2014 年和 2015 年计算出的企业税前利润就能够真实体现企业实际的销售和税前利润正相关的关系，即销售得越多，税前利润越高；反之则税前利润越低。这有利于企业决策者做出准确的决策。

虽然变动成本法能够帮助企业内部管理者根据税前利润做出准确决策，但是变动成本法也有无法避免的缺点。它单纯强调边际贡献而忽视固定成本，可能导致企业不能充分发挥生产能力，且无法满足企业多方位的成本信息需求，并与传统的成本计算方法相违背。在变动成本法下，要将存货中的固定性制造费用剔除，并作为当期期间费用处理，从而减少当期税前利润。只有当被剔除了固定性制造费用的存货销售后，才能补回减少的税前利润，这样就会影响当期股东或者企业管理者的分红金额。这样一来，在税前利润确定上与完全成本法发生差异会暂时影响企业及其利益相关者的利益，难以为企业管理者和股东所接受。从货币的时间价值因素看，会影响各方面的实际利益。此时，销量即使减少，利润表中也可能出现利润增加的情况。因此，可能会使管理者做出继续增加产量的错误决策。

其实，变动成本法主要目的在于变动成本对存货成本的影响，关键在于将最终结转为存货成本的制造成本分为变动制造成本与固定制造成本。固定制造成本计入当期损益而变动成本计入存货成本，但这样在期末会出现与会计准则的不同之处。在变动成本法下，期末的存货中只包含有变动制造成本，期末报表中的成本需要将存货的固定制造费用加进去。因此，需要将固定制造成本在已销产品与未销产品之间进行分配，在期末将未销产品应负担的固定制造成本转到存货成本下。

问题：采用变动成本法和完全成本法计算成本对联想集团的成本计算有何影响？

练习题

一、单项选择题

1. 下列各项中，能构成变动成本法下产品成本内容的是（　　）。
   A. 变动成本　　　　　　　　　　　　B. 固定成本

C. 生产成本　　　　　　　　　　D. 变动生产成本

2. 在变动成本法下，固定性制造费用应列作（　　）。

A. 非生产成本　　　　　　　　　B. 期间费用

C. 产品成本　　　　　　　　　　D. 直接成本

3. 完全成本法下期间费用包括（　　）。

A. 直接材料　　　　　　　　　　B. 变动性制造费用

C. 销售成本及管理成本　　　　　D. 固定性制造费用

4. 在原始成本资料相同的条件下，变动成本法下的单位产品成本比完全成本法下的单位产品成本（　　）。

A. 相同　　　　　　　　　　　　B. 大

C. 小　　　　　　　　　　　　　D. 无法确定

5. 某企业生产25件产品，耗用直接材料100元，直接人工60元，变动制造费用90元，固定制造费用60元，则在变动成本法下单位产品成本为（　　）元。

A. 15　　　　　　　　　　　　　B. 10

C. 8　　　　　　　　　　　　　 D. 5

6. 在变动成本法下，销售收入减去变动成本等于（　　）。

A. 销售毛利　　　　　　　　　　B. 税后利润

C. 税前利润　　　　　　　　　　D. 边际贡献

7. 变动成本法的分析依据是（　　）。

A. 成本性态　　　　　　　　　　B. 经济用途

C. 管理决策　　　　　　　　　　D. 计划控制

8. 变动成本法下，本期销售成本的计算公式是（　　）。

A. 本期销售成本=单位产品成本×本期生产量

B. 本期销售成本=单位产品成本×本期销售量

C. 本期销售成本=期末产品成本+本期生产成本-期初存货成本

D. 本期销售成本=期初产品成本+本期生产成本-期末存货成本

9. 造成某期变动成本法与完全成本法确定的营业利润不相等的根本原因是（　　）。

A. 两种方法下计入当期损益的固定生产成本不同

B. 两种方法对固定制造费用的处理方式不同

C. 两种方法计算销售收入的方式不同

D. 两种方法计算期间费用的方式不同

10. 完全成本法与变动成本法下，产品成本都包括（　　）。

A. 直接材料、直接人工和直接费用

B. 变动制造费用

C. 固定制造费用

D. 直接材料、直接人工和制造费用

二、多项选择题

1. 完全成本法和变动成本法的区别在于（　　）。
   A. 产品成本的内容　　　　　　　　B. 净收益额
   C. 利润表格式　　　　　　　　　　D. 期末存货成本的内容

2. 变动成本法下的期间成本有（　　）。
   A. 变动销售费用　　　　　　　　　B. 固定销售费用
   C. 固定制造费用　　　　　　　　　D. 全部管理费用

3. 变动成本法下，（　　）对期末存货成本没有影响。
   A. 管理费用　　　　　　　　　　　B. 变动销售费用
   C. 变动制造费用　　　　　　　　　D. 固定制造费用

4. 成本按习性进行分类，变动成本包括（　　）。
   A. 变动生产成本　　　　　　　　　B. 直接材料
   C. 变动制造费用　　　　　　　　　D. 变动销售及管理费用

5. 在变动成本法下，销售产品变动成本主要依据（　　）进行计算。
   A. 销售产品变动生产成本　　　　　B. 本期销售量
   C. 期初存货成本　　　　　　　　　D. 销售产品变动销售费用

6. 变动成本法使用的利润表与完全成本法使用的传统利润表的共同指标有（　　）。
   A. 营业收入　　　　　　　　　　　B. 变动成本
   C. 边际贡献　　　　　　　　　　　D. 营业利润

7. 变动成本法所提供的信息对强化企业管理有相当大的积极作用，如（　　）。
   A. 加强成本管理　　　　　　　　　B. 促进以销定产
   C. 调动企业增产积极性　　　　　　D. 简化成本计算

8. 在完全成本法下，销售量比上期增长但企业的盈利下降的原因可能有（　　）。
   A. 产品价格下降　　　　　　　　　B. 固定成本上升
   C. 变动成本上升　　　　　　　　　D. 产量下降

9. 变动成本法的理论依据有（　　）。
   A. 所有的成本分为生产成本和非生产成本
   B. 只有成本随产量变动而成比例变动的部分确认为产品成本
   C. 固定制造费用不随产量的增减变化而变化
   D. 产品的生产成本并不都与产品有关

10. 下列属于变动成本法下产品成本项目的有（　　）。
    A. 生产工人工资　　　　　　　　　B. 车间管理人员工资
    C. 厂房保险费　　　　　　　　　　D. 原材料

三、判断题

（　　）1. 变动成本法有利于企业的未来长期规划和决策。

（　　）2. 完全成本法下的利润不仅受销量的影响也受产量的影响。

（ ）3. 按照变动成本法计算的利润总是低于按照完全成本法计算的利润。

（ ）4. 变动成本法强调销售环节对企业利润的贡献，完全成本法强调生产环节对企业利润的贡献。

（ ）5. 完全成本法是以成本性态分析为基础的。

（ ）6. 从长期来看，变动成本法与完全成本法计算的利润一致，但变动成本法有助于业绩评价。

（ ）7. 变动成本法提供的成本信息是完整的，可以直接进行定价决策。

（ ）8. 变动成本法下产量的高低和存货的增减对利润没有影响。

（ ）9. 按变动成本法的介绍，期间费用只包括固定成本。

（ ）10. 两种成本法计入当期利润表的期间费用，虽然形式上不同，但实质上相同。

四、业务题

1. 某企业 20×9 年生产一种产品，有关资料如下：本年度生产量为 5 000 件，销售单价为 18 元/件，直接材料费为 20 000 元，直接人工费为 5 000 元，变动制造费用为 20 000 元，固定制造费用为 20 000 元，销售及管理费用为 10 000 元。

要求：

（1）按照完全成本法和变动成本法计算单位产品成本。

（2）假设本年度销售产品 5 000 件，期初无存货，按照完全成本法和变动成本法计算该企业当年的利润。

2. 某企业生产甲产品，单位直接材料成本为 20 元，单位直接人工成本为 15 元，单位变动制造费用为 10 元，单位变动销售及管理费用为 8 元，固定制造费用总额为 8 000 元，固定销售及管理费用为 3 000 元。期初存货为零，本期产量为 2 000 件，销售 1 600 件，单位售价为 100 元。要求：在表 6-9 中分别按两种成本法的有关公式计算相关指标。

表 6-9　按两种方法的有关公式计算相关指标

项目	变动成本法	完全成本法
单位产品成本		
期间费用		
销售成本		
营业利润		

3. 某企业只生产一种产品，第一、第二年的产量分别为 170 000 件和 140 000 件，销售量分别为 140 000 件和 160 000 件，存货计价采用先进先出法。产品单价为 5 元，单位变动生产成本为 3 元，每年固定制造费用的发生额为 150 000 元。销售及管理费用都是固定的，每年发生额为 65 000 元。

要求：

分别采用变动成本法和完全成本法计算确定第一、第二年的营业利润。

4. 某厂只生产并销售甲产品，单价为 43 元，直接材料成本为 21 000 元，直接人工为 27 000 元，单位变动制造费用为 6 元，单位变动销售及管理费用为 4 元，固定制造费用为 35 000 元，固定销售及管理费用为 20 000 元。生产量为 5 000 件，销售量为 4 500 件，期初存货为零。

要求：

分别采用变动成本法和完全成本法为该厂编制利润表。

第七章

作业成本法

本章结构图

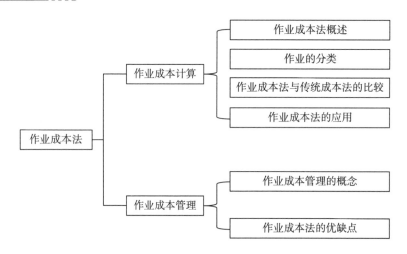

本章学习目标

➢ 理解作业成本法的含义与特点。
➢ 掌握作业成本的计算。
➢ 了解作业成本管理。

随着产品生产机械化程度的提高，企业产品的成本结构也发生了重大变化，直接人工成本下降，制造费用的比重逐渐上升。因此，制造费用的分配是否科学在很大程度上决定了产品成本计算的准确性和有效性。传统成本计算法下制造费用按照产量分配，但实际上很多项目与生产批次等其他变量关系更为密切，针对这一缺陷，提出了作业成本法。

第一节 作业成本计算

产品生产成本主要包括直接材料、直接人工、制造费用，传统成本计算法重视对直接材料、直接人工等直接成本的计算和控制，而对制造费用等间接费用一般采用按产品的直接人工工时进行分配。如果人工成本是产品成本的主要构成部分，或者所生产的产品品种很少，制造费用不高，这样的分配结果还较为客观。但目前社会正步入知识经济的高新科技时代，由于人工被机器取代，产品成本中的直接人工成本大幅度降低，制造费用的数额则发生了很大的变化，它不仅包括与产品产量直接相关的部分，还包括与产品产量不相关的服务性制造费用。成本构成内容的变化，使成本控制的重点逐步由直接材料、直接人工转向制造费用。因此，为了适应新的发展情况，使制造费用的分配更准确，提出了作业成本法。

一、作业成本法概述

作业成本法又称作业量基准成本计算方法，是以作业为核心，确认和计量耗用企业资源的所有作业，将耗用的资源成本准确地计入作业，然后选择成本动因，将所有作业成本分配给成本计算对象的一种成本计算方法。作业成本法认为企业的生产经营过程是为最终满足顾客需要而设计的一系列作业的集合，每一项作业都要耗用一定的资源。产品成本是全部作业消耗资源总和，产品的材料、人工和其他成本都可以直接归属于产品。不能追溯到产品的成本，则需要先追溯到有关作业或分派到作业，计算作业成本，然后再将作业成本分配到有关产品。

作业成本法的核心概念有作业、成本动因和成本库。

（1）作业。作业是作业成本法计算和作业管理的核心，是指企业中特定组织（成本中心、部门）重复执行的任务或活动，是作业成本计算系统中的成本归集单元。一个作业可能是一个事件、任务或者具体目的的工作单元，如签订采购合同、对产品进行质量检验、材料入库等。一项作业可以是具体的活动，如车床作业；也可以泛指一系列相互联系、能够实现某种特定功能的作业集合，称为作业中心。作业中心所耗费的资源形成了作业成本库。每一个作业也可以成为其他作业的内容，各种作业彼此形成企业作业链。

（2）成本动因。成本动因又称成本驱动因子，是指作业成本或产品成本的驱动因素，是导致资源消耗变化、影响质量和周期时间的事件和情形，反映作业所耗用的成本，揭示执行作业的原因和作业消耗资源的大小。在作业成本法中，成本动因分为资源成本动因和作业成本动因。

①资源成本动因。资源成本动因是引起作业成本增加的驱动因素，用来衡量一项作业的资源消耗量，依据资源成本动因可以将资源成本分配给各有关作业。例如，产品质量检验需要检验人员、专用设备，并耗用一定的能源。检验作业作为成本对象，耗用的各项资源构成了检验作业的成本。

②作业成本动因。作业成本动因是衡量一个成本对象需要的作业量，是产品成本增加的驱动因素。作业成本动因计量各成本对象耗用作业的情况，被用来作为作业成本的分配基础。当存在多个成本动因时，成本动因的选择主要考虑相关性原则和成本效益原则。如果数据采集成本太大，则可能使得作业成本法无法实施。

(3) 成本库。成本库也被称为作业成本中心，是指按成本动因确定的、可用一项成本动因解释成本变动的一项作业或一组性质相似、相互联系、能够实现某种特定功能的作业组的成本归集和分析的基本单位。归集在一个成本库内的成本具有同质性，即这些成本是由相同的成本动因引起的。每个成本库可以归集人工、直接材料、机器设备、管理费用等。成本库的数量和成本动因的数量是一致的。

二、作业的分类

1. 按是否增加顾客价值区分

按是否增加顾客价值，作业可以分为增值作业和非增值作业。增值作业和非增值作业的划分依据为能否增加顾客的效用。增值作业是指增加顾客价值的作业，也就是这种作业的增减变动会导致顾客价值的增减变动。非增值作业虽然也消耗资源，但并不是合理消耗，这种作业的增加或减少不会影响顾客价值的大小。一般在制造企业中，非增值作业有等待作业、废品清理作业、次品处理作业、返工作业、无效率作业等。

2. 按与产品联系程度区分

按与产品联系程度，作业可以分为单位级作业、批次级作业、品种级作业和生产维持级作业。

（1）单位级作业。单位级作业是指每一单位产品要执行的作业。这类作业所消耗的成本随产品数量成比例变动，如机器加工、组装。单位级作业成本是直接成本，可以追溯到每个单位产品上。

（2）批次级作业。批次级作业是指同时服务于每批产品的作业。这类作业所消耗的成本与产品批次成比例变动，如成批采购、检验等。批次级作业成本需要单独进行归集，计算每批次的成本，然后分配给不同批次，最后根据产品的数量在产品间进行分配。

（3）品种级作业。品种级作业是指服务于某种型号产品的作业。这类作业所消耗的成本与产品项目种类成比例变动，如工艺改造、产品更新等。品种级作业随产品品种数的变化而变化。

（4）生产维持级作业。生产维持级作业是指服务于整个企业的作业，它是为支持整体生产经营、维持产品生产能力而发生的，如保安、维修、行政管理等。它们是为了维护生产而进行的作业，不依赖于产品的数量、批次和种类。无法追溯到单位产品，并且与批次和产品品种无明显关系的成本都属于生产维持级成本。

三、作业成本法与传统成本法的比较

1. 成本核算对象不同

传统产品成本核算对象是产品，以产品发生的费用作为成本归集对象。作业成本法以作业为基本的成本计算对象，关注成本发生的前因后果，强调按照作业对资源、成本对象对作业消耗的实际情况进行成本分配。

2. 成本计算程序不同

与传统成本制度相比，作业成本制度要求首先要确认费用单位从事了什么作业，计算每种作业所发生的成本。然后，以这种产品对作业的需求为基础，将成本追踪到产品。

3. 成本核算范围不同

在传统成本核算制度下，成本的核算范围是产品成本。在作业成本制度下，作业成本法的核算范围不仅包括产品成本，还包括作业成本和动因成本。

4. 费用分配标准不同

传统成本法是用数量动因将成本分配到产品，分配标准一般是工时或机器小时，其分配标准比较单一。作业成本法注重间接计入费用的归集与分配，设置多样化作业成本库，采用多样化成本动因作为成本分配标准，使成本归集明细化，从而提高成本的可归属性。

5. 提供的成本信息不同

传统成本法提供的是企业最终产品的成本相关信息，由于制造费用的分配采用单一标准，当产品成本中制造费用比重较大时，成本信息的可利用价值相对较差。作业成本法采用了多成本动因标准，拓宽了成本计算的范围，不但提供了产品成本，还提供了作业成本、动因成本信息，为成本控制和相关决策提供了价值资料。

四、作业成本法的应用

作业成本计算的基本程序为：首先，确认作业或作业中心，建立成本库，将资源耗费价值归集到各作业成本库；其次，选择成本动因；最后，计算每个成本库的成本分配率，分配作业成本到产品中。

某公司有 A、B 两个生产部门，分别生产甲、乙、丙、丁四种产品，产品销售及成本资料如表 7-1 所示。

表 7-1　产品销售及成本资料

项目	A 部门			B 部门			合计
	甲产品	乙产品	小计	丙产品	丁产品	小计	
销售量/件	1 000	800		1 000	500		
单价/元	27.5	30		30	35		
直接材料/元	10 000	6 400	16 400	9 000	7 500	16 500	32 900
直接人工/元	3 000	1 600	4 600	3 000	1 000	4 000	8 600
制造费用/元			11 084			10 240	21 324
其中：生产准备/元			684			960	1 644
生产监督/元			1 200			1 200	2 400
机器耗费/元			9 200			8 080	17 280
服务部门费用/元							11 810
购货/元							560
材料处理/元							4 200
仓储/元							1 800
发货/元							1 650
动力/元							3 600
销售费用/元							7 920

1. 按传统成本计算法计算成本

采用传统成本计算法，间接费用按部门分配情况如表7-2所示。

表7-2 传统成本计算法下间接费用分配表

单位：元

项目	A部门	B部门	合计
制造费用	11 084	10 240	21 324
其中：生产准备	684	960	1 644
生产监督	1 200	1 200	2 400
机器耗费	9 200	8 080	17 280
服务部门费用	6 105	5 705	11 810
采购部门	2 373	2 387	4 760
仓储部门	1 882	1 568	3 450
动力部门	1 850	1 750	3 600
合计	17 189	15 945	33 134

将制造费用按各产品的机器工时比例分配计入各产品成本。各产品成本情况表如表7-3所示。在传统成本法下，产品成本主要包括原材料、直接人工和制造费用。

表7-3 传统成本计算法下产品成本情况表

单位：元

项目	甲		乙		丙		丁		合计
	总成本	单位成本	总成本	单位成本	总成本	单位成本	总成本	单位成本	总成本
直接材料	10 000	10	6 400	8	9 000	9	7 500	15	32 900
直接人工	3 000	3	1 600	2	3 000	3	1 000	2	8 600
制造费用	11 614	11.614	5 575	6.969	9 111	9.111	6 834	13.668	33134
合计	24 614	24.614	13 575	16.969	21 111	21.111	15 334	30.668	74 634

2. 按作业成本计算法计算成本

（1）作业成本法把直接成本和间接成本共同作为产品消耗作业的成本对待，拓宽了产品成本的计算范围。根据作业成本法核算程序，确定作业成本库并归集费用，结果如表7-4所示。

表7-4 作业成本库及其费用归集

单位：元

作业成本库	费用额	作业成本库	费用额
生产准备	1 644	产品存储	1 800
生产监督	2 400	商品发出	1 650
机器耗费	17 280	动力	3 600
订购	560	销售	7 920
材料处理	4 200		

（2）通过对产品与作业的关系分析，确定成本动因，如表7-5所示。

表7-5 各产品成本动因

成本动因	甲产品	乙产品	丙产品	丁产品
批量生产规模/件	100	50	100	25
生产批次/次	10	16	10	20
准备时间/小时	1.5	2	1	4
监督时间/小时	75	40	75	50
单位产品机器工时/小时	0.5	0.3	0.4	0.6
每次订货次数/次	2	4	2	2
单位产品原材料投入量/千克	2	5	2	4
平均库存量/件	50	100	100	150
发出产品次数/次	10	40	50	10
销售人员所耗时间	32	160	200	400

（3）根据作业成本及成本动因，计算成本动因率（分配率）及各产品应分配的各项作业成本额，如表7-6所示。

表7-6 各产品应分配的作业成本

作业成本库	分配率/(元·件$^{-1}$)	产品应分配的作业成本				
		甲产品/元	乙产品/元	丙产品/元	丁产品/元	合计/元
生产准备	12	180	384	120	960	1 644
生产监督	10	750	400	750	500	2 400
机器耗费	12	6 000	2 880	4 800	3 600	17 280
订购	56	112	224	112	112	560
材料处理	0.42	840	1 680	840	840	4 200
产品存储	4.5	225	450	450	675	1 800
商品发出	15	150	600	750	150	1 650
动力	2.5	1 250	600	1 000	750	3 600
销售	10	320	1 600	2 000	4 000	7 920
合计		9 827	8 818	10 822	11 587	41 054

生产准备作业分配率=1 644÷(10×1.5+16×2+10×1+20×4)=12（元/件）；

甲产品应分配的作业成本=12×10×1.5=180（元），乙产品应分配的作业成本=12×16×2=384（元），丙产品应分配的作业成本=12×10×1=120（元），丁产品应分配的作业成本=12×20×4=960（元）。

生产监督作业分配率=2 400÷(75+40+75+50)=10（元/件）；

甲产品应分配的作业成本=75×10=750（元），乙产品应分配的作业成本=40×10=400（元），丙产品应分配的作业成本=75×10=750（元），丁产品应分配的作业成本=50×10=500（元）。

机器耗费作业分配率=17 280÷(1 000×0.5+800×0.3+1 000×0.4+500×0.6)=12（元/件）；

甲产品应分配的作业成本=12×1 000×0.5=6 000（元），乙产品应分配的作业成本=12×800×0.3=2 880（元），丙产品应分配的作业成本=12×1 000×0.4=4 800（元），丁产品应分配的作业成本=12×500×0.6=3 600（元）。

订购作业分配率=560÷(2+4+2+2)=56（元/件）；

甲产品应分配的作业成本=2×56=112（元），乙产品应分配的作业成本=4×56=224（元），丙产品应分配的作业成本=2×56=112（元），丁产品应分配的作业成本=2×56=112（元）。

材料处理作业分配率=4 200÷(1 000×2+800×5+1 000×2+500×4)=0.42（元/件）；

甲产品应分配的作业成本=2×1 000×0.42=840（元），乙产品应分配的作业成本=5×800×0.42=1 680（元），丙产品应分配的作业成本=2×1 000×0.42=840（元），丁产品应分配的作业成本=4×500×0.42=840（元）。

产品存储作业分配率=1 800÷(50+100+100+150)=4.5（元/件）；

甲产品应分配的作业成本=50×4.5=225（元），乙产品应分配的作业成本=100×4.5=450（元），丙产品应分配的作业成本=100×4.5=450（元），丁产品应分配的作业成本=150×4.5=675（元）。

商品发出作业分配率=1 650÷(10+40+50+10)=15（元/件）；

甲产品应分配的作业成本=10×15=150（元），乙产品应分配的作业成本=15×40=600（元），丙产品应分配的作业成本=50×15=750（元），丁产品应分配的作业成本=10×15=150（元）。

动力作业分配率=3 600÷(1 000×0.5+800×0.3+1 000×0.4+500×0.6)=2.5（元/件）；

甲产品应分配的作业成本=0.5×1 000×2.5=1 250（元），乙产品应分配的作业成本=0.3×800×2.5=600（元），丙产品应分配的作业成本=0.4×1 000×2.5=1 000（元），丁产品应分配的作业成本=0.6×500×2.5=750（元）。

销售发出作业分配率=7 920÷(32+160+200+400)=10（元/件）；

甲产品应分配的作业成本=10×32=320（元），乙产品应分配的作业成本=10×160=1 600（元），丙产品应分配的作业成本=10×200=2 000（元），丁产品应分配的作业成本=10×400=4 000（元）。

（4）计算各产品总成本和单位成本，如表7-7所示。

表7-7　各产品总成本和单位成本

单位：元

产品名称	直接材料		直接人工		制造费用		销售费用		合计	
	总成本	单位成本	总成本	单位成本	总成本	单位成本	总成本	单位成本	总成本	单位成本
甲产品	10 000	10	3 000	3	9 507	9.507	320	0.32	22 827	22.827
乙产品	6 400	8	1 600	2	7 218	9.023	1 600	2	16 818	21.023
丙产品	9 000	9	3 000	3	8 822	8.822	2 000	2	22 822	22.822
丁产品	7 500	15	1 000	2	7 587	15.174	4 000	8	20 087	40.174

通过比较作业成本法和传统计算法可以看出，在作业成本法下，丁产品是亏损产品，其单位成本为40.174元，而单位售价仅为35元，每件亏损5.174元。但用传统成本计算法计算，丁产品却是盈利产品，每件可以盈利35-30.668=4.332（元）。这主要是因为丁产品每批生产量少，每次生产准备时间长，单位产品机器小时多、存货量大、需要销售时间较多。因此，丁产品消耗的作业量较多。另外，销售费用在传统成本法中没有计入产品成本，也是原因之一。

在作业成本法下，制造费用按作业分成不同部分，每部分费用按不同的成本动因率和所消耗的作业量分配。因为丁产品消耗作业量多，其成本自然也就较高。可见，作业成本法的费用分配合理、准确。而传统的成本计算方法，间接费用是按产量、机器工时等与生产业务量有关的分配标准进行分配的，没有考虑各种产品耗用作业量的情况，所以计算结果自然与实际情况有所不符。

第二节 作业成本管理

一、作业成本管理的概念

作业成本管理是应用作业成本计算提供的信息，从成本的角度，在管理中努力提高能增加顾客价值的作业效率，消除、遏制无法增加顾客价值的作业，实现企业生产流程和生产经营效率效果的持续改善，增加企业自身价值。

作业成本管理一般包括以下几个步骤：确认和分析作业、作业链——价值链分析和成本动因分析、业绩评价及报告非增值作业成本。其中，作业分析又包括辨别不必要或非增值作业、对重点增值作业进行分析、将作业与先进水平进行比较、分析作业之间的联系等。

二、作业成本法的优缺点

由于作业成本法在成本归集同质性和成本分配表中的因果性方面大大优于传统成本计算法，所以这种方法日益受到人们的青睐。

1. 作业成本法的优点

（1）可以提供更准确的成本信息，具有较高的决策相关性。提供成本信息的目的主要是用于决策，而在涉及长期和战略决策时，传统成本计算方法所提供的成本信息已无法满足需要；因为在生产制造过程中，变动成本的比重越来越小，固定费用的比重不断增大，将成本划分为产品成本和期间费用的意义正在渐渐消失。而作业成本法一方面扩大了追溯到个别产品的成本比例，减少了成本分配对于产成品成本的扭曲；另一方面采用多种成本动因作为间接成本的分配基础，使得分配基础与被分配成本的相关性得到了改善。通过选组成本动因，明确地将费用和作业联系起来，揭示了影响成本动因的决策会如何影响成本的发生，从而使决策者可以直接了解费用成本的细节，更清晰地明确费用发生的原因及变动情况，从而可以提高经营决策的质量，包括定价决策、扩大生产规模、放弃产品线等经营决策。

（2）提供更有意义的非财务信息。由于作业成本法是通过对各种不同性质的作业进行划分，并按照实际消耗资源的作业来归集和分配作业成本的，因此，作业成本法能确认作业是否具有效率性、提供增值作业和非增值作业的原因及完成情况等非财务信息，通过作业成本法了解产品作业的整个过程，使管理人员知道成本是如何发生的。根据成本动因，使管理者将注意力集中于成本动因的耗用上，而不仅仅是关心产量多少和直接人工的高低。从成本动因上改进成本控制，包括改进产品的设计和生产流程等，从而消除非增值作业，提高增值作业的效率，有助于持续降低成本，消除浪费。

（3）优化产品组合，提高企业战略决策的水平。作业成本法最大的特点是对与产量不相关的制造费用的处理方法优于传统成本计算法，通过对间接成本的精确计算为企业管理提供更为全面、精准的成本信息。例如，价值链分析是企业用于评估客户价值感知重要性的一个战略分析工具。它包括确定当前成本和绩效标准，并评估整个供应链中哪些环节可以增加顾客价值、减少成本费用的一整套工具和程序。由于产品价值是由一系列作业创造的，企业价值链也就是作业链。价值链分析需要识别供应作业、生产作业和分销作业，并且识别每项作业的成本驱动因素，以及各项作业之间的关系。再如，成本领先战略是公司竞争战略的选择之一。实现成本领先战略，除了规模经济之外，需要有低成本完成作业的资源和技能。这种有别于竞争对手的资源和技能，同时也来源于技术的创新和对作业的持续性管理。

2. 作业成本法的局限性

（1）开发与维护的费用较高。作业成本法的成本动因多于传统成本计算法，成本动因的数量越大，开发和维护所需要的费用就越高。即使现代企业大多拥有了计算机和数据库技术，采用作业成本法仍然是一件成本很高的事情。如果将作业成本法积极作为一项创举，而不通过作业成本数据的使用来改善企业决策和作业管理、提升企业的竞争力，则可能得不偿失。

（2）成本动因确定较难。作业成本法中间接成本并非都与特定的成本动因相关。有时找不到与成本相关的驱动因素，或者若干驱动因素与成本的相关程度都比较低，或者取得驱动因素数据的成本很高，因此会出现人为因素的主观分配，这样不仅为作业成本的有效实施增加了难度，同时也为管理层人为地操纵成本提供了可能，扭曲产品成本的数据信息，导致难以进行审计。

（3）不符合对外报送财务报告的需要。对于采用作业成本法的企业，为了使对外财务报告符合会计准则的要求，还需要重新调整成本数据，这种调整与传统成本计算法相比，不仅工作量大，而且技术难度高，有可能出现混乱的现象。

（4）不利于企业管理控制。传统成本计算法是按照部门建立成本中心，为实施责任会计和业绩评价提供了依据。而作业成本系统的成本库与企业的组织架构不一致，不利于提供企业管理控制的信息，因此许多管理人员和会计人员持反对态度。作业成本法倾向于以牺牲管理控制信息为代价来换取经营决策信息的改善，在一定程度上减少了会计数据对管理控制的有用性。

第七章 作业成本法

本章要点

本章主要阐述了作业成本法的相关概念与应用，包括作业成本法的概念、作业成本法核算的方法等具体内容。尽管作业成本法的应用还不广泛，但对于一些企业而言，采用作业成本法进行生产成本的核算更加合理、准确。本章通过实例比较了作业成本法与传统成本计算方法的区别。作业成本法核算的基本程序包括以下六个步骤：（1）选择成本基础；（2）确认作业，划分作业中心；（3）以作业中心为成本库归集成本费用；（4）选择适当的成本动因；（5）确定作业成本中心分配率；（6）计算产品成本。

案例讨论

作业成本法在顺丰公司的简单应用

1. 确定顺丰业务流程，并进行作业认定。顺丰的业务流程主要包括五大作业环节，即收派、分拣集散、中转运输、辅助生产、管理协调。其中，收派、分拣集散、中转运输这三个环节是顺丰主要的作业环节；后两个环节（辅助生产、管理协调）属于作业中心的支持系统，根据前三个环节构建作业成本库，如表7-8所示。

表7-8 顺丰的业务流程作业成本库

作业成本中心	细分作业	成本动因
收派作业中心	受理	客户数
	填单	收件数
	包装	件数
	称重	
	结账	
分拣集散作业中心	分拣	机器工时
	运输准备	件数
中转运输作业中心	交通准备	件数
	运输工具	实效

2. 分配资源费用到各个作业项目。基于作业分析，将各资源库汇集的价值分解分配到每个作业项目。顺丰快递作业涉及的资源有：人工工资、通信费、车辆使用费、燃油费、路桥费、包装材料费、低值易耗品摊销费、折旧费等。顺丰的各项资源按不同的资源动因一一分配到每个作业中心，因此需要确定资源成本分配到作业中心的资源动因。中转运输的成本在顺丰物流成本中占据重要地位，因此这里以运输费为例，如中转运输作业中心动因单位数量为 $Ri(i=1,2,\cdots,n,i$ 表示分入作业的不同资源）；对于资源 i，单位资源动因资源成本为 $Ci(i=1,2,\cdots,n)$，则中转运输作业中心的作业成本为：

$$Cr = \sum Ci \times Ri(i=1 \rightarrow n)$$

顺丰物流中转运输的成本如表7-9所示。

表7-9 顺丰物流中转运输的成本

类别	明细科目	资源动因
运输费用	铁路运输费	路程/次数/重量
	航空运输费	航线/次数
	公路运输费	次数/距离
	车辆保险费	车型/吨位
	燃油费	里程数
	桥路费	次数

3. 归集作业成本并分配计入最终成本对象。在将不同资源成本追溯到各项作业的基础上，得到特定作业分摊到的成本；然后把各项作业的成本分配到不同的产品或其他成本对象。顺丰产品服务多元化，满足客户的个性需求，其主要特色产品服务包含：顺丰标快、顺丰即日、顺丰特惠、超时退费、汽配专运、海购丰运等；同时顺丰的多元产品服务还有报价服务、免费纸箱供应、代收货款、等通知派送、签回单、代付出/入仓费、委托收件、MSG短信通知等。速度成就了顺丰，服务水平和态度更是顺丰的一大优势。

产品成本的具体核算方法：用每种产品或服务耗用的作业成本动因数，乘以上一步得到的作业成本库分摊率，计算出某作业成本库分摊于该产品及服务的成本费用，再将各成本库追溯于该产品或服务的成本汇总相加，算出总的产品或服务成本；最后用该产品的总成本除以该产品总数量，得出该产品单位成本。

4. 计算并评估各项产品的盈利能力。从快递企业成本管理角度看，不能机械地使用作业成本法下的结果，要考虑快件的边际收益。假设顺丰公司从天津市开通一条干线到深圳市，本条线路的标准成本为1.8元/千克。在此干线开通之初，实际业务量大大低于标准核定业务量，运输车辆空置率很高。对于运输企业，发一趟车的成本是相对固定的，只要装载量不超负荷，货物越多，后期毛利越大。因此，业务部门要求以更低的价格吸引业务，从而增加本条干线的实际毛利是正确的。

问题：采用作业成本法对顺丰公司有怎样的影响？

练习题

一、单项选择题

1. 作业成本法的成本核算对象是（　　）。

A. 产品　　　　　　　　　　B. 作业

C. 成本中心　　　　　　　　D. 作业中心

2. 作业成本法的作用是（　　）。

A. 对产品成本控制　　　　　B. 提高成本计算准确度

C. 质量成本分析　　　　　　D. 长期决策投资

3. （　　）是将各项资源费用归集到不同作业的依据，反映了作业与资源的关系。

A. 价值动因　　　　　　　　　　　　B. 作业动因

C. 成本动因　　　　　　　　　　　　D. 资源动因

4. 作业成本法的缺陷是（　　）。

A. 成本动因选择具有一定的主观性　　B. 成本信息失真

C. 成本决策相关性较弱　　　　　　　D. 成本控制较差

5. 作业成本法与传统成本法的主要区别在于对（　　）的不同处理上。

A. 直接材料　　　　　　　　　　　　B. 直接人工

C. 制造费用　　　　　　　　　　　　D. 期间费用

6. 作业成本法下，资源耗用量的多少取决于（　　）的大小。

A. 作业量　　　　　　　　　　　　　B. 产品数量

C. 材料　　　　　　　　　　　　　　D. 员工人数

7. 下列属于生产维持级作业的是（　　）。

A. 人工工时　　　　　　　　　　　　B. 材料转移次数

C. 按产品品种计算的图纸制作份数　　D. 公司的广告费用

8. 检验不同产品所耗用的时间属于（　　）。

A. 业务动因　　　　　　　　　　　　B. 持续动因

C. 强度动因　　　　　　　　　　　　D. 资源动因

9. 根据作业成本管理原理，某制造企业的下列作业中，属于增值作业的是（　　）。

A. 产品检验作业　　　　　　　　　　B. 产品运输作业

C. 零件组装作业　　　　　　　　　　D. 次品返工作业

10. 下列关于作业成本法主要特点的描述中，错误的是（　　）。

A. 产品消耗作业，作业消耗资源

B. 作业成本法下的成本计算过程可以概括为：资源—作业—产品

C. 成本分配必须以追溯或动因分配的方式计入产品成本

D. 成本分配使用众多不同层面的成本动因

二、多项选择题

1. 在作业成本法下，成本计算对象可以分为（　　）多个层次。

A. 作业　　　　　　　　　　　　　　B. 时间中心

C. 资源　　　　　　　　　　　　　　D. 成本

2. 常见的作业水平分类有（　　）。

A. 单位水平作业　　　　　　　　　　B. 批次水平作业

C. 产品水平作业　　　　　　　　　　D. 设施水平作业

3. 作业成本法的适用范围一般为（　　）的企业。

A. 制造费用占产品成本比重小　　　　B. 产品种类繁多，小批量多品种生产

C. 企业生产经营的作业环节较多　　　D. 会计电算化程度高

4. 作业是指为提供服务或产品而耗用企业资源的相关生产经营管理活动，它包括（　　）。

A. 订单处理　　　　　　　　　　　B. 材料处理

C. 设备调试　　　　　　　　　　　D. 质量检查

5. 下列属于批次级作业的有（　　）。

A. 加工零件　　　　　　　　　　　B. 生产准备

C. 工厂管理　　　　　　　　　　　D. 设备调试

6. 传统成本法存在的局限性表现在（　　）。

A. 核算成本高

B. 不能为企业决策和成本控制提供有用信息

C. 成本信息扭曲

D. 不能分配越来越多与工时不相关的费用

7. 作业成本法的局限性有（　　）。

A. 确定成本动因比较困难

B. 实施作业成本法的费用较高

C. 作业成本法不符合对外报送财务报告的需要

D. 作业成本法不利于管理控制

8. 在作业成本计算中，成本动因分为（　　）。

A. 资源成本动因　　　　　　　　　B. 作业成本动因

C. 执行成本动因　　　　　　　　　D. 时间成本动因

9. 与传统产品成本计算法相比，作业成本计算法的主要特点有（　　）。

A. 依据资源动因设置作业成本库

B. 依据成本动因分配作业成本

C. 依据直接人工分配制造费用

D. 依据成本计算对象设置产品成本明细账

10. 作业按其产出方式来分类，一般分为（　　）。

A. 单位级作业　　　　　　　　　　B. 批次级作业

C. 品种级作业　　　　　　　　　　D. 生产维持级作业

三、判断题

（　　）1. 在作业成本法下，制造费用主要以与产出量相关的因素为分配基础。

（　　）2. 资源动因是指资源被各种作业消耗的方式和原因，是作业中心的成本分配到产品中的标准。

（　　）3. 作业动因是将各项资源费用归集到不同作业的依据，反映了作业与资源的关系。

（　　）4. 有几个成本动因，就应建几个成本库。

（　　）5. 作业量的多少决定着资源耗用量的多少，资源耗用量的多少与最终产出量多少有直接关系。

（　　）6. 作业消耗量与企业产出量之间的关系为资源动因。

（　　）7. 作业成本法不仅提高了成本计算精度，更反映了企业的先进管理。

（　　）8. 作业成本法在作业的确认、成本动因的选择和同质成本库的确认上存在一定的主观性。

（　　）9. 成本动因是导致成本发生的原因，是联系成本对象、作业和资源的关系。

（　　）10. 作业链的形成过程，也就是价值链的形成过程。

四、业务题

1. 某企业生产多种产品，采用作业成本法分配制造费用，分配资料如表7-10所示。

表7-10　分配资料

作业	作业动因	作业耗用量	作业成本/元
采购材料	材料数量	5 000 千克	50 000
生产加工	机器小时	7 000 小时	35 000
产品组装	组装小时	4 000 小时	44 000
质量检验	检验次数	200 次	60 000

其中，甲产品消耗材料2 000千克，机器小时100小时，组装小时35小时，检验次数10次。

要求：

（1）计算每种作业分配率。

（2）计算分配到甲产品的制造费用。

2. 假设某企业生产A、B两种产品，其中A产品市场份额高，B产品主要根据客户需求生产。传统成本计算资料如表7-11所示。经过作业分析后，为制造费用和分配建立的作业成本库及其成本动因等资料如表7-12所示。

表7-11　传统成本计算资料

项目	A产品	B产品
产量/件	4 000	1 000
机器小时/小时	500	100
直接人工/元	20 000	8 000
直接材料/元	35 000	10 000
制造费用/元	36 000	

195

表 7-12 作业成本库及其成本动因等资料

作业	作业成本/元	成本动因	作业量 A产品	作业量 B产品	作业量 合计
材料采购	9 000	采购次数/次	40	10	50
生产准备	7 800	准备次数/次	100	30	130
质量检验	6 600	检验次数/次	150	50	200
机器开工	8 400	机器小时/小时	500	100	600
设备维修	4 200	维修小时/小时	120	20	140

要求：

（1）用传统成本计算法计算 A、B 产品成本。

（2）用作业成本法计算 A、B 产品成本。

第八章

标准成本制度

本章结构图

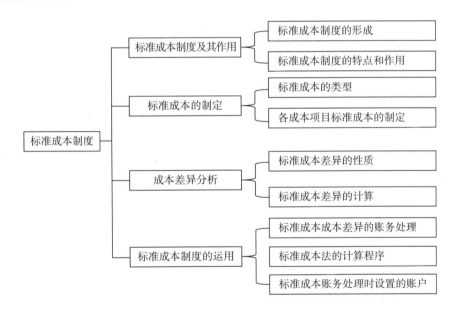

本章学习目标

> 掌握标准成本制度及其作用。
> 理解标准成本制度的制定。
> 掌握成本差异的分析。
> 了解标准成本制度的运用。

第一节 标准成本制度及其作用

一、标准成本制度的形成

标准成本制度是以事先确定的标准成本为基础,用标准成本与实际成本进行比较核算和分析成本差异的一种产品成本计算方法。标准成本制度也是加强成本控制、评价经营业绩的一种成本控制制度。标准成本是企业根据产品的各项标准消耗量(如材料、工时等)及标准费用率事先计算出来的产品的成本。利用标准成本与实际成本的差异,可以分析差异产生的原因,采取相应的措施,控制费用的支出,逐渐达到标准成本的水平,从而可以不断降低产品的实际成本。标准成本制度的核心是按标准成本记录和反映产品成本的形成过程和结构,并借以实现对成本的控制。标准成本制度是目标成本常用的方法。

标准成本制度于 20 世纪 20 年代在美国产生,是泰勒科学管理思想在成本会计中的具体体现。随着社会生产的不断发展以及管理科学的形成,标准成本制度逐渐完善起来。1904 年,泰勒理论的继承者美国效率工程师哈尔顿·爱默森(H. Emeson)首先在美国铁道公司应用标准成本法。1909 年,他在《作为经营和工资基础的效率》一书中进行了更为详尽的研究。他认为,由实际成本制度获得数据既过时又缺乏正确性,而标准成本则能随时显示实际成本与标准成本相比的超额部分,使管理者对低于标准的效率予以关注。1911 年,美国会计师卡特·哈里逊(C. Charter Harrison)第一次设计出了一套完整的标准成本制度。他在 1918 至 1920 年期间发表了一系列文章,其中介绍了一套分析成本差异的公式,并对科目、分类账及其成本分析单叙述得十分详尽。1920 年,在美国全国成本会计师协会召开的首届年会上,会计人员与工程技术人员设计了一套将实际成本与标准成本结合起来的方法,同时设置"效率差异"与"价格差异"科目,核算实际成本、实际材料与其各标准之间的差异。1923 年,随着间接费用差异分析方法的确定,标准成本差异的雏形基本完成。

1930 年,哈里逊把他对标准成本计算所做的研究写成了《标准成本》一书,这本书是世界上第一部论述标准成本制度的专著。他在书中阐述了关于标准成本制度的几个方面内容。E·A·坎曼于 1932 年发表了题为《基本标准成本、制造业的控制会计》的文章,丰富了标准成本理论。从此成本管理会计进入了崭新的发展时期。

二、标准成本制度的特点和作用

1. 标准成本制度的特点

(1)标准成本可以起事前成本控制的作用。

制定的标准成本一般需要经过努力才能达到,这样可以调动广大职工积极工作,使各自负责的成本达到标准成本的要求。因此,成本可以作为企业职工工作努力的目标,作为衡量实际成本节约或超支的尺度。

(2)标准成本可以加强对成本的事中控制。

标准成本制度的重要性在于进行成本的事中控制,用标准成本与实际成本进行比较,可以及时检查差异，分析差异产生的原因，并采取相应的措施加以改进，从而不断减少不利差异，对有利差异不断加以巩固，从而有效地对成本进行控制。

（3）标准成本可以实现事后的成本控制。

对于成本实际执行的结果，应进行分析和总结。对于实际成本与标准成本间的各种差异，要实事求是地进行分析，找出产生差异的各种因素。对于各种因素要分析具体情况，针对不同的情况采取不同的措施，在下一阶段的成本核算工作中使成本不断降低，实现成本的事后控制。

2. 标准成本制度的作用

（1）有利于加强职工的成本意识。

在标准成本制度下，要对各项标准成本指标进行分解，下达到各个部门及每位员工，作为各部门和人员工作的目标。这样，就可以形成人人关心成本核算和成本控制的氛围，增强成本意识，使员工通过自己的工作努力达到标准成本的目标。

（2）有利于成本控制。

成本控制分为事前控制、事中控制、事后控制三个环节。通过事前的成本控制，可以制定出相应的标准成本，对各种资源消耗和各项费用开支规定数量界线，可以事前限制各种消耗和费用的发生；通过事中的成本控制，及时揭示实际成本与标准成本是节约或超支，采取措施对成本核算工作加以改进，纠正不利差异，从而达到既定的成本控制目标；通过事后的成本分析，总结经验，找出差异，提出进一步改进的措施。

（3）有利于价格决策。

标准成本能提供及时、一致的成本信息，消除经营管理工作中低效率、浪费以及偶然因素对成本的影响，避免由于实际成本波动而造成价格波动。以标准成本作为定价的基础更加接近实际情况，并能满足竞争中市场对定价的要求。

（4）有利于简化会计核算工作。

在标准成本制度下，在产品、产成品和销售成本均按标准成本计价，这样可以减少成本核算的工作量，简化日常会计核算工作。

（5）有利于正确评价业绩。

在标准成本制度下，以标准成本作为评估业绩的尺度。由于标准成本通常是指在正常生产条件下制造产品应有的成本额，因此，将本期实际成本与标准成本相比较，就能正确评价企业的工作质量。

第二节　标准成本的制定

产品标准成本的制定是实施标准成本制度的起点和进行成本控制的基础，要制定产品标准成本、以标准成本为依据进行成本控制，首先必须有明确的标准成本。

一、标准成本的类型

标准成本一般有理想标准成本、基本标准成本和现实标准成本三种类型。

1. 理想标准成本

理想标准成本是指企业在最有效的生产经营条件下所达到的成本。这时企业的全部劳动要素都应达到最佳使用状态。理想标准成本是根据最少的耗费量、最低的耗费价格和可能实现的最高生产能力利用程度等条件制定的。但这种情况往往很难达到，所以，将理想标准成本作为短期努力目标不是很现实，只能作为考核的参考指标。

2. 基本标准成本

基本标准成本也称固定标准成本，它是指一经企业制定后，只要生产基本条件变化不大，一般就不予变动的一种标准成本。基本标准成本一经确定，在基本条件没有大的变化的情况下，不经常改变，这样可以使以后各期成本在同一基础上进行比较，以观察成本变动的趋势。但企业的基本条件经常会发生变化，这时还采用标准成本就不能有效发挥成本控制的作用。

3. 现实标准成本

现实标准成本是根据现有的生产技术水平和正常的生产能力，以有效经营条件为基础而制定的标准成本。它考虑了材料的正常损耗、工人一定的间歇时间、机器的故障等因素，但要求经过努力达到尽可能的高效率。通过有效的经营管理和努力，现实标准成本易于达到，在成本管理中能调动职工降低产品成本的积极性。由于现实标准成本是一种切实可行的标准成本，因此在实际工作中常采用这种标准成本。

二、各成本项目标准成本的制定

标准成本是由会计部门会同生产、采购、人事、行政管理、技术等有关责任部门，在对企业生产经营的具体条件进行认真分析研究的基础上共同制定的。由于标准成本的准确性和标准成本控制的实施成效关系很大，因而在确定标准成本时，要求较全面地进行技术经济分析，以便为标准成本控制系统奠定有效的、坚实的基础。

产品标准成本的制定通常按成本项目进行，具体包括直接材料标准成本、直接人工标准成本和制造费用标准成本。

$$标准成本 = 标准数量 \times 标准价格$$

1. 直接材料标准成本的制定

直接材料标准成本是根据产品或零部件的标准耗用量和材料的标准单价计算的。

$$直接材料标准成本 = 产品或零部件某种材料标准耗用量 \times 该种材料标准单价$$

上式中材料的标准耗用量可从工程技术部门提供的制造单位产品所需要的各种原材料消耗量获取，材料的标准单价可由供应部门提供。将产品的零部件等各种材料的标准成本相加，即可计算出产品的直接材料标准成本。

2. 直接工资标准成本的制定

直接工资标准成本是根据零部件的标准工时和小时工资率计算的。

$$直接工资标准成本 = 产品或零部件单位产品的标准工时 \times 小时标准工资率$$

上式中的标准工时应按加工工序来制定，制定标准工时应考虑直接加工工时和工人必要的间歇和停工时间等，单位产品消耗的各工序标准工时由技术部门和生产部门提供；小时标准工资率一般采用计划工资率，一般由人力资源部门提供。将产品各种零部件的标准工资相加，即可计算出产品的直接工资标准成本。

3. 制造费用标准成本的制定

制造费用一般是按责任部门编制制造费用预算的形式确定的，并且按固定制造费用和变动制造费用分别编制，其中变动制造费用一般应按不同的生产量来计算，以适应数量的变动。

$$\text{固定（或变动）制造费用标准成本} = \text{产品或零部件单位产品的标准工时} \times \text{固定（或变动）制造费用标准分配率}$$

上式中固定制造费用标准分配率和变动制造费用标准分配率的计算公式如下：

$$\text{固定制造费用标准分配率} = \text{固定制造费用预算} \div \text{预算工时}$$

$$\text{变动制造费用标准分配率} = \text{变动制造费用预算} \div \text{预算工时}$$

编制好的标准成本单如表 8-1 所示。

表 8-1 标准成本单

产品：甲

项目	数量	单价/元	单位产品成本/元
原材料			
A	2 千克	50.00	100.00
B	1.5 千克	40.00	60.00
C	2.5 尺①	6.00	15.00
D	0.50 升②	24.00	12.00
合计			187.00
人工			
金工车间	0.5 小时	50.00	25.00
装配车间	1 小时	45.00	45.00
合计			70.00
制造费用			
金工车间			
变动制造费用	0.5 小时	30.00	15.00
固定制造费用	0.5 小时	20.00	10.00
小计			25.00
装配车间			
变动制造费用	1 小时	32.00	32.00
固定制造费用	1 小时	20.00	20.00
小计			52.00
制造费用合计			77.00
单位标准成本总计			334.00

将产品各种零部件的固定（或变动）标准制造费用相加，即可计算出产品的制造费用标准成本。

---

① 1 尺 ≈ 33.33 厘米。
② 1 升 = 1 立方分米。

第三节　成本差异分析

产品的标准成本是一种预定的目标成本,是用来控制实际成本的。但是在成本发生的具体过程中,由于种种原因,产品的实际成本与预定的标准成本之间会发生偏差或差额,这种差额就是成本差异。管理则需要分析这种成本差异是有利的还是不利的:若是有利差异,要继续保持;若是不利差异,则需要分析成本差异的原因,并找出降低成本的具体措施,以提高企业的管理效率。

一、标准成本差异的性质

在标准成本法下,成本差异是指在一定时期生产一定数量产品所发生的实际成本与相关的标准成本之间的差异。成本差异可以按照不同的标准划分为以下几类。

(1) 有利差异和不利差异。

标准成本差异是指产品的实际成本与产品的标准成本之间的差额。其计算公式如下:

$$标准成本差异 = 产品的实际成本 - 产品的标准成本$$

如果上式计算的结果为正数,表示实际成本大于标准成本的差异,称为不利差异;如果计算的结果为负数,表示实际成本小于标准成本的差异,称为有利差异。对于不利差异,应及时找出原因,提出进一步改进的措施,以便尽早消除;对于有利差异,也应及时总结经验,巩固成绩。但成本差异表现为有利或不利,只能作为发现问题的信号,绝不能作为经营决策的依据。因此,从这个意义上讲,必须对生产经营中产生的成本差异进行深入的分析研究,寻找其中的具体原因和责任,在此基础之上,制定相应的措施、实施成本控制,从而在真正意义上强化标准成本的推行。这里从成本差异分析的通用模式入手,介绍各成本项目差异的分析方法和查明差异具体原因的一般原理。

(2) 数量差异和价格差异。

在计算成本差异时,一般还分为直接材料成本差异、直接人工差异、制造费用差异三个方面。数量差异是指由于直接材料、直接人工和变动制造费用等要素实际消耗量与标准消耗量不一致而产生的成本差异。价格差异是指由于直接材料、直接人工和变动制造费用等要素实际价格与标准价格不一致而产生的成本差异。标准成本差异时,可按下式计算:

标准成本差异 = 实际成本 − 标准成本

= 实际数量×实际价格 − 标准数量×标准价格

= 实际数量×实际价格 − 实际数量×标准价格 + 实际数量×标准价格 − 标准数量×标准价格

= (实际价格 − 标准价格) ×实际数量 + (实际数量 − 标准数量) ×标准价格

= 价格差异 + 数量差异

实际数量乘以价格差异形成的差异是由实际价格和标准价格不一致产生的,称为价格差异;标准价格乘数量差异形成的差异是由实际数量和标准数量不一致产生的,称为数量差异。

（3）纯差异与混合差异。

从理论上讲，任何一类差异在计算时都需要假定某个因素变动时，其他因素固定在一定基础上不变。把其他因素固定在标准的基础上，计算得出的差异就是纯差异，如价格差异和数量差异。与纯差异相对立的差异就是混合差异。混合差异又叫联合差异，是指总差异扣除所有的纯差异后的剩余差异，如图8-1所示。

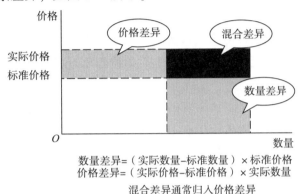

图 8-1　标准成本制度差异分析

二、标准成本差异的计算

1. 直接材料成本差异

直接材料成本差异是指直接材料的实际成本与直接材料的标准成本之间的差异额，它包括材料价格差异和材料用量差异两部分。前者由材料实际价格与标准价格不同引起；后者由材料实际耗用量与标准耗用量不同引起。材料价格差异和材料用量差异的计算公式如下：

材料价格差异 =（实际单价×实际用量）−（标准单价×实际用量）
　　　　　　 =（实际单价−标准单价）×实际用量

材料用量差异 =（实际用量×实际单价）−（标准用量×实际单价）
　　　　　　 =（实际用量−标准用量）×标准单价

【例 8-1】某公司只生产产品 A，并且只使用一种材料。计划年度预计生产产品 1 000 件，直接材料的标准价格为 7 元/千克，用量标准为 10 元/千克。该公司实际生产 A 产品 1 200 件，材料的实际单价为 7.5 元/千克，实际消耗材料 11 000 千克。计算并分析直接材料的成本差异。

直接材料价格差异 = 实际数量×（实际价格−标准价格）
　　　　　　　　 = 11 000×（7.5−7）
　　　　　　　　 = 5 500（元）

直接材料数量差异 = 标准价格×（实际用量−标准用量）
　　　　　　　　 = 7×（11 000−1 200×10）
　　　　　　　　 = −7 000（元）

直接材料差异总额 = 5 500−7 000 = −1 500（元）

从上述计算结果可以看出，企业直接材料的总差异为节余1 500元，其中价格差异为超支5 500元，数量差异为节约7 000元。为了对直接材料的成本差异进行控制并对有关责任部门进行考评，应当进一步分析产生差异的原因。本例中，造成直接材料不利差异的主要原因是实际价格水平超出了标准价格，而材料价格差异通常由采购部门负责。影响采购价格的因素很多，包括市场价格水平、采购批量、交货方式、运输方式、材料质量等，这些因素中有些是采购部门能够控制的，有些是采购部门不能控制的。如果产生差异的因素是采购部门能控制的，说明产生的不利差异应当由采购部门负责；如果产生差异的因素是采购部门不能控制的，如材料的市场价格变化，则说明产生的不利差异不应当由采购部门负责。

2. 直接人工成本差异

直接人工成本差异是指生产工人工资的实际成本与标准成本之间的差额，它包括工资率差异和人工效率差异两部分。前者由生产工人的实际工资率与标准工资率之间的差异引起；后者由产品实际耗用工时与标准耗用工时之间的差异引起。工资率差异和人工效率差异的计算公式如下：

工资率差异 =（实际工时×实际工资率）-（实际工时×标准工资率）
　　　　 =（实际工资率-标准工资率）×实际工时

人工效率差异 =（实际工时×标准工资率）-（标准工时×标准工资率）
　　　　　 =（实际工时-标准工时）×标准工资率

【例8-2】接【例8-1】，该公司只生产A产品，计划年度预计生产产品1 000件，直接人工的标准工资率为10元/工时，工时用量标准为11工时/件，该公司实际生产A产品1 200件，人工的实际工资率为10.5元/工时，实际消耗工时总量为13 000工时。计算并分析直接人工成本差异。

直接人工工资率差异 = 实际工时×（实际工资率-标准工资率）
　　　　　　　　 = 13 000×（10.5-10）
　　　　　　　　 = 6 500（元）

直接人工效率差异 = 标准工资率×（实际工时-标准工时）
　　　　　　　 = 10×（13 000-1 200×11）
　　　　　　　 = -2 000（元）

直接人工差异总额 = 6 500-2 000 = 4 500（元）

从上述结果中可以看出，企业直接人工总差异为超支4 500元，其中，工资率差异为超支6 500元，人工效率差异为节约2 000元。为了对直接人工成本差异进行控制，并对有关责任部门进行考评，应当进一步分析产生差异的原因。本例中，造成直接人工不利差异的主要原因是实际工资率水平超出了标准工资率。一般来说，工资率差异原则上应由安排生产人员的劳动人事部门负责。影响工资率的因素很多，包括市场工资率水平、国家相关规定、雇佣合同、人员安排等，这些因素中有些是劳动人事部门能够控制的，有些是劳动人事部门不能控制的。如果产生差异的因素是劳动人事部门能控制的，说明产生的不利差异应当由劳动人事部门负责；如果产生差异的因素是劳动人事部门不能控制的，如国家规定的最低工资率水平，则说明产生的不利差异不应当由劳动人事部门负责。

尽管直接人工总差异为不利差异4 500元，但直接人工的工时消耗实际上是节约的，即由于人工效率的提高，直接人工总成本节约了2 000元。人工效率差异是考核每个工时生产能力的重要指标。影响人工效率的因素很多，包括生产工人的技术熟练程度、生产设备的完好程度、生产工艺过程的改进、材料的质量和规格是否符合规定要求等。这些因素中有些是生产工人能够控制的，有些是生产工人不能控制的。如果产生差异的因素是生产工人能够控制的，产生的不利差异由生产工人负责，有利差异则应当作为生产工人控制成本的工作成绩；如果产生差异的因素是生产工人不能控制的，如材料的质量水平不符合要求造成人工效率降低，则说明产生的不利差异不应当由生产工人负责。

3. 变动制造费用差异

变动制造费用是指与直接成本成正比例增减变动的制造费用。变动制造费用的标准经常用每生产活动单位的分配率来表示。变动制造费用差异包括变动制造费用耗用差异和变动制造费用效率差异两部分，前者是指变动制造费用实际分配率与标准分配率之间的差异，后者是指实际耗用工时与标准工时之间的差异。变动制造费用耗用差异和变动制造费用效率差异的计算公式如下：

变动制造费用耗用差异 =（实际价格×实际数量）-（标准价格×实际数量）
　　　　　　　　　　 = 实际工时×（实际变动制造费用率-标准变动制造费用率）
变动制造费用效率差异(数量差异) =（标准价格×实际数量）-（标准价格×标准数量）
　　　　　　　　　　 = 标准变动制造费用率×（实际工时-标准工时）

【例8-3】接【例8-2】，该公司只生产产品A，计划年度预计生产产品1 000件，标准变动制造费用率为3元/工时，工时用量标准为11工时/件。该公司实际生产A产品1 200件，实际变动制造费用率为3.1元/工时，实际消耗工时总量为13 000工时。计算并分析变动制造费用的成本差异。

变动制造费用耗用差异 = 实际工时×（实际变动制造费用率-标准变动制造费用率）
　　　　　　　　　 = 13 000×(3.1-3)
　　　　　　　　　 = 1 300（元）
变动制造费用效率差异 = 标准变动制造费用率×(实际工时-标准工时)
　　　　　　　　　 = 3×(13 000-1 200×11)
　　　　　　　　　 = -600（元）
变动制造费用差异总额 = 1 300-600 = 700（元）

从上述计算结果可以看出，企业变动制造费用总差异为超支700元，其中，变动制造费用耗用差异为超支1 300元，变动制造费用效率差异为节约600元。为了对变动制造费用的成本差异进行控制，并对有关责任部门进行考评，应当进一步分析产生差异的原因。本例中，造成变动制造费用不利差异的主要原因是实际变动制造费用率水平超出标准变动制造费用率。影响变动制造费用率的因素很多，包括所有的变动制造费用项目的水平，如间接材料、间接人工、动力费用等。如果不利差异是由生产部门控制的，将由生产部门负责。尽管变动制造费用的总差异为不利差异 700 元，但对变动制造费用的工时消耗实际上是节约的，即由于生产效率提高，变动制造费用总成本节约了 600 元。对生产效率的影响因素的分析与对人工效率影响因素的分析相同。同样，在进行了原因分析后，应当采取有力的措施控制成本，并进行相应的奖励。

4. 固定制造费用差异

固定制造费用是指在较长时期内在产量的相关范围内保持不变的费用。固定制造费用差异是实际固定制造费用与实际产量标准固定制造费用的差异。其计算公式如下：

固定制造费用差异＝实际固定制造费用－实际产量标准固定制造费用
＝（实际分配率×实际工时）－（标准分配率×标准工时）

其中：

固定制造费用标准分配率＝预算固定制造费用／预算工时

固定制造费用实际分配率＝实际固定制造费用／实际工时

上式中的固定制造费用差异是在实际产量基础上算出的。由于固定制造费用相对固定，一般不受产量的影响，因此，产量变动会对单位产品成本中的固定制造费用发生影响：产量增加时，单位产品应负担的固定制造费用会减少；产量减少时，单位产品应负担的固定制造费用会增加。这就是说，实际产量与计划产量的差异会对产品应负担的固定制造费用有影响。正因如此，固定制造费用差异的分析方法与其他费用差异的分析方法有所不同，通常有两种方法：一种是两差异分析法，另一种是三差异分析法。

（1）两差异分析法。

两差异分析法是将固定制造费用差异分为固定制造费用预算差异和固定制造费用能量差异两部分。前者是指固定制造费用实际发生数和预算数之间的差异；后者是指在固定制造费用预算不变的情况下，由实际产量和计划产量不同引起的差异。固定制造费用预算差异和固定制造费用能量差异的计算公式如下。

固定制造费用预算差异＝固定制造费用实际数－固定制造费用预算数

固定制造费用能量差异＝固定制造费用预算数－固定制造费用标准成本＝固定制造费用标准分配率×（计划产量标准工时－实际产量标准工时）

【例 8-4】接【例 8-3】，该公司只生产产品 A，计划年度预计产能标准工时为 11 000 工时，计划年度预计生产产品 1 000 件，工时用量标准为 11 工时／件。该公司实际生产 A 产品 1 200 件，实际消耗工时总量为 13 000 工时。如果固定制造费用预算总数为 50 000 元，固定制造费用实际数为 55 000 元，计算并分析固定制造费用差异。

预算差异：

固定制造费用预算差异＝固定制造费用实际数－固定制造费用预算数
＝55 000－50 000
＝5 000（元）

能量差异：

固定制造费用能量差异＝固定制造费用标准分配率×（计划产量标准工时－
实际产量标准工时）

$$= 50\ 000/11\ 000 \times (11\ 000 - 1\ 200 \times 11)$$
$$= -10\ 000\ (元)$$

固定制造费用的预算差异同材料的价格差异、人工的工资率差异和变动制造费用的耗用差异类似，由其实际分配率与预算数或预计数偏离引起，因此，这个差异也被称为耗用（耗费）差异。而固定制造费用能量差异仅仅是为成本计算用，并不意味着真正的节约或浪费。

两差异分析法比较简单，但其分析结果并没有反映和分析生产效率对固定制造费用差异的影响。在计算产量差异时，使用的都是标准工时，如果实际产量标准工时与计划产量标准工时一致，则产量差异为零。但是，实际产量的实际工时可能与其标准工时存在差异，而生产能力的实际利用情况更是取决于实际工时而非标准工时。实际工时与标准工时之间的差异由效率高低决定。因此，固定制造费用差异分析更多地采用将能量差异划分为能力差异和效率差异的三差异分析法。

（2）三差异分析法。

三差异分析法是将固定制造费用差异分为固定制造费用预算差异、固定制造费用能力差异和固定制造费用效率差异三部分。其中，固定制造费用预算差异与两差异分析法相同；固定制造费用能力差异是指实际产量的实际工时脱离计划产量的标准工时而引起的生产能力利用程度差异而导致的成本差异；固定制造费用效率差异是指生产效率差异导致的实际工时脱离标准工时而产生的成本差异。固定制造费用预算差异、固定制造费用能力差异与固定制造费用效率差异的计算公式如下。

固定制造费用预算差异=固定制造费用实际数-固定制造费用预算数

固定制造费用能力差异=固定制造费用标准分配率×(计划产量标准工时-实际工时)

固定制造费用效率差异=固定制造费用标准分配率×(实际工时-实际产量标准工时)

三差异分析法下的能力差异与效率差异之和等于两差异分析法下的产量差异。采用三差异分析法，能够更好地说明生产能力利用程度和生产效率高低所导致的成本差异情况，并且有利于明确责任：能力差异的责任一般在管理部门，而效率差异的责任则往往在生产部门。

【例8-5】接【例8-4】，三差异分析法下的计算如下。

固定制造费用预算差异=固定制造费用实际数-固定制造费用预算数
$$= 55\ 000 - 50\ 000$$
$$= 5\ 000\ (元)$$

固定制造费用效率差异=固定制造费用标准分配率×(实际工时-实际产量标准工时)
$$= 50\ 000/11\ 000 \times (13\ 000 - 1\ 200 \times 11)$$
$$= -909\ (元)$$

固定制造费用能力差异=固定制造费用标准分配率×(计划产量标准工时-实际工时)
$$= 50\ 000/11\ 000 \times (11\ 000 - 13\ 000)$$
$$= -9\ 091\ (元)$$

从上述两种计算方法看，三差异分析法下的预算差异和两差异分析法下的预算差异相等；三差异分析法下的效率差异与能力差异之和与两差异分析法下的产量差异相等。

综上所述，成本差异计算完成后应进行汇总，先分别编制直接材料差异汇总表、直接人工差异汇总表、变动制造费用差异汇总表及固定制造费用差异汇总表，然后汇总成为成本差异汇总表，据以进行总分类核算。

按照计算出来的差异，要进行差异分析。差异分析一般限于重大差异。差异的重要性取决于差异的数额和差异出现的频率。与标准成本相比，差异的数额越大或者差异重复出现的次数越多，则该差异就越重要。管理部门应采用"例外管理"的原则，即突出重要差异、略去微不足道的差异，通过分析那些特殊的差异，确定原因，从而做出对将来有影响的各种改进性的决定。通过差异分析，真正发挥成本控制的作用。

第四节　标准成本制度的运用

一、标准成本差异的账务处理

在标准成本制度下，在产品、产成品和销售成本的结转一般都按标准成本进行，对成本差异则单独设立账户加以反映。期末，产品实际成本的计算是通过各项差异的分配摊销来进行的。标准成本差异的转销一般有以下三种方法。

（1）每月的成本差异按标准成本的比例在销售成本、产成品和在产品之间分摊。

（2）每月将成本差异全部结转到销售成本中去，在利润表上作为销售成本的调整数或作为其他收益或其他费用处理。

（3）成本差异累积到年终时，按比例分摊到销售成本、产成品和在产品成本，或全部结转到销售成本。

在成本差异数字不大的情况下，由于造成超支、节约的原因早已反馈给管理当局，在核算上一般可采用简便的方法，即将成本差异累积到年终再转销到销售成本。这样处理不仅手续简便，而且还可以分清各年的责任。

二、标准成本法的计算程序

为了分别反映标准成本和各项成本的差异，在标准成本制度下，除了要设置"生产成本"等成本核算账户用以反映产品的标准成本外，还需设置有关的成本差异账户，用以反映产品实际成本脱离标准成本的差异数额。成本差异账户必须按上述披露的各项差异分别设置明细账，用以分别核算各项差异。在标准成本制度下，产品实际成本可按下列程序计算。

（1）按产品类别、车间分别编制产品标准成本。

（2）按产品类别、车间分别设置产品成本明细账，并按标准成本登记。

（3）根据上月成本明细账，填入月初在产品成本。

(4) 编制费用分配表，分别反映产品标准成本和实际成本，分析各种差异。

(5) 根据费用分配率，将标准成本记入成本明细账，计算并结转完工产品的标准成本。

(6) 设置有关差异账户，将所计算的差异记入各账户，通过差异的分配结转计算出产品的实际成本。

三、标准成本账务处理时设置的账户

(1) "原材料"科目。该科目借方的数额按购入材料数量乘以价格来记录；贷方的数额则按发出材料数量乘以标准价格来记录，期末反映的是库存材料的标准成本。

(2) "生产成本"科目。在该科目借方的数额中，材料项目是用实际产量的标准耗用量乘以标准单价求得；人工项目是用实际产量的标准工时乘以标准工资率求得；制造费用项目是用各自的标准费用率乘以标准工时求得。另外，从"生产成本"科目贷方结转入库产成品成本时，也是按标准成本入账。

(3) "库存商品"科目。该科目借、贷两方分别按入库、出库产成品数量乘以其单位标准成本的数额记录，期末余额反映的是库存商品的标准成本。

(4) 差异类科目。实际发生的成本同标准成本相比，产生的差异按其性质设置不同的差异科目，记录和反映各自的差异额。它包括"材料价格差异""材料数量差异""工资效率差异""工资分配率差异""变动费用效率差异""固定费用效率差异"等科目。这些差异科目的借方登记实际成本大于标准成本的差异额（即不利差异）；贷方登记实际成本小于标准成本的节约额（即有利差异）。

从标准成本账务处理设置的账户可以看出，标准成本制度的账务处理，是将实际成本分为两个部分：标准成本部分记入"原材料""生产成本"和"库存商品"科目；实际成本同标准成本相比的差异额记入各种差异科目。

【例8-6】某企业生产A产品，本月预计生产220件，实际生产200件，本月投产、本月全部完工，并于当月销售150件，每件售价5 000元。A产品的标准成本如下。

单件产品耗用甲材料8.5千克，每千克标准单价为2.25元；耗用乙材料14千克，每千克标准单价为4.82元。单位产品的标准工时为190小时，标准小时工资为19元，固定制造费用预算费用率为0.65元/千克，变动制造费用预算分配率为1.4元/千克。

本月发生的其他有关资料如下。

本月购入甲材料1 800千克，每千克2.20元，乙材料2 900元，每千克5.10元；本月实际耗用甲材料、乙材料的数量与购入量相同。本月生产工人的工资总额为800 000元，生产工时为40 000小时。本月实际发生变动制造费用54 000元，固定制造费用24 000元。采用标准成本制度计算的结果如下。

(1) 单位标准成本的计算。

单位产品标准直接材料成本 = 8.50×2.25+14×4.82 = 86.61（元）；

单位产品标准直接人工成本 = 190×19 = 3 610（元）；

单位产品标准固定制造费用=190×0.65=123.50（元）；

单位产品标准变动制造费用=190×1.40=266（元）；

单位产品标准成本=86.61+3 610+123.50+266=4 086.11（元）。

（2）材料成本差异的计算和分析。

购入材料价格差异的计算如表8-2所示。

表8-2 材料价格差异的计算

材料种类	购入数量/千克	标准		实际		价格差异/元
		单价/元	成本/元	单价/元	成本/元	
甲材料	1 800	2.25	4 050	2.20	3 960	-90
乙材料	2 900	4.82	13 978	5.10	14 790	+812
合计	—	—	18 028	—	18 750	+722

根据材料价格差异的计算，编制如下会计分录。

借：原材料　　　　　　　　　　　　　　　　　　18 028

　　材料价格差异　　　　　　　　　　　　　　　　722

　贷：银行存款等科目　　　　　　　　　　　　　　18 750

耗用材料数量差异的计算如表8-3所示。

表8-3 材料数量差异的计算

材料种类	标准单价/元	标准		实际		价格差异/元
		单位耗用量/千克	总成本/元	单位耗用量/千克	总成本/元	
甲材料	2.25	1 700	3 825	1 800	4 050	+225
乙材料	4.82	2 800	13 496	2 900	13 978	+482
合计	—	—	17 321	—	18 028	+707

根据材料数量差异的计算，编制如下会计分录。

借：生产成本　　　　　　　　　　　　　　　　　17 321

　　材料数量差异　　　　　　　　　　　　　　　　707

　贷：原材料　　　　　　　　　　　　　　　　　　18 028

材料标准成本差异=18 750-17 321=1 429（元）。

（3）直接人工标准成本差异的计算和分析。

直接人工差异的计算如表8-4所示。

表8-4 直接人工差异的计算

标准				实际			差异	
每件工时/小时	总工时数/小时	小时工资/元	总成本/元	总工时数/小时	小时工资/元	总成本/元	效率差异/元	工资分配率差异/元
190	38 000	19	722 000	40 000	20	800 000	38 000	40 000

根据实际发生的工资费用和直接人工差异，编制如下会计分录。

借：生产成本　　　　　　　　　　　　　　　722 000
　　工资效率差异　　　　　　　　　　　　　 38 000
　　工资分配率差异　　　　　　　　　　　　 40 000
　　贷：应付职工薪酬　　　　　　　　　　　800 000

直接人工标准成本差异=800 000-722 000=78 000（元）。

（4）变动制造费用标准成本差异的计算和分析。

变动制造费用差异的计算如表8-5所示。

表8-5 变动制造费用差异的计算

预算分配率/(元·千克$^{-1}$)	标准		实际		差异	
	总时数/小时	总成本/元	总时数/小时	总成本/元	效率差异/元	耗费差异/元
1.4	38 000	53 200	40 000	54 000	2 800	-2 000

根据实际发生的制造费用，编制如下会计分录。

借：变动制造费用　　　　　　　　　　　　　54 000
　　贷：银行存款等　　　　　　　　　　　　54 000

将变动费用计入产品成本时，应编制如下会计分录。

借：生产成本　　　　　　　　　　　　　　　53 200
　　贷：已分配变动制造费用　　　　　　　　53 200

根据变动制造费用差异，编制如下会计分录。

借：已分配变动制造费用　　　　　　　　　　53 200
　　变动制造费用效率差异　　　　　　　　　 2 800
　　贷：变动制造费用　　　　　　　　　　　54 000
　　　　变动制造费用耗费差异　　　　　　　 2 000

变动制造费用差异=54 000-53 200=800（元）。

（5）固定制造费用标准成本差异的计算和分析。

固定制造费用差异的计算如表8-6所示。

表 8-6　固定制造费用差异的计算

预算			标准		实际		差异		
总时数/小时	分配率/(元·小时$^{-1}$)	总成本/元	总时数/小时	总成本/元	总时数/小时	总成本/元	效率差异/元	能力差异/元	耗费差异/元
41 800	0.65	27 170	38 000	24 700	40 000	24 000	1 300	1 170	-3 170

根据实际发生的固定制造费用，编制如下会计分录。

借：固定制造费用　　　　　　　　　　　　　　　　24 000
　　贷：银行存款等　　　　　　　　　　　　　　　　24 000

固定费用计入产品成本时，应编制如下会计分录。

借：生产成本　　　　　　　　　　　　　　　　　　24 700
　　贷：已分配固定制造费用　　　　　　　　　　　　24 700

根据固定制造费用差异，编制如下会计分录。

借：已分配固定制造费用　　　　　　　　　　　　　24 700
　　固定制造费用效率差异　　　　　　　　　　　　 1 300
　　固定制造费用能力差异　　　　　　　　　　　　 1 170
　　贷：固定制造费用　　　　　　　　　　　　　　　24 000
　　　　固定制造费用耗费差异　　　　　　　　　　　 3 170

固定制造费用差异＝24 000－24 700＝－700（元）。

（6）编制完工产品标准成本计算表，如表8-7所示。

表 8-7　完工产品标准成本计算表

产品名称	单位产品标准成本/元	完工产品标准成本		销售产品标准成本	
		入库数量/件	总成本/元	销售数量/件	总成本/元
A产品	4 086.11	200	817 200	150	612 916.50

产品完工入库时，应编制如下会计分录。

借：库存商品　　　　　　　　　　　　　　　　　　817 200
　　贷：生产成本　　　　　　　　　　　　　　　　　817 200

产品销售与销售成本结转时，应编制如下会计分录。

借：银行存款　　　　　　　　　　　　　　　　　　75 000
　　贷：主营业务成本　　　　　　　　　　　　　　　75 000
借：主营业务成本　　　　　　　　　　　　　　　　612 916.50
　　贷：库存商品　　　　　　　　　　　　　　　　　612 916.50

（7）成本差异结转。

成本差异结转时，应编制如下会计分录。

借：主营业务成本　　　　　　　　　　　　　　　　79 529

变动制造费用耗费差异	2 000
固定制造费用耗费差异	3 170
贷：材料价格差异	722
材料数量差异	707
工资效率差异	38 000
工资分配率差异	40 000
变动制造费用效率差异	2 800
固定制造费用效率差异	1 300
固定制造费用能力差异	1 170

本章要点

标准成本制度是以事先确定的标准成本为基础，用标准成本与实际成本进行比较核算和分析成本差异的一种产品成本计算方法，也是加强成本控制、评价经营业绩的一种成本控制制度。它指在正常和高效率的运转情况下制造产品的成本，而不是指实际发生的成本，是将成本按事先规定的比率分摊到产品中去的。产品的标准成本与实际成本产生差异，而这种差异按照各成本项目分别披露。通过成本差异的计算和分析，来评价管理人员工作的好坏。有利差异表示经营的结果优于预期，而不利差异则表示经营的结果不如预期。

案例讨论

以鑫仁铝业实例谈标准成本法的显著优点

标准成本法作为现代管理的一个重要成本管理方法，得到了现代管理者的积极认可，也不断在现代管理理论的研究中得到创新。一些大型企业积极使用标准成本法进行自身的绩效考核和生产控制，同时也将该方法与其他方法结合起来运用，使得标准成本法的运用越来越广泛。

鑫仁铝业（民企500强，新加坡上市）全资子公司，主要为集团公司下属的新疆天山铝业与贵州省双元铝业生产配套预焙阳极，分三道生产流程：煅烧、成型、焙烧，第二道与第三道工程分别生产两种合格产品，同时分别生产两种废品，两道工序产生的废品都要返回第二道工序作为原材料使用。2013年及以前公司采用实际成本法，2014年开始使用ERP标准成本管理。标准成本法的优势可以总结如下。

1. 强调按照成本管理对象计算和分析成本差异，符合责任会计的要求。
2. 成本差异的分类比较科学和全面，有利于成本控制和考核。
3. 把制造费用按照成本性质分为变动费用和固定费用，有利于成本实施预算控制和分析考核。
4. 月末把当期成本控制的成果在当期销货成本和利润中直接反映出来。
5. 标准成本法的各种差异，可以为例外管理及时提供必要的信息，督促管理部门去追查差异原因和责任，符合成本控制要贯彻例外管理的原则。

鑫仁铝业在使用标准成本管理之后，在标准成本法下，材料的数量乘以标准成本永远等于材料的标准成本总额，而标准成本总额加上材料差异就是材料的实际成本。材料的差异加权平均进入生产成本，比较圆满地解决了材料金额出现负数的问题，同时使材料差异均衡地计入成本。很明显，在材料核算这一块，标准成本法具有很大的优越性。

例如，在实际成本法下，废品回笼这一块的成本核算是一个难题，废品既是产品，又是材料，而且单价都是未知数，更复杂的是下一个车间的废品也要作为材料计入生产成本。在本车间的生产成本确定之前，下一车间的废品单价无法核算出来；废品单价核算不出来，本车间的生产成本肯定核算不出来，如此形成了一个死结。

而在标准成本法下，这一切变得十分简单。这些废品都有标准成本，领用材料都按标准成本发料，核算出来的成本与标准成本之间的差异就是材料差异，通过材料差异的分摊来修正生产成本。

还有一个操作性的问题，在实际成本法下，废品成本是月底通过测试来测定的，在生产焦时无法确定，因此焦单据不能及时完结。而在标准成本法下，不存在这个问题。

资料来源：李深根，企业改革与管理

思考：
1. 鑫仁铝业在实行标准成本制度后的显著特点。
2. 实际成本法和标准成本法的对比分析。

练习题

一、单项选择题

1. 标准成本制度的重点是（　　）。
   A. 标准成本的制定　　　　　　B. 成本差异的计算分析
   C. 成本差异的账务处理　　　　D. 成本控制

2. 以资源无浪费、设备无故障、产出无废品、工时都有效的假设前提为依据而制定的标准成本是（　　）。
   A. 基本标准成本　　　　　　　B. 理想标准成本
   C. 正常标准成本　　　　　　　D. 现行标准成本

3. 标准成本控制主要是指对（　　）进行的控制。
   A. 产品预算阶段　　　　　　　B. 产品入库阶段
   C. 产品销售阶段　　　　　　　D. 产品生产阶段

4. 在采用变动成本法计算的企业中，单位产品的标准成本不包括（　　）标准成本。
   A. 直接材料　　　　　　　　　B. 直接人工
   C. 变动制造费用　　　　　　　D. 固定制造费用

5. 下列各项中，属于"直接人工标准工时"组成内容的是（　　）。
   A. 由于设备意外故障产生的停工工时
   B. 由于更换产品产生的设备调整工时

C. 由于生产作业计划安排不当产生的停工工时

D. 由于外部供电系统故障产生的停工工时

6. 成本差异是指在标准成本控制系统下，企业在一定时期生产一定数量的产品所发生的实际成本与（　　）之间的差额。

　　A. 计划成本　　　　B. 历史成本　　　　C. 标准成本　　　　D. 预算成本

7. 计算数量差异要以（　　）为基础。

　　A. 标准价格　　　　B. 实际价格　　　　C. 标准成本　　　　D. 实际成本

8. 本月生产甲产品 8 000 件，实际耗用 A 材料 32 000 千克，其实际价格为每千克 40 元。该产品 A 材料的用量标准为 3 千克，标准价格为 45 元，其直接材料用量差异为（　　）元。

　　A. 360 000　　　　B. 320 000　　　　C. 200 000　　　　D. −160 000

9. 直接人工效率差异是指单位（　　）耗用量脱离单位标准人工工时耗用量所产生的差异。

　　A. 实际人工工时　　　　　　　　　B. 定额人工工时

　　C. 预算人工工时　　　　　　　　　D. 正常人工工时

10. 固定制造费用的实际金额与固定制造费用的预算金额之间的差额称为（　　）。

　　A. 预算差异　　　　B. 效率差异　　　　C. 能量差异　　　　D. 能力差异

二、多项选择题

1. 在制定标准成本时，根据所要求达到的效率不同，所采取的标准有（　　）。

　　A. 正常标准成本　　　　　　　　　B. 最佳标准成本

　　C. 现实标准成本　　　　　　　　　D. 一般标准成本

2. 标准成本控制系统的内容包括（　　）。

　　A. 标准成本的执行　　　　　　　　B. 标准成本的制定

　　C. 成本差异的账务处理　　　　　　D. 成本差异的计算分析

3. 正常标准成本是在正常生产经营条件下应该达到的成本水平，它是根据（　　）制定的标准成本。

　　A. 现实的耗用水平　　　　　　　　B. 正常的价格

　　C. 正常的生产经营能力利用程度　　D. 现实的价格

4. 在确定直接人工正常标准成本时，标准工时包括（　　）。

　　A. 直接加工操作必不可少的时间　　B. 必要的工间休息

　　C. 调整设备时间　　　　　　　　　D. 不可避免的废品耗用工时

5. 下列标准成本差异中，通常应由生产部门负责的有（　　）。

　　A. 直接材料的价格差异　　　　　　B. 直接人工的效率差异

　　C. 直接人工的工资率差异　　　　　D. 变动制造费用的效率差异

6. 可以套用"用量差异"和"价格差异"模式的成本项目是（　　）。

　　A. 直接材料　　　　　　　　　　　B. 直接人工

　　C. 变动制造费用　　　　　　　　　D. 固定制造费用

7. 在材料成本差异分析中，（   ）。

A. 价格差异的大小是由价格脱离标准的程度以及实际采购量高低所决定的

B. 价格差异的大小是由价格脱离标准的程度以及标准用量高低所决定的

C. 数量差异的大小是由实际用量脱离标准的程度以及标准价格高低所决定的

D. 数量差异的大小是由实际用量脱离标准的程度以及实际价格高低所决定的

8. 固定制造费用的三差异是指（   ）。

A. 效率差异　　　　B. 耗用差异　　　　C. 能力差异　　　　D. 价格差异

9. 下列关于固定制造费用差异的表述中，正确的有（   ）。

A. 在考核固定制造费用的耗费水平时以预算数作为标准，不管业务量增加或减少，实际数额超过预算即视为耗费过多

B. 固定制造费用能量差异是生产能量与实际产量的标准工时之差与固定制造费用标准分配率的乘积

C. 固定制造费用能量差异的高低取决于两个因素：生产能量是否被充分利用，已利用生产能量的工作效率

D. 固定制造费用能量差异是生产能量与实际产量实际工时之差与固定制造费用标准分配率的乘积

10. 标准成本差异转销的方法一般有（   ）。

A. 每月的成本差异按标准成本的比例在销售成本、产成品和在产品之间分摊

B. 每月将成本差异全部结转到销售成本中去，在利润表上作为销售成本的调整数或作为其他收益或其他费用处理

C. 成本差异累积到年终时，按比例分摊到销售成本、产成品和在产品成本

D. 成本差异累积到年终时，全部结转到销售成本上去

三、判断题

（   ）1. 标准成本是在正常生产经营条件下应该实现的，可以作为控制成本开支、评价实际成本、衡量工作效率的依据和尺度的一种目标成本。

（   ）2. 正常标准成本与现实标准成本不同的是，它需要根据现实情况的变化不断进行修改，而现实标准成本则可以保持较长一段时间固定不变。

（   ）3. 在经济形势变化无常的情况下，最为合适的标准成本是现实标准成本。

（   ）4. 在生产技术和经营管理条件变动不大的情况下，正常标准成本是一种可以较长时间采用的标准成本。

（   ）5. 从具体数量上看，正常标准成本大于理想标准成本，但又小于历史平均水平。

（   ）6. 成本差异分析是采用标准成本制度的前提和关键。

（   ）7. 标准成本制度不仅是一种成本计算方法，更是目标成本管理的一种手段。

（   ）8. 材料数量差异控制的重点是材料采购环节。

（   ）9. 固定制造费用能力差异的责任一般在管理部门，而效率差异的责任则往往在生产部门。

(　　) 10. 在标准成本制度下，除了要设置"生产成本"等成本核算账户用以反映产品的标准成本外，还需设置有关的成本差异账户，用以反映产品实际成本脱离标准成本的差异数额。

四、业务题

1. 某企业使用 A 材料生产甲产品，其直接材料和直接人工的标准成本资料如下。

本月实际耗用材料 4 600 千克，材料实际成本 19 320 元。本月实际用工 6 400 小时，人工成本 33 600 元。本期购进的材料全部用于生产，共生产甲产品 2 000 件。标准成本资料如表 8-8 所示。

表 8-8　标准成本资料

成本项目	价格标准	数量标准	标准成本/元
直接材料	4 元/千克	2 千克	8
直接人工	5 元/小时	3 小时	15

要求：

（1）计算本月的材料数量差异与材料价格差异。

（2）计算本月的人工工资率差异与人工效率差异。

2. 某企业生产 B 产品，实际产量 4 000 件，使用工时 8 400 小时，实际发生变动制造费用 5 208 元，单位产品标准工时为 2 小时/件，标准变动制造费用分配率为 0.6 元/小时，固定制造费用预算总额为 15 000 元。该企业正常生产应完成机器小时数为 10 000 小时，固定制造费用标准分配率为 1.5 元/小时，固定制造费用实际发生额为 15 500 元。

要求：

（1）用两差异分析法计算固定制造费用的预算差异与能量差异。

（2）用三差异分析法计算固定制造费用的耗费差异、能力差异和效率差异。

第九章

全面预算管理

本章结构图

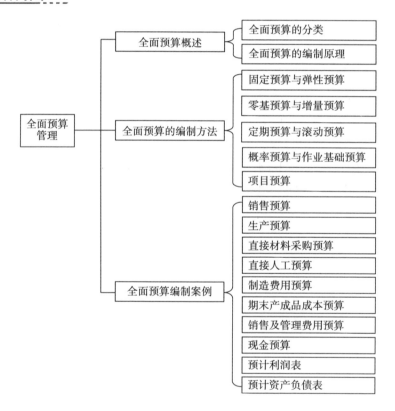

本章学习目标

> 理解预算概述。
> 掌握预算编制方法。
> 掌握全面预算编制。

第一节 全面预算概述

预算作为一种管理方法,是决策目标执行的具体化,是计划工作的成果,是实际执行的标准,是控制生产经营的依据。每一个营利或非营利组织都能从预算管理提供的计划和控制中获益。

全面预算是指把企业全部经济活动的总体计划,用数量、金额和表格的形式反映出来的一系列文件,即全面预算就是企业总体规划的具体化和数量化的说明。企业可以通过编制预算制定一个能够协调企业内部各部门工作的全面计划,以控制企业的经营活动,分析和考核企业内部各个责任部门的工作业绩,保证企业目标的实现。

一、全面预算的分类

全面预算在形式上主要表现为一整套预计企业生产经营活动情况的业务报表和财务报表,它主要用来规划计划期间企业的全部经济活动及其成果。全面预算按其内容,可以分为经营预算、财务预算和资本支出预算三大类。

1. 经营预算

经营预算是企业日常经营业务的预算,它涉及企业经营过程中的供、产、销业务活动和其他各方面,是企业全面预算的基本部分。经营预算的具体内容包括销售预算、生产预算、直接材料预算、直接人工预算、单位产品成本和期末存货成本预算、销售及管理费用预算。

2. 财务预算

财务预算是对企业一年内经营状况、经营成果和现金流量的预算,也是企业的综合预算。财务预算的内容一般包括现金预算、利润预算和资产负债预算等。财务预算反映了现金的流入、流出以及总体的财务状况。

3. 资本支出预算

资本支出预算主要是针对企业投资项目在预算期内实施投资需要资金支出而编制的预算。如企业根据长期投资决策编制的具体的资金支出项目预算、新产品研发当期资金支出预算等。

由上可知,企业的全面预算实际上是由经营预算、财务预算、资本支出预算三大类预算所组成的一个完整预算体系。全面预算体系以本企业的经营目标为出发点,以销售预算为主导,进而编制生产预算、成本费用预算等;然后对有关预算进行汇总,编制现金支出预算;最后以预计财务报表为终点。全面预算体系如图9-1所示。

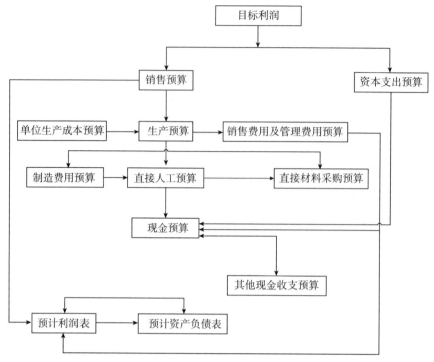

图 9-1 全面预算体系

二、全面预算的编制原理

在市场经济环境中，企业的生产经营预算通常是在销售预测的基础上，首先编制销售预算，然后编制生产预算、直接材料采购预算、直接人工预算、制造费用预算、产品成本预算、销售费用及管理费用预算、资本支出预算、现金预算、预计利润表、预计资产负债表等。企业的财务预算是在生产经营预算和资本支出预算的基础上编制出来的。

1. 销售预算

在以销定产的经营模式下，销售预算成为全面预算的起点，其他预算都以销售预算为基础，而销售预算是根据年度目标利润所确定的销售预测量（销售额）编制的。由于销售预算以销售预测为基础，因而，销售预测的准确性对全面预算的准确性有着极大的影响。

销售预算包括产品的名称、销售量、单价、销售额等项目。出于战略的要求，企业还需从地区、客户、渠道、销售部门、销售人员等角度来编制销售预算。

由于销售预算是编制全面预算的关键，因此，编制销售预算要进行科学的销售预测，根据预计销售量和预计销售单价计算出计划期的销售收入。

预计销售收入＝预计销售量×预计销售单价

销售预算一般分别列示全年和各个季度的预计销售量和销售收入。为了方便现金预算的编制，应根据产品销售的收款条件编制预计现金收入计算表，其中包括前期应收账款的收回及本期销售收入的实际收到数。

2. 生产预算

销售预算确定后可根据计划期的销售量编制生产预算。为了避免存货过多导致资金的挤压、浪费或存货不足而影响计划的正常执行，从而影响企业经营目标的实现，生产预算的编制应以预计销售量和预计产成品存货为基础。因为企业一般都要备有一定数量的存货以应付临时需要，因此每期生产数量与当期的销售量不一定相等，它们之间存在一定的关系。

预计生产数量＝预计销售量＋预计期末产成品存货数量－期初产成品存货数量

3. 直接材料采购预算

根据生产预算可以编制直接材料采购预算，用于反映生产过程中直接材料的需要量。为了避免直接材料的供应不足或超储积压，直接材料采购预算的主要依据是计划期生产数量、单位产品直接材料耗用量和直接材料单位价格。预计直接材料采购量可以利用以下公式计算。

预计直接材料采购量＝预计直接材料耗用量＋预计期末库存材料存货－预计期初库存材料存货

预计直接材料耗用量＝预计生产量×单位产品材料耗用量

为了方便现金预算的编制，在直接材料采购预算中，应根据直接材料的付款情况编制预计现金支出计算表，其中包括上期采购的材料将于本期支付的现金和本期采购的材料中应由本期支付的现金。

4. 直接人工预算

直接人工预算也是根据生产预算编制的，主要用来对计划期内直接生产工人的人工耗费进行规划，以便合理进行人员安排以满足生产需求。如果事先不对此做好准备，可能会出现由于人手短缺而影响生产的情况。临时招聘工人可能会付出较高的代价，另外工人未经必要的培训上岗也会造成生产效率的降低。预计直接人工成本的计算公式如下。

预计直接人工成本＝预计生产量×$\sum$（小时工资率×单位产品工时定额）

5. 制造费用预算

制造费用预算也是根据生产预算编制的，是对生产成本中除直接人工费用和直接材料费用外的其他生产费用的规划。编制制造费用预算的主要依据是计划期预计生产量、制造费用标准耗用量和标准价格。

编制制造费用预算时，首先根据制造费用的成本性态将其划分为变动制造费用和固定制造费用，然后分别编制预算。对于变动制造费用，应首先确定其各费用项目的单位标准耗用量，用单位标准耗用量乘以计划期生产量或预计工时耗用量就可得到各项变动制造费用的预算额，加总后求出变动制造费用预算总额。各项变动制造费用单位标准耗用额之和即为变动制造费用分配率，根据变动制造费用分配率和各季度的预计产量，可将全年的变动制造费用分配到各个季度。固定制造费用在企业生产能力一定的情况下是固定不变的，因此在编制其预算时应根据计划期所需生产能力水平并结合以往经验确定各项固定制造费用预算，但为了编制产品成本预算仍应计算出固定制造费用分配率。

为了便于现金预算的编制，在制造费用预算中，通常包括费用方面预期的现金支出。因此，可在制造费用预算总额中扣除非现金支付的制造费用，从而求得以现金支付的制造费用数额。预计制造费用的计算公式如下。

预计制造费用＝预计直接人工小时×预计变动制造费用分配率+预计固定制造费用

预计需用现金支付的制造费用＝预计制造费用合计－非现金支付的制造费用

6. 产成品成本预算

编制产成品成本预算是为了综合反映预算期内单位产品的预计生产成本，同时也是为了正确计量预计利润表中的产成品销售成本和预计资产负债表中的期末存货项目。因为期末存货的计价方法很多，因此在编制期末存货预算前，应确定存货的单位成本，然后根据存货的单位成本和预计期末存货数量计算出预计期末存货成本。预计期末存货成本的计算公式如下。

预计期末存货成本＝预计期末存货数量×预计存货单位成本

7. 销售费用及管理费用预算

销售费用及管理费用预算是对计划期内发生的生产成本以外的一系列其他费用的预算。其中销售费用预算是对实现销售预算而需要支出的费用所做的预算，它以销售预算为基础，在编制的时候应对过去发生的销售费用进行细致分析，并运用本量利分析等方法分析销售收入、销售利润与销售费用之间的关系，以合理安排销售费用，使之得到最有效的使用。

管理费用预算是对企业运营过程中需要支出的管理费用的预算，在编制时应以过去发生的实际支出为参考，综合分析企业的业务情况，努力做到使费用支出更合理、更有效。

8. 资本支出预算

资本支出预算是规划未来期间选择和评价长期资本投资活动（如固定资产的构建、扩建）的相关原则和方法步骤的预算。简单来说，成功的资本投资应遵循几个步骤：投资意向和提案的产生；估计战略、市场和技术因素、预计现金流量；评价现金流量；在可接受标准基础上选择项目；执行计划；在投资项目被接受后，重新评价，进行事后审计。

9. 现金预算

现金预算是用来反映计划期由于经营和资本支出等原因而引起一切现金收支及其结果的预算。现金预算对管理者了解现金流量至关重要。企业往往能顺利地生产产品并销售出去，却可能由于现金流入和流出的时间分布出现问题而失败。企业管理当局如果知道何时可能出现现金短缺或溢余，就可制订计划，于需要时借入现金，而当现金溢余时偿还贷款。由于现金流量是企业的生命线，现金预算就成为全面预算中最重要的预算之一。

现金流量，一般由现金收入、现金支出、当前可动用现金以及资金的筹集与运用四部分组成，其基本关系如下。

期初现金余额+现金收入＝当前可动用现金

当前可动用现金－现金支出＝现金短缺或溢余

现金短缺或溢余+资金的筹集与运用＝期末现金余额

预计现金收入是计划期间现金的所有来源，包括现销、应收账款收回、应收票据到期兑现、出售长期性资产、收回投资等产生现金的业务。

现金支出指计划期内预计发生的现金支出，如采购材料支付货款、应交税金、应付投资者利润以及资本性支出等，不包括不导致现金支出的费用都应排除在外，如折旧费等。短期借款的利息支付不列入该项，而是放在资金的筹集与运用上。

现金短缺或溢余是当前可动用现金与预计现金支出的差额：差额为正，表明现金溢余；差额为负，表明现金短缺。

资金的筹集与运用是根据计划期现金收支的差额和企业有关资金管理的各项政策，确定筹集和运用资金的数额。如果现金短缺，可向银行取得借款或通过其他方式筹集资金，并预计还本付息的期限和数额。如果现金溢余，除了可用于偿还借款外，还可用于购买作为短期投资的有价证券。

10. 预计利润表

预计利润表是整个预算体系的重要组成部分，从中可以了解到企业的预计利润水平，并当作衡量企业实际表现的参照标准。预计利润表的格式与实际利润表相同，可以揭示企业预算期的盈利情况，从而帮助企业及时调整经营战略。

11. 预计资产负债表

预计资产负债表反映预算期末预计的财务状况。为了对比分析，可将有关资产、负债及所有者权益项目的期初实际数与期末预计数一同列示。预计资产负债表可以为企业管理当局提供会计期末预期财务状况信息，从而有助于管理当局预测未来期间的经营状况，并采取适当的预防性措施。

第二节　全面预算的编制方法

全面预算编制的主要方法有固定预算法、弹性预算法、零基预算法、增量预算法、定期预算法、滚动预算法、概率预算法、作业基础预算法和项目预算法等。

一、固定预算与弹性预算

预算按其是否可根据业务量调整，分为固定预算和弹性预算两种。

1. 固定预算

（1）固定预算的概念。

固定预算又称静态预算，是根据预算期内正常的、可实现的某一业务量水平而编制的预算。固定预算的特点主要体现为以下两点：一是没有考虑预算期间内业务量水平可能发生的变动，只按某一确定的业务量水平为基础确定其相应的数额；二是将预算的实际执行结果与预算期内计划规定的某一业务量水平所确定的预算数进行比较分析，并据以进行业绩评价、考核。

（2）固定预算的不足。

固定预算用来考核非营利组织或业务量水平较为稳定的企业是比较合适的。但是，如果用来衡量业务量水平经常变动的企业的耗费与成果，特别是当实际业务量水平与预算确定的业务量水平相差甚远时，用固定预算就很难正确地考核和评价预算的执行情况。

当固定预算的控制性仅限于实际业务量水平与预算业务量水平相近时，由于市场情况变幻莫测，许多企业难以准确预测市场需求，固定预算控制和考核的作用实际上降低了，于是便产生了弹性预算。

2. 弹性预算

（1）弹性预算的概念。

弹性预算是指企业根据费用（或收入）同业务量之间有规律的数量关系，按照预算期内可预见的多种业务量水平确定相应的数据，或可按其实际业务量水平调整的预算。由于弹性预算的数字不再是一个固定的水平，具有"伸缩"的余地，因而被称为弹性预算。

由于未来业务量的变动会影响成本费用和利润等，因此，弹性预算从理论上说适用于全面预算中与业务量有关的各种预算；但从实用的角度讲，主要用于编制弹性成本预算和弹性利润预算，一般采用先成本预算后利润预算的顺序进行编制。

现以制造费用的弹性预算为例，说明弹性预算的编制程序。首先，按照成本性态将费用分为固定成本和变动成本两大类。其次，选择一个最能代表本部门生产经营活动水平的计量单位。再次，确定适用的业务量。需根据企业或部门业务量变化的具体情况而定，尽量使实际业务量不至于超出确定的范围，可定在正常生产能力的70%~110%，或规定一个最低业务量、最高业务量的下限和上限范围。业务量之间的间隔一般为5%~10%。最后，确定预算期内各业务量水平的预算额。

（2）弹性预算的编制方法。

公式法下，制造费用弹性预算的计算公式如下。

$$\text{制造费用弹性预算} = \sum (\text{单位变动成本预算} \times \text{实际业务量}) + \text{固定制造费用预算}$$

由于对变动成本主要根据单位业务量进行控制，而对固定制造费用主要控制其总额，采用公式法编制制造费用的弹性预算，事先要把单位变动成本的耗费标准、固定制造费用总额耗费标准确定好，预算期执行完后，把实际业务量代入弹性预算公式，计算出实际业务量下应该达到的费用水平，然后与其实际发生额比较，才能分析出成本节约或超支的真正原因。

【例9-1】某公司单位变动制造成本预算120元，其中间接材料30元，间接人工70元，动力费20元。固定制造费用预算320 000元，其中办公费100 000元，折旧费200 000元，租赁费20 000元。实际生产量2 000件，则2 000件的制造费用应控制在什么水平？

120×2 000+320 000=560 000（元）；560 000元即为该例中的制造费用弹性预算。与实际发生的单位变动制造费用、固定制造费用比较，就可分析出哪些具体的费用项目发生变动，进而分析原因，追究责任。

如果该企业预算业务量范围为正常生产能力的60%~120%，其正常生产能力为3 000件，制造费用预算如表9-1所示。

表 9-1 制造费用预算

单位：元

费用项目	单位变动成本	总成本			
变动制造费用					
间接材料	30	54 000	72 000	90 000	108 000
间接人工	70	126 000	168 000	210 000	252 000
动力费	20	36 000	48 000	60 000	72 000
小计	120	216 000	288 000	360 000	432 000
固定制造费用					
办公费		100 000	100 000	100 000	100 000
折旧费		200 000	200 000	200 000	200 000
租赁费		20 000	20 000	20 000	20 000
小计		320 000	320 000	320 000	320 000
制造费用合计		536 000	608 000	680 000	752 000

（3）弹性预算的特点。

弹性预算可根据一系列业务量水平或实际业务量水平编制或调整，因而它扩大了预算的适用范围，便于事后分析和日常控制。弹性预算按成本性态分类列示，便于在计划期终了时计算实际业务量的预算成本，与实际业务量的实际成本比较，使预算成本排除了业务量变动的因素，从而使预算执行情况的评价和考核建立在更加现实和可比的基础上，能明确分析出各项费用的升降及其原因。

二、零基预算与增量预算

1. 零基预算

（1）零基预算的概念。

零基预算是区分传统的增量（或减量）预算而设计的一种编制费用预算的方法。零基预算法是指在编制预算时，对于预算支出均以零为基底，不考虑过去情况如何，对所有业务活动都重新进行评价，分析研究每项预算是否有支出的必要性和支出数额的大小，从而确定预算成本的一种方法。

零基预算可分为三步编制。第一步，提出费用计划。企业内部各有关部门，根据企业的总体奋斗目标和本部门的目标与要求，提出每一项预算业务的性质和目的，对每项业务所需要的费用开支以零为底提出具体数额。第二步，按费用的重要性排出等级。采用对比的方法，对每项活动、每项工作进行成本效益的分析对比，权衡各项工作的轻重缓急，按所需经费的多少分等级，排列顺序。第三步，落实预算。根据分成的等级和先后顺序，按资金的多少分配资金,落实预算。

【例9-2】假设某企业采用零基预算法编制销售与管理费用预算。该企业预算期用于销售和行政管理方面的资金总额为550 000元。销售与管理费用预算应按如下步骤编制。

首先,由企业的销售部门和行政管理部门根据部门的预算目标确定需要开支的费用项目及数额,如表9-2所示。

表9-2 费用项目及数额 单位:元

费用项目	数额	费用项目	数额
销售佣金	56 000	办公费	23 000
运输费	157 000	广告费	85 000
管理人员工资	20 000	差旅费	34 000
职工教育经费	25 000	保险费	40 000
税金	63 000	业务招待费	80 000

其次,经过分析研究,认为销售佣金、运输费、管理人员工资、差旅费、办公费、保险费和税金7项开支属于约束性费用性质,在预算期必须全额保证它们对资金的需求,而广告费、职工教育经费、业务招待费3项开支属于酌情性费用性质,可在满足约束性费用资金需求的前提下,将剩余的资金按照它们的重要程度来分配。重要程度可通过3个项目的开支与其给企业带来的收益相对比来确定。通过成本效益分析,确定资金的分配顺序为广告费可满足90%,职工教育经费可满足85%,剩余的为业务招待费。

最后,将预算期可动用的资金在各费用项目之间进行分配,编制预算如下。

全额满足约束性费用的需求,约束性费用所需资金总额=56 000+157 000+20 000+34 000+23 000+40 000+63 000=393 000(元)。

将剩余的资金在酌情费用项目之间进行分配:

广告费分配资金数额=85 000×90%=76 500(元);

职工教育经费分配资金数额=25 000×85%=21 250(元);

业务招待费分配资金数额=550 000-393 000-76 500-21 250=59 250(元)。

(2)零基预算的特点。

零基预算具有有效控制费用的功能,可以促进各预算部门精打细算,量力而行,合理使用资金,提高利用效果。

①目标明确,可以选择项目的轻重缓急。

②有助于对投入产出的认识,不做无效的投入、盲目的投入,使费用得到有效的控制。

③可使资源的利用更有效率,使有限的资金用在刀刃上,保证预算落实到位。

零基预算的缺点是编制工作量大。针对零基预算的缺点企业可以根据具体情况需要,每间隔一定时期采用一次,经济活动变化不大时也可采用增量法做一些调整。总之,要结合实际工作和客观需要,把零基预算的思想运用在费用预算的编制之中。

2. 增量预算

传统的增量预算是以现有费用水平为基础，根据预算期内有关业务量预期的变化，对现有费用进行适当调整，以确定预算期的预算数。这种方法的基本假设：一是企业现有的每项活动都是企业不断发展所必需的；二是在未来预算期内企业必须至少以现有费用水平继续存在；三是现有费用已得到有效的利用。

因此，这种方法在指导思想上，以承认现实的基本合理性作为出发点，从而使原来不合理的费用支出也可能继续存在下去，甚至有增无减，造成资金的浪费。

三、定期预算与滚动预算

预算编制方法按预算期的特征不同，可以分为定期预算和滚动预算。

1. 定期预算

定期预算法是指在编制预算时以不变的会计年度（日历年度）作为预算期的一种编制预算的方法。定期预算虽然与会计年度相配合，但有以下三点缺陷。

（1）盲目性。

定期预算一般是在其执行年度开始前两三个月进行，在编制时难以预测预算期的某些活动，特别是对预算执行期后半阶段的生产经营活动很难做出准确的预算，往往只能提出一个较为笼统的数字，执行起来预算数与实际数易产生较大的差距，给预算执行带来很多困难，不利于对生产经营活动的考核和评价。

（2）滞后性。

定期预算不能随情况的变化及时调整，当预算中所规划的各种活动在预算期内发生重大变化时（如预算期临时中途转产），就会造成预算滞后过时，使预算失去考核实际执行的意义。

（3）间断性。

在预算执行过程中，受预算期的限制，管理人员的决策视野局限于剩余预算期间的活动，致使经营管理者的决策视野局限于本期规划的经营活动，通常不考虑下期。例如，一些企业提前完成本期预算后，以为可以松一口气，其他事等来年再说，形成人为的预算间断。因此，按定期预算方法编制的预算不能适应连续不断的经营过程，不利于企业的长远发展。

2. 滚动预算

在市场经济环境下，企业为求得生存和发展，在做计划时需要根据市场变化适时调整计划。滚动预算不但克服了定期预算的缺陷，而且适应了市场变化对计划的要求。

（1）滚动预算法。

滚动预算又称永续预算，是指企业根据上一期预算执行情况和新的预测结果，按既定的预算编制周期和滚动频率，对原有的预算方案进行调整和补充，逐期滚动，持续推进的预算编制方法。

这里的预算编制周期，是指每次编制预算所涵盖的时间跨度。滚动频率是指调整和补充预算的时间间隔，可以为月度、季度、年度。滚动预算按滚动频率，可以分为中期滚动预算和短期滚动预算。中期滚动预算的编制周期通常为 3 年或 5 年，以年度作为预算滚动频率。短期滚动预算通常以 1 年为编制周期，以月度、季度作为滚动预算频率。中期滚动预算一般用于长期预算的编制。

（2）短期滚动预算。

短期滚动预算的主要特点是预算期连续不断，预算在其执行中自动延伸，使预算期始终保持 12 个月（1 年）。每过去一个月或一个季度，就根据新的情况进行调整和修订后面月份或后面季度的预算，并在原来的预算期末随即补充一个月或一个季度的预算。这样逐期向后滚动，连续不断地以预算的形式规划未来的经营活动。

（3）滚动预算的特点。

滚动预算适应了市场环境经常变化的需要和不确定性因素的要求。较之传统的定期预算，其优点是通过对预算的不断修订，使预算与实际情况密切适应，使预算的编制期与执行期紧密相连。这种动态的预算帮助企业克服了静态定期预算一次编制存在的盲目性，避免了预算与实际有较大的出入，保持了预算的完整性、连续性。这种动态预算在执行中能使企业管理者把握未来，了解企业的总体规划和近期目标，使各级管理人员对近期预算充满信心，对未来预算积极提供信息和建议。滚动预算的实用性，使预算建立在客观现实的基础上，真正发挥了预算对实际工作的指导和控制作用。

四、概率预算与作业基础预算

以上编制的预算，均假定所涉及销售量、单价、生产量、产品成本等变量是确定不变的。但是，实际情况并非如此。分析编制预算所涉及的每个变量可能出现的各种情况及其概率，计算出数学期望，然后以各个变量的数学期望为基础来编制的预算就是概率预算，它考虑了各个相关因素变化的各种情况及概率，所以更符合实际、更加科学。

作业基础预算是利用作业成本法原理进行编制的预算，它关注作业而不是产品和部门。企业根据不同的作业类型划分若干作业成本库，这样每个作业成本库都由同质成本构成。企业可以将固定成本划分到同一作业成本库中，不同类型的变动成本被划分到不同的作业成本库中。每次在编制全面预算时，企业都要对不同作业成本库划分的准确性做出评价。作业成本法厘清了作业和资源之间的关系，管理者可以通过预测供应、设计、客户服务等不同作业变化对资源需求的影响，来持续改善其预算编制的准确性。

五、项目预算

当某个项目完全独立于公司的其他要素、是该公司唯一的要素时，就会用到项目预算。项目预算的时间框架就是项目的期限，但跨年度的项目应按年度分解编制预算。在编制项目预算时，过去相似的成本项目预算可以作为标杆，其编制方法与全面预算的编制方法一样，利用相同的技术并包含相同的组成要素。与全面预算的不同，项目预算只关注到了项目相关的成本，全面预算则是关注整个公司的成本。

项目预算的优点在于它能包含所有与项目有关的成本,因此容易计量单个项目的影响,无论项目规模的大小,项目预算都能够很好地发挥作用。

第三节　全面预算编制案例

通常,编制预算的周期为一年或一个经营周期,这样可使预算年度与会计年度保持一致,便于预算执行结果的分析考核与评价。年度预算可以分解为季度预算,季度预算又可分解为月度预算。使用较短的预算期间,可使各级经理人员经常地把实际执行与预算数据进行比较,更快地找到问题和解决问题。

全面预算的编制方法可根据企业的管理要求、经营性质和规模大小,几种方法结合灵活应用,这样使预算编制更加科学合理,预算管理的功效也会大为增强。为便于理解全面预算的编制,这里主要以固定预算编制方法为例。

一、销售预算

销售预算依据预计的销售量、销售单价和销货款的回收情况及预计的现金收入编制。

【例9-3】某公司计划在2019年度销售一种产品,销售单价和销售收入的预算如表9-3所示。假设根据预测,每季度销售收入的60%于当季以现金收讫,40%于下一季度收到。

表9-3　销售单价和销售收入的预算

季度		1	2	3	4	全年
销售数量/件		2 000	6 000	8 000	4 000	20 000
销售单价/元		50	50	50	50	50
预计销售金额/元		100 000	300 000	400 000	200 000	1 000 000
预计现金收入	期初应收账款/元	20 000				20 000
	第一季度销售收入/元	60 000	40 000			100 000
	第二季度销售收入/元		180 000	120 000		300 000
	第三季度销售收入/元			240 000	160 000	400 000
	第四季度销售收入/元				120 000	120 000
	现金收入合计/元	80 000	220 000	360 000	280 000	940 000

二、生产预算

【例9-4】沿用【例9-3】的资料,假定公司各季度的期末存货按下一季度销售量的20%计算,年末预计存货为600件,各季期初存货和期末存货相等,该企业没有在产品存货。现根据销售预算中的资料,结合期初、期末的存货水平,编制计划年度的分季生产预算。

该公司计划年度的分季生产预算,如表9-4所示。

表 9-4 生产预算（2019 年度）

季度	1	2	3	4	全年
预计销售需要量/件	2 000	6 000	8 000	4 000	20 000
加：预计期末存货量/件	1 200	1 600	800	600	600
预计需要量合计/件	3 200	7 600	8 800	4 600	20 600
减：期初存货量/件	400	1 200	1 600	800	400
预计生产量/件	2 800	6 400	7 200	3 800	20 200

三、直接材料采购预算

【例9-5】沿用【例9-4】的材料，假定该公司单位产品的材料消耗定额为5千克，计划单价为1元/千克。预计每季末的材料存货占下一季度生产需用量的10%，年末预计的材料为1 500千克，各季期初存货与上季期末存货相等。编制计划年度的分季直接材料采购预算，如表9-5所示。

表 9-5 直接材料采购预算（2019 年度）

季度		1	2	3	4	全年
预计生产量（生产预算）/件		2 800	6 400	7 200	3 800	20 200
单位产品材料消耗定额/千克		5	5	5	5	5
预计生产需要量/千克		14 000	32 000	36 000	19 000	101 000
加：期末存货量/千克		3 200	3 600	1 900	1 500	1 500
预计需要量合计/千克		17 200	35 600	37 900	20 500	102 500
减：期初存货量/千克		1 400	3 200	3 600	1 900	1 400
预计采购量/千克		15 800	32 400	34 300	18 600	101 100
材料计划单价/元		1	1	1	1	1
预计采购材料金额/元		15 800	32 400	34 300	18 600	101 100
预计现金支出	期初应付账款/元	10 000				10 000
	第一季度购料/元	7 900	7 900			15 800
	第二季度购料/元		16 200	16 200		32 400
	第三季度购料/元			17 150	17 150	34 300
	第四季度购料/元				9 300	9 300
	现金支出合计/元	17 900	24 100	33 350	26 450	101 800

四、直接人工预算

【例9-6】沿用【例9-4】的资料，该公司在计划期间内所需直接人工只有一个工种，单位产品工时定额为2工时，单位产品小时工资为6元，编制直接人工预算。直接人工预算如表 9-6 所示。

表 9-6　直接人工预算（2019 年度）

季度	1	2	3	4	全年
预计生产量/件	2 800	6 400	7 200	3 800	20 200
单位产品工时定额/小时	2	2	2	2	2
直接人工总工时/小时	5 600	12 800	14 400	7 600	40 400
小时工资率/(元·小时$^{-1}$)	6	6	6	6	6
直接人工成本总额/元	33 600	76 800	86 400	45 600	242 400

五、制造费用预算

【例 9-7】沿用【例 9-6】的资料，该公司制造费用中的变动部分按计划年度所需的直接人工小时数进行规划，预计变动制造费用分配率为 4 元/小时；固定制造费用预计每季均为 15 000 元，预计折旧每季均为 3 000 元。编制制造费用预算，如表 9-7 所示。

表 9-7　制造费用预算（2019 年度）

项目	第一季度	第二季度	第三季度	第四季度	合计
预计直接人工/小时	5 600	12 800	14 400	7 600	40 400
变动制造费用分配率/(元·小时$^{-1}$)	4	4	4	4	4
预计变动制造费用/元	22 400	51 200	57 600	30 400	161 600
预计固定制造费用/元	15 000	15 000	15 000	15 000	60 000
预计制造费用合计/元	37 400	66 200	72 600	45 400	221 600
减：折旧/元	3 000	3 000	3 000	3 000	12 000
预计需用现金支付的制造费用/元	34 400	63 200	69 600	42 400	209 600

预计固定制造费用分配率 = 60 000 ÷ 40 400 ≈ 1.49（元/小时）。
假定需用现金支付的制造费用均于发生当季支付。

六、期末产成品成本预算

【例 9-8】沿用【例 9-3】的资料，该公司计算单位生产成本采用变动成本计算法。根据前面预算中的资料，编制期末产成品成本预算。期末产成品成本预算如表 9-8 所示。

表 9-8　期末产成品成本预算（2019 年度）

成本项目	价格标准	用量标准	合计/元
直接材料	5 元/千克	1 千克	5
直接人工	2 元/小时	6 小时	12
变动制造费用	2 元/小时	4 小时	8

续表

成本项目	价格标准	用量标准	合计/元
单位产品成本	—	—	25
期末存货预算		期末存货量/件	600
		单位产品成本/元	25
		期末存货金额/元	15 000

七、销售及管理费用预算

【例9-9】沿用【例9-3】的资料，该公司销售及管理部门根据计划期具体情况，编制销售及管理费用预算。销售及管理费用预算如表9-9所示。

表9-9 销售及管理费用预算（2019年度）

项目	第一季度	第二季度	第三季度	第四季度	合计
预计销售量/件	2 000	6 000	8 000	4 000	20 000
单位产品变动销售及管理费用/元	6	6	6	6	6
预计变动销售及管理费用/元	12 000	36 000	48 000	24 000	120 000
预计固定销售及管理费用/元					
广告费/元	8 000	8 000	8 000	8 000	32 000
保险费/元	8 500	—	—	15 000	23 500
管理人员工资/元	9 200	9 200	9 200	9 200	36 800
财产税/元			4 500		4 500
租金/元	2 600				2 600
小计/元	28 300	17 200	21 700	32 200	99 400
预计销售及管理费用合计/元	40 300	53 200	69 700	56 200	219 400

八、现金预算

【例9-10】沿用【例9-3】的资料，设公司按年分季编制现金预算。该公司计划期间预计全年所得税为40 000元，每季度各分担25%。预计第一季度购买机器设备50 000元，第四季度购买机器设备40 000元。款项于购买当季支付。预计年末需支付现金股利30 000元。预计每季初都可按6%的年利率向银行借款；若资金有多余，每季末偿还。借款利息于偿还本金时一起支付。根据以上各种预算表中的有关资料编制现金预算表，如表9-10所示。

表9-10 现金预算（2019年度）

单位：元

摘要	第一季度	第二季度	第三季度	第四季度	全年
期初现金余额	8 100	8 000	8 000	8 035	8 100
加：现金收入					
应收账款收回及销售收入	80 000	220 000	360 000	280 000	940 000
可用现金合计	88 100	228 000	368 000	288 035	948 100
减：现金支出					
采购直接材料	17 900	24 100	33 350	26 450	101 800
支付直接人工	33 600	76 800	86 400	45 600	242 400
制造费用	34 400	63 200	69 600	42 400	209 600
销售及管理费用	40 300	53 200	69 700	56 200	219 400
购置设备	50 000	—	—	40 000	90 000
支付所得税	10 000	10 000	10 000	10 000	40 000
支付股利				30 000	30 000
现金支出合计	186 200	227 300	269 050	250 650	933 200
现金结余（或短缺）	(98 100)	700	98 950	37 385	14 900
通融资金					
向银行借款（期初）	106 100	7 300	—	—	113 400
归还借款（期末）	—	—	(87 000)	(26 400)	(113 400)
支付利息	—	—	(3 915)	(1 474.5)	(5 389.5)
合计	106 100	7 300	(90 915)	(27 874.5)	(5 389.5)
期末现金余额	8 000	8 000	8 035	9 510.5	

注：87 000×6%×3/4＝3 915；(106 100－87 000)×6%＋7 300×6%×3/4＝1 474.5

九、预计利润表

预计利润表是用来反映企业在计划期间全部经营活动及其最终财务成果而编制的预算。它是依据销售预算、销售及管理费用预算、单位产品成本和期末存货预算、专门预算和现金预算等资料编制的。

【例9-11】沿用【例9-3】的资料，根据以上预算的有关资料编制预计利润表，如表9-11所示。

表 9-11 预计利润表（2019 年度）

单位：元

项目	金额
销售收入（表9-3）	1 000 000
减：变动成本	620 000
制造成本（表9-3、表9-8）	500 000（20 000×25）
销售及管理费用（表9-9）	120 000
贡献毛益总额	380 000
减：固定成本	159 400
固定制造费用（表9-7）	60 000
固定销售与管理费用（表9-9）	99 400
营业净利	220 600
减：利息费用	5 389.5
税前净利	215 210.5
减：所得税	40 000
税后净利	175 210.5

十、预计资产负债表

预计资产负债表是反映企业计划期末财务状况的总括性预算，它是根据当前的实际资产负债表和全面预算中的其他预算所提供的有关数字做适当调整编制的。预计资产负债表可以为企业管理当局提供会计期末企业预期财务状况的信息，有助于管理当局预测未来期间的经营状况，并采取适当的改进措施。

【例9-12】沿用前例资料，根据基期期末的资产负债表及计划期间各项预算中的有关资料编制计划期末的预计资产负债表。该公司计划期末的预计资产负债表如表9-12所示。

表 9-12 预计资产负债表

2019 年 12 月 31 日

单位：元

资产		权益	
流动资产		流动负债	
1. 现金（表9-10）	9 510.5	7. 应付账款（表9-5）	9 300
2. 应收账款（表9-3）	80 000		
3. 材料存货（1 500 千克）（表9-5）	1 500		
4. 产成品存货（600 件）（表9-8）	15 000		
合计	106 010.5	合计	9 300

续表

资产		权益	
固定资产		股东权益	
5. 固定资产原价（表9-10）	370 000	8. 股本	250 000
6. 累计折旧（表9-7）	(31 500)	9. 留存收益（表9-10，表9-11）	185 210.5
合计	338 500	合计	435 210.5
资产总计	444 510.5	权益总计	444 510.5

注：固定资产年初数280 000元；累计折旧年初数19 500元；年初股本250 000元年内未变动；年末留存收益（185 210.5元）=年初留存收益（40 000元）+税后净利（175 210.5元）-支付股利（30 000元）。

本章要点

全面预算是企业在一定期间内（一年）生产经营决算所定目标的数量表现。经营业务预算、财务预算是全面预算的主要构成内容。企业编制全面预算是一项系统工作，企业各职能部门积极配合是科学编制预算的基础，财务部门统筹协调是预算编制和执行的关键。企业不但要掌握全面预算的内容和编制方法，还要清楚全面预算的编制程序，这有助于对全面预算管理的理解和在实践中的运用。

案例讨论

全面预算管理在上汽集团的应用

作为一家大型制造业集团，上海汽车集团股份有限公司（简称"上汽集团"）早在10年前就不断提高管理精细化程度，将全面预算管理融入日常管理中。经过10余年的操作和完善，上汽集团逐渐将全面预算管理工作制度化、系统化和常态化。预算管理已经成为企业管理的基石。

一是建立具有上汽特色的预算管理系统。上汽集团不断向合资外方学习先进的预算管理理念以及领先的预算管理系统，并积极将其用于实际经营管理中。集团将这些成熟的预算管理方法付诸实践，不断总结提炼经验，并结合集团自身运营的实际情况，逐步形成了现有的具有上汽特色的全面预算管理系统。

二是集团对全面预算管理高度重视。上汽集团设立了预算管理委员会，在预算管理委员会的领导下开展预算编制、预测执行、预算控制和监督等工作。集团总裁牵头落实预算目标的制定工作，负责预算编制总体要求的下达。年度预算目标经过多次"由上而下、由下而上"的充分沟通和讨论，经董事会审核批准后执行。在上汽集团预算管控过程中，无论是工作汇报还是考核评定等具体工作，管理层都以预算目标的执行情况作为主要评价依据。

三是全面预算管理重点突出"全面"。"人人成为经营者"的管理模式，是上汽独创并长期实践的管理模式。这一管理模式突破了传统的管理理论和思维方法，以人为本，把市场机制引入企业内部管理，精细、有效地整体优化了企业的管理结构、管理环节和管理过程，把员工当家作主真正落到实处，极大地调动了广大员工的创造性和积极性。

四是做好目标的持续跟踪与分析。上汽集团一贯将预算跟踪和分析作为预算管控的重点。对于预算目标的跟踪，也不仅仅局限于财务数据，还要求关注业务数据。比如，在关注收入、利润预算完成情况的同时，还会关注业务的完成情况（如销售订单的获得情况）、生产运营的效率情况（如单台产品的制造费用），并通过与先进企业的对比，寻找差距、积极改进。

五是将信息系统运用于全面预算管理。随着市场竞争日趋激烈，企业生产经营规模日益扩大，所分析的数据量呈几何级增长。为了提升预算管控效率，引入信息系统的解决方案尤为必要。信息系统的使用，使得日常预算预测工作效率得到提升，为财务人员完成从数据收集到更有价值的数据分析的转变创造了条件。

全面预算管理在集团内的推行和不断完善，保障了上汽集团经营目标的合理制定和有效执行。数据显示，上汽集团近年来销量、收入和净利润等各项指标都呈较快速增长。

资料来源：夏明涛，中国会计报，2015-04-10

思考：
1. 说明企业全面预算管理中预算编制、预算执行、预算评价三者之间的关系。
2. 剖析一家企业实例，分析该企业预算管理的具体做法。

练习题

一、单项选择题

1. 下列各项中能揭示全面预算本质的说法是：全面预算是关于未来期间内（　　）。
   A. 企业的成本计划　　　　　　　B. 事业单位的收支计划
   C. 企业总体计划的数量说明　　　D. 企业总体较好的文字说明

2. 在管理会计中，用于概括与企业日常业务直接相关、具有实质性的基本活动的一系列预算的概念是（　　）。
   A. 专门决策预算　　　　　　　　B. 业务预算
   C. 财务预算　　　　　　　　　　D. 销售预算

3. 现金预算属于（　　）。
   A. 业务预算　　　　　　　　　　B. 生产预算
   C. 财务预算　　　　　　　　　　D. 专门决策预算

4. 编制生产预算以（　　）为基础。
   A. 采购预算　　　　　　　　　　B. 销售预算
   C. 财务预算　　　　　　　　　　D. 管理费预算

5. 下列预算中，属于专门决策预算的是（　　）。
   A. 财务费用预算　　　　　　　　B. 直接人工预算
   C. 资本支出预算　　　　　　　　D. 产品成本预算

6. 在成本性态分析基础上，分别按一系列可能达到的预计业务量水平而编制的能适应多种情况的预算，称为（　　）。
   A. 滚动预算　　　　　　　　　　B. 零基预算
   C. 弹性预算　　　　　　　　　　D. 连续预算

7. 全面预算的起点是（　　）。
   A. 现金预算　　　　　　　　　　B. 生产预算
   C. 销售预算　　　　　　　　　　D. 管理费预算

8. 下列预算中，不涉及现金收支内容的项目有（　　）。
   A. 生产预算　　　　　　　　　　B. 直接材料采购预算
   C. 制造费用预算　　　　　　　　D. 销售预算

9. 企业的全面预算体系的终结为（　　）。
   A. 现金预算　　　　　　　　　　B. 销售预算
   C. 预计财务报表　　　　　　　　D. 资本支出预算

10. 直接材料预算编制的基础是（　　）。
    A. 销售预算　　　　　　　　　　B. 直接人工预算
    C. 财务预算　　　　　　　　　　D. 生产预算

二、多项选择题

1. 下列各项中，属于全面预算体系构成内容的有（　　）。
   A. 业务预算　　　　　　　　　　B. 财务预算
   C. 专门决策预算　　　　　　　　D. 零基预算

2. 下列各项中，属于专门决策预算内容的有（　　）。
   A. 一次性专门业务预算　　　　　B. 预计利润表
   C. 预计资产负债表　　　　　　　D. 资本支出预算

3. 编制生产预算时需要考虑的因素有（　　）。
   A. 基期生产量　　　　　　　　　B. 基期销售量
   C. 预算期预计销售量　　　　　　D. 预算期预计期初存货量

4. 编制直接人工预算时需要考虑的因素有（　　）。
   A. 基期生产量　　　　　　　　　B. 预计销售量
   C. 生产预算中的预计生产量　　　D. 标准单位直接人工工时

5. 下列各项中，能够为编制预计利润表提供信息来源的有（　　）。
   A. 销售预算　　　　　　　　　　B. 产品成本预算
   C. 销售费用及管理费用预算　　　D. 制造费用预算

6. 编制成本费用预算的方法按其出发点的特征不同，可分为（　　）。
   A. 固定预算　　　　　　　　　　B. 弹性预算
   C. 增量预算　　　　　　　　　　D. 零基预算

7. 零基预算与传统的增量预算相比较，其不同之处在于（　　）。
   A. 一切从可能出发　　　　　　　B. 以零为基础
   C. 以现有的费用水平为基础　　　D. 一切从实际需要出发

8. 销售预算的主要内容有（　　）。
   A. 销售收入　　　　　　　　B. 销售费用
   C. 销售数量　　　　　　　　D. 销售单价

9. 通常完整的全面预算应包括（　　）三部分。
   A. 营业预算　　　　　　　　B. 资本支出预算
   C. 销售预算　　　　　　　　D. 财务预算

10. 财务预算的内容包括（　　）。
    A. 现金预算　　　　　　　　B. 资本支出预算
    C. 预计资产负债表　　　　　D. 预计利润表

三、判断题

（　）1. 财务预算是指反映企业预算期现金支出的预算。

（　）2. 生产预算是编制全面预算的关键和起点。

（　）3. 为了便于编制现金预算，还应在编制销售预算的同时，编制与销售收入有关的经营现金收入预算表。

（　）4. 生产预算是以销售预算为依据编制的。

（　）5. 生产预算是使用实物量和价值量为计量单位而编制的预算。

（　）6. 在编制生产预算时，应考虑预计期初存货和预计期末存货。

（　）7. 资本支出预算是指与项目投资决策密切相关的专门决策预算。

（　）8. 预计资产负债表与预计利润表构成了整个财务预算。

（　）9. 一般来说，固定预算方法只适用于业务量水平较为稳定的企业或非营利组织编制预算时采用。

（　）10. 弹性预算只适用于编制利润预算。

四、业务题

1. 某企业按照 8 000 直接人工小时编制的预算资料如表 9-13 所示。

表 9-13　预算资料

单位：元

变动成本	金额	固定成本	金额
直接成本	6 000	间接成本	11 700
直接人工	8 400	折旧	2 900
电力及照明	4 800	保险费	1 450
		电力及照明	1 075
小计	19 200	其他	875
		小计	18 000

该企业的正常生产能量为 10 000 直接人工小时，假定直接人工小时超过正常生产能量时，固定成本将增加 6%。

要求：编制 9 000、10 000、11 000 直接人工小时的弹性预算。

2. 设某公司采用零基预算法编制下年度的销售及管理费用预算。该企业预算期间需要开支的销售及管理费用项目及数额如表9-14所示。

表9-14 销售及管理费用资料

单位：元

产品包装费	12 000
广告宣传费	8 000
管理、推销人员培训费	7 000
差旅费	2 000
办公费	3 000
合计	32 000

公司预算委员会审核后，认为上述五项费用中产品包装费、差旅费和办公费属于必不可少的开支项目，保证全额开支，其余两项开支根据公司有关历史资料进行成本效益分析，其结果为：广告宣传费的成本与效益之比为1∶15；管理、推销人员培训费的成本与效益之比为1∶25。假定该公司在预算期间可分配给销售及管理费用的总开支为29 000元。

要求：编制销售及管理费用的零基预算。

第十章

决策分析

本章结构图

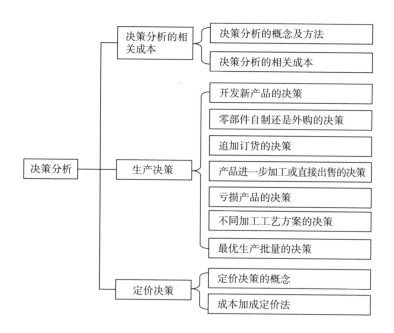

本章学习目标

> 了解决策分析的含义和方法。
> 掌握生产经营决策应考虑的相关成本及其应用。
> 掌握生产经营决策分析方法的应用。
> 理解定价决策的概念及各种定价的方法。

第一节　决策分析的相关成本

一、决策分析的概念及方法

决策分析是指对企业未来经营活动面临的问题，由各级管理人员做出有关未来经营决策战略、方针、目标措施和方法的决策过程。决策分析是经营管理的核心内容，是关系到企业未来发展兴衰成败的关键所在。

决策是企业经营管理的核心之一，在企业决策过程中，需要管理者综合考虑经济因素和非经济因素。管理者在考虑经济因素时，要把可计量因素和不可计量因素、财务计量和非财务计量相结合，以做出能使企业获得最大经济效益的决策。

决策分析贯穿市场经济活动的始终，涉及的内容较多，按照不同标志可将其分为若干不同的分类。决策分析一般包括提出目标、收集资料、拟订方案、评价方案、做出决策、实施决策方案、检查与反馈。

决策分析常用的方法有差量分析法、本量利分析法和贡献毛益分析法等。

1. 差量分析法

差量分析法是根据两个备选方案的差量收入与差量成本的比较，来确定最优方案的方法。这里的差量收入是指两个备选方案的预期收入的差异数，差量成本是指两个备选方案的预期成本的差异数。差量收入大于差量成本为优。应该注意的是，在计算差量收入与差量成本时，方案的先后排列顺序必须一致。

2. 本量利分析法

本量利分析法是指在生产决策过程中，根据各个备选方案的成本、业务量与利润三者之间的依存关系来确定哪个方案最优的方法。该法的关键在于确定成本分界点（成本平衡点）。成本分界点是两个备选方案预期成本相等情况下的业务量。确定了成本分界点，就可以说明在业务量范围内哪个方案最优。

3. 贡献毛益分析法

贡献毛益分析法是通过对比备选方案的贡献毛益总额的大小来确定最优方案的方法。由于在生产决策中一般不改变生产能力，固定成总额通常保持不变，所以只需以各方案所提供的贡献毛益总额的大小，或单位资源（人工工时、机器工时、定额工时等）所创造贡献的大小，作为选优的标准。单位资源贡献毛益是单位贡献毛益与单位产品资源消耗定额的比值。在决策分析中，必须要求备选方案所提供的贡献益总额越大越好，或者单位资源贡献毛益越大越好，而不能以提供的单位产品贡献毛益的大小作为判断方案优劣的标准。

二、决策分析的相关成本

决策分析的根本目的是在各个备选方案中选出最佳方案。判别一个方案优劣的经济标准主要有两个，即成本（费用）和经济效益（利润），前者又从根本上制约着后者。因此，有必要明确与决策相关的一些成本概念，包括差量成本、边际成本、机会成本、付现成本、沉没成本、可避免成本与不可避免成本、专属成本与共同成本等。

1. 差量成本

差量成本是指两个备选方案的预期成本之间的差异数。不同方案的经济效益，一般可通过差量成本反映出来。因此，计算不同方案的差量成本有助于进行决策分析，确定最优方案。例如，A 零件若自制，预期的单位成本为 15 元；若向市场采购，其预期的单位购价为 10 元，因为它们有差量成本 5 元，所以外购方案较自制方案优越。

2. 边际成本

边际成本通常是指产品成本对于产品产量无限小变化的变动部分，从数学角度看，它应该是总成本函数的导数。但在实际工作中，产品产量小的变化只能小到一个单位，因此，边际成本在实际应用时又可理解为在生产能力的相关范围内，每增加或减少一个单位的产量所引起的成本变动。很显然，在此意义上，边际成本则具体表现为变动成本。

3. 机会成本

机会成本是指在决策过程中由于选取最优方案而放弃次优方案所丧失的潜在收益，其潜在收益即选择目前接受方案所付出的代价。

机会成本不是一种实际支出或费用，无须计入账册，它是被放弃方案的潜在收益。在决策时考虑机会成本，能使有限的资源得到充分利用。

在决策分析中，必须考虑机会成本，主要由于一种资源有多种用途或使用的机会，但往往用之于 A 就不能用之于 B，有所得必有所失。为保证资源的最优利用，则要求把放弃方案的收益作为所选方案的成本来考虑，以便使决策分析更为客观。

4. 付现成本

付现成本是指那些由于某项决策而引起的需要在未来动用现金支付的成本。企业在短期经营决策中，如碰到本身的货币资金比较拮据，而向市场筹措资金又比较困难时，则管理当局对付现成本的考虑，往往会比对总成本的考虑更为重视，并会选择付现成本最小的方案来代替总成本最低的方案。

5. 沉没成本

沉没成本是指以往发生的，但与当前决策无关的费用。从决策的角度看，以往发生的费用只是造成当前状态的某个因素，当前决策所要考虑的是未来可能发生的费用及所带来的收益，而不考虑以往发生的费用。例如，以前购置的固定资产账面价值就是沉没成本。沉没成本在决策分析中一般不予考虑。

6. 可避免成本与不可避免成本

可避免成本是与某特定备选方案相联系的，其发生与否完全取决于该方案是否为决策者所采纳的成本，如为增产某产品而需租入的加工设备的租金、为自制零件而需增加的固定资产折旧等。可避免成本虽然对实现企业经营目标具有一定程度的影响，但并不是绝对必要的，其究竟是否发生及具体数额为多少，均依企业经营者的实际选择而定。可避免成本可以是固定成本，如租金等；也可以是变动成本，如某零件决定放弃外购而选择自制时，制造该零件需用的直接材料费和直接人工费等。

不可避免成本是指某项决策行动不能改变其数额的成本，也就是同某一特定决策方案没有直接联系的成本。不可避免成本发生与否，并不取决于有关方案的取舍。

7. 专属成本与共同成本

专属成本又称特定成本，是指那些能够明确归属于特定决策方案的固定成本或混合成本。没有产品或部门，就不会发生专属成本，所以专属成本是与特定的产品或部门相联系的特定的成本，如专门生产某种产品的专用设备折旧费、保险费等。

共同成本是指为多种产品的生产或为多个部门的设置而发生的，应由这些产品或这些部门共同负担的成本。由于共同成本的发生与特定方案的选择无关，因此在决策中可以不予考虑，也属于比较典型的无关成本。如在企业生产过程中，几种产品共同耗费的设备折旧费、辅助车间成本等，都是联合成本。在进行方案选择时，专属成本是与决策有关的成本，必须予以考虑；而联合成本则是与决策无关的成本，可以不予考虑。

以上所述的各成本概念可以分为两大类：一类是指与决策有关，在进行决策分析时，必须认真考虑的各种形式的未来成本，这类成本为相关成本，如差量成本、边际成本、机会成本、付现成本、专属成本以及可避免成本；另一类则是指过去已经发生或虽未发生但不影响未来决策，因而在决策分析时须加以考虑的成本，称为无关成本，如沉没成本、共同成本、不可避免成本。

第二节 生产决策

生产决策是指在经营总体目标的制约下，依据现有实际生产能力和其他资源条件，为实现合理利用现有资源，保证产品适销对路，达到优质、高产、低消耗，提高企业经济效益，而对产品品种、产品数量、批量、使用设备、工艺流程、特殊订货、零部件取得方式、产品加工程度、亏损产品处理等生产领域中出现的各种待解决问题的决策。生产决策的内容涉及生产领域的各个方面，不同的决策对象宜采用不同的决策方法。

一、开发新产品的决策

企业所生产的产品能否及时满足市场需要，是决定其盛衰成败的关键。企业必须不断研制开发适销对路的新产品，及时改造或淘汰不能适应市场需要的老产品。因此，认真做好开发新产品的决策具有十分重要的意义。对这类决策一般采用贡献毛益分析法。

【例10-1】某企业现有设备生产能力是 30 000 机器小时，其利用率为 80%。现准备利用剩余生产能力开发新产品 A、B 或 C，三种产品的资料如表 10-1 所示。假设三种产品市场销售不受限制。

表 10-1 三种产品的有关资料

项目	A产品	B产品	C产品
单位产品定额工时/小时	2	3	5
单位销售价格/元	15	25	35
单位变动成本/元	5	13	20

要求：

(1) 采用贡献毛益分析法做出开发新产品的决策。

(2) 假设在开发 A 产品时，需增加一台专用设备，相应追加专属成本 8 000 元；生产 B、C 产品不需要增加设备。则该企业开发哪一种新产品有利？

(1) 该企业剩余生产能力 = 30 000×(1−80%) = 6 000（小时）。根据已知资料，可以计算 A、B、C 三种产品的贡献毛益总额及单位资源贡献毛益，据以进行决策。具体分析如表 10-2 所示。

表 10-2 开发新产品的决策

项目	A产品	B产品	C产品
最大产量/件	6 000/2 = 3 000	6 000/3 = 2 000	6 000/5 = 1 200
单位销售价格/元	15	25	35
单位变动成本/元	5	13	20
单位贡献毛益/元	10	12	15
贡献毛益总额/元	30 000	24 000	18 000
单位产品定额工时/小时	2	3	5
单位资源贡献毛益/元	5	4	3

从表 10-2 可以看出，从贡献毛益总额上看，A 产品提供的贡献毛益总额大于 B、C 产品各自提供的贡献毛益总额，所以，开发 A 产品最有利。从单位资源（工时）贡献毛益来看，A 产品提供的单位工时贡献毛益同样大于 B、C 产品各自提供的单位工时贡献毛益，同样得出开发 A 产品最有利的决策。用单位资源贡献毛益为依据进行决策，还要考虑产品生产能力的约束。如果 B、C 产品的单位贡献毛益比 A 产品多，且单位产品所耗工时也比 A 产品多，此时就不能仅看单位产品贡献毛益的大小，必须考虑生产能力这一约束条件。

(2) 计算 A 产品的剩余贡献毛益总额：30 000−8 000 = 22 000（元），而 B、C 产品各自提供的贡献毛益总额不变，此时生产 B 产品的贡献毛益总额 24 000 元最大，则开发 B 产品有利。

二、零部件自制还是外购的决策

随着生产专业化及产业分工协作的程度越来越高，企业常常面临着零部件自制还是外购的决策问题。企业自制某些生产所需的零部件便于控制质量，但有时企业为了保持灵活适应市场需求的能力，以及保持与客户的长期互利关系，也可从外部购买某些零部件。有些零部件虽然可以在市场上买到，但如果由自制改为外购，就会使剩余生产能力不能充分利用，而且固定成本并不因外购而减少；有些零部件的产量超过一定限额时，自制比较好，若低于限额，则以外购为宜；还有的零部件外购时剩余生产设备可以出租，得到一定的租金收入；等等。这时，管理决策者就要采用一定的方法，并充分考虑机会成本的因素，就自制还是外购做出正确的决策。对这类问题一般采用差量分析法或本量利分析法。

【例10-2】某公司全年需要甲零部件5 000件，该零部件既可以自制，也可以从市场购买。若是从市场购买，购价和运杂费为每件8元。自制的单位成本资料如下：直接材料4元，直接人工2元，变动制造费用1元，固定制造费用2元，单位生产成本9元。分别判断在下列情况下，企业应自制还是外购该零部件。

（1）企业具有生产甲零部件5 000件的剩余生产能力，且企业剩余生产能力无法转移。

（2）企业具有生产甲零部件5 000件的剩余生产能力，但生产所利用的空置厂房可对外出租，年租金预计为6 000元。

（3）企业剩余生产能力只足够生产甲零部件3 500件，为了自制5 000件甲零部件，企业需购入一台专用设备，预计该设备的年使用成本为2 800元。

（4）若企业选择自制5 000件甲零部件，将影响企业乙产品的正常生产，使乙产品的产量减少1 000件，已知乙产品的单位边际贡献为6元。

根据上述资料，分析如下。

（1）企业的剩余生产能力无法转移，因而利用剩余生产能力不会增加企业的固定制造费用。自制甲零部件的单位变动成本为直接材料、直接人工、变动制造费用之和，即甲零部件自制的单位变动成本为7元，小于外购的单位成本8元，所以，企业应选择自制该零部件。

自制零部件可节约的成本=(8-7)×5 000=5 000（元）。

（2）若企业选择自制甲零部件，便无法获得空置厂房对外出租的租金，即年租金6 000元应作为自制甲零部件的机会成本。则

自制甲零部件的相关成本=7×5 000+6 000=41 000（元）；外购甲零部件的相关成本=8×5 000=40 000（元）。

企业应选择外购甲零部件，可节约成本1 000元。

（3）企业最多可自制3 500件甲零部件，且为自制甲零部件购入专用设备的年使用费应作为自制决策的专属成本。编制差量损益分析表（见表10-3）进行分析。

表10-3　差量损益分析表

单位：元

项目	自制5 000件甲零部件	外购5 000件甲零部件	差量成本
相关成本：			
变动成本	7×5 000=35 000	8×5 000=40 000	-5 000
专属成本	2 800	0	2 800
相关成本合计	37 800	40 000	-2 200

经分析可知，企业自制甲零部件3 500件的相关成本较低，相比外购该零部件，企业可节约成本2 200元。

(4) 若甲零部件全部自制，损失的 1 000 件乙产品的边际贡献应作为自制甲产品的机会成本。计算相关成本如表 10-4 所示。

表 10-4 相关成本计算表

单位：元

项目	自制 5 000 件甲零部件	外购 5 000 件甲零部件	差量成本
相关成本：			
变动成本	7×5 000＝35 000	8×5 000＝40 000	－5 000
机会成本	6×1 000＝6 000	0	6 000
相关成本合计	41 000	40 000	1 000

通过比较可以看出，5 000 件甲零部件全部自制的成本为 41 000 元，高于外购成本 1 000 元，因此，企业应选择外购 5 000 件的决策方案。

三、追加订货的决策

当企业生产任务不足时，若用户欲以较低价格追加订货若干，此时决策应考虑哪些因素？当追加订货价格低到没有利润甚至利润为负时，是否一定拒绝？这些问题在企业日常生产经营中经常遇到，应针对不同情况区别分析。

（1）追加订货不冲击本期计划任务（正常销售）的完成，不需要追加专属成本，剩余能力无法转移。在这种情况下，只要特殊订货单价大于单位变动成本，就可以接受该追加订货。企业可利用其剩余生产能力完成追加订货的生产。

【例 10-3】某产品计划生产 20 000 件，单位售价 40 元，单位成本 34 元（其中单位变动成本 30 元）。现某客户愿以单位售价 33 元订购 2 000 件该产品。该公司尚有一定的生产能力，恰好能够满足追加订货的要求，且该生产能力无法转移。做出是否接受这批追加订货的决策。

本例只要比较特殊订货单价与该产品的单位变动成本即可。特殊订货单价 33 元大于该产品的单位变动成本 30 元，接受这批追加订货能为企业增加贡献毛益 6 000（2 000×3）元。无论是否接受该项订货，企业的固定成本不会发生变动，增加的贡献毛益即为增加的利润。本例也可以采用差量分析法，具体分析如表 10-5 所示。

表 10-5 确定是否追加订货的分析

单位：元

项目	追加订货（1）	拒绝订货（2）	差量（1）－（2）
一、差量收入			＋66 000
1. 追加订货的收入	2 000×33＝66 000		
2. 拒绝订货的收入		0	
二、差量成本			＋60 000

第十章 决策分析

续表

项目	追加订货（1）	拒绝订货（2）	差量（1）-（2）
1. 追加订货的成本	2 000×30=60 000		
2. 拒绝订货的成本		0	
三、差量收益			+6 000

由表10-5可知，由于追加订货使公司增加6 000元的贡献毛益，故可以接受这批追加订货。

（2）追加订货需要追加专属成本。在这种情况下，只要接受订货增加的贡献毛益大于追加的专属成本即可接受。

【例10-4】如果【例10-3】中生产追加订货的2 000件产品要发生5 500元的固定费用，则是否可以接受这批追加订货？

由于5 500元的固定费用是因追加订货而发生的，故为专属固定成本，应视为相关成本予以考虑。由于发生的此项专属固定成本5 500元小于追加订货后增加的贡献毛益6 000元，即6 000-5 500=500（元），故能接受这批追加订货。

本例也可以按照下式进行决策，如果满足以下条件，就可接受订货，反之则拒绝。

即

特殊定价>原单位变动成本+专属成本/追加订货量

而本例中

33>30+5 500/2 000=32.75

所以应接受订货。

（3）追加订货冲击正常任务，在这种情况下，应将减少计划产量（正常销售）所损失的贡献毛益作为追加订货方案的机会成本。当追加订货的贡献毛益额足以补偿这部分机会成本时，则可以接受订货。

【例10-5】假设【例10-3】中客户要求订货2 200件，原有剩余生产能力不能满足客户要求，则是否可以接受这批追加订货？

如接受订货，需要减产正常生产能力200件，由此减少正常销售所损失的贡献毛益=200×(40-30)=2 000（元）。这样，追加订货提供的贡献毛益为2 200×(33-30)=6 600（元），大于正常销售损失的贡献毛益2 000元。接受订货将为企业增加利润4 400元，应接受这批追加订货。

（4）剩余生产能力转移，应将生产能力转移所产生的收益作为追加订货方案的机会成本。

【例10-6】如【例10-3】中该公司剩余生产能力可以转移，设备可以对外出租，可获租金收入3 000元，则是否可以接受这批追加订货？

由于接受订货增加的6 000元贡献毛益大于对外出租的租金收入3 000元，所以该公司接受这批追加订货更有利。

四、产品进一步加工或直接出售的决策

加工使产品增值这是不言而喻的,那么,加工到何种程度再出售才最有利呢?这是企业经营管理过程中经常遇到的决策问题。一般来说,是否进一步加工包括半成品、联产品、副产品三种情况。这类决策一般借助于差量分析法。不论哪种情况,进一步加工前的成本都是沉没成本,与决策无关,属于无关成本,因此只需通过比较进一步加工后的增量收入和增量成本进行决策。

1. 半成品是否进一步加工的决策

半成品既可以直接出售,也可以加工后再出售。直接出售半成品,成本与售价相对较低;将半成品进一步加工后再出售,因售价升高可获得较高的销售收入,但需追加一定的成本。如何选择,需遵循下列原则。

(1)进一步加工后的销售收入-半成品销售收入>进一步加工所追加的成本,则应进一步加工。

(2)进一步加工后的销售收入-半成品销售收入<进一步加工所追加的成本,则应立即出售。

在这里,"进一步加工后的销售收入-半成品的销售收入"是差量收入;"进一步加工所追加的成本"为差量成本,此项包括追加的变动成本和专属固定成本。

【例10-7】某公司年产A布料10 000米,每米A布料的变动成本为20元,固定成本为5元,销售价格为35元。若对A布料继续加工,每米需支付追加变动成本8元;另需租入一台设备,年租金为5 000元,因此,售价会提高到50元。试对A布料应否进一步加工做出决策。

根据题意,分析如下。

进一步加工后的销售收入=50×10 000=500 000(元);

半成品的销售收入=35×10 000=350 000(元);

进一步加工的追加成本=8×10 000+5 000=85 000(元)。

因为进一步加工后的增量收入150 000(500 000-350 000)元>进一步加工的追加成本85 000元,所以该公司应选择进一步加工A布料的方案。

2. 联产品是否进一步加工的决策

联产品是在同一生产过程中生产出来的若干种经济价值较大的产品。有些联产品既可在分离后立即出售,也可以继续加工后再行出售。对这类联产品是进一步加工后出售还是直接出售,这也是企业经常遇到的决策问题。由于联产品分离前所发生的成本是联合成本,与决策无关,属无关成本;而联产品分离后继续加工所发生的追加变动成本和专属固定成本是可分成本,属相关成本,所以在决策时应按下列原则选择方案。

(1)进一步加工后的销售收入-分离后即售的销售收入>可分成本,应进一步加工。

(2)进一步加工后的销售收入-分离后即售的销售收入<可分成本,应分离即出售。

【例10-8】某公司在同一生产过程中生产出甲、乙两种布料,有关资料如表10-6所示。试分别为甲、乙两种布料做出是否进一步加工的决策。

表 10-6　某公司产品产量、成本及售价

产品	产量/米	联合成本/元	分离后立即销售的价格/元	分离后进一步加工的成本/元	加工后售价/元
甲	500	18 000	120	10 000	150
乙	300	9 600	150	5 600	165
合计	800	27 600	—	15 600	—

根据题意，分别编制甲、乙两种布料的差量分析表，如表 13-7 和表 13-8 所示。

表 10-7　甲布料差量分析表

单位：元

项目	进一步加工	分离后即出售	差异
差量收入	150×500＝75 000	120×500＝60 000	15 000
差量总成本	10 000	0	10 000
差量利润	65 000	60 000	5 000

表 10-8　乙布料差量分析表

单位：元

项目	进一步加工	分离后即出售	差异
差量收入	165×300＝49 500	150×300＝45 000	4 500
差量总成本	5 600	0	5 600
差量利润	43 900	45 000	-1 100

从以上差量分析表可知，甲产品继续加工后出售比分离后即出售多获 5 000 元的差量利润；乙产品分离后即出售比继续加工后再出售多获 1 100 元的差量利润。所以，该公司应对甲布料进一步加工，对乙布料分离后即出售。

3. 副产品是否进一步加工的决策

副产品是经济价值很低或没有经济价值的联产品。对副产品是否进一步加工的决策，与联产品大致相同。可以说，副产品是否进一步加工的决策是联产品是否进一步加工决策的特例。所不同的是，副产品如不继续加工而作废料需支付一定的处理费用；若进一步加工，则可节约这部分处理费用，相当于增加了收入。因此，在决策时，只要分析副产品进一步加工后的销售额与节约的废料处理费之和是否超过可分成本即可。其选择方案的原则为如下。

（1）进一步加工后的销售收入+废料处理的费用＞可分成本，应进一步加工。

（2）进一步加工后的销售收入+废料处理的费用＜可分成本，应作废料处理。

五、亏损产品的决策

企业在生产多种产品的情况下，会出现某种产品利润为负数的情况。在企业生产经营过程中，往往由于市场需求变化、产品过时、质量较次等原因导致产品滞销、积压，发生亏损。对于亏损产品从财务会计的角度看，一般认为应停产或转产，以增加企业的营业利润，

但事实往往并非如此。从成本性态的角度看，停产某一亏损产品，一般只能减少该产品的变动成本，如果该亏损产品的边际贡献大于零，能弥补部分的固定成本，就不应该停产该亏损产品。否则，该产品的边际贡献消失，全部的固定成本只能全部由其他产品的边际贡献来负担，其结果可能反而降低了企业的经营利润。因此，亏损产品可分为"实亏损"产品和"虚亏损"产品两种。对于"实亏损"产品，由于其边际贡献为负数，生产得越多，亏损得越多，除非特殊需要，一般不应该继续生产。而对于"虚亏损"产品，由于其边际贡献是正数，对企业还是有贡献的。它之所以亏损是因为其边际贡献不足以弥补全部固定成本，如果停产，由于固定成本依然存在，亏损不仅不能减少，反而会增加，所以，应该设法扩大该产品的生产。

1. 剩余生产能力无法转移，亏损产品是否停产

该情况是指当亏损产品停产后，闲置下来的生产能力不能转产，又不能将设备对外出租。此时，只要亏损产品提供的贡献毛益大于零，就不应当停产。这是因为，继续生产能够提供的贡献毛益，至少可以为企业补偿一部分固定成本；如果停止生产，因由该产品负担的固定成本仍然发生，就要转由其他产品负担，最终导致整个企业减少相当于该亏损产品提供的贡献毛益那么多的利润。

【例10-9】某企业生产A、B、C三种产品，有关资料如表10-9所示。

表10-9 三种产品的资料

单位：元

项目	A产品	B产品	C产品	合计
销售收入	180 000	210 000	225 000	615 000
变动成本	90 000	120 000	172 500	382 500
贡献毛益	90 000	90 000	52 500	232 500
固定成本	45 000	52 500	60 000	157 500
营业净利	45 000	37 500	-7 500	75 000

要求：做出C产品应否停产的决策。

如果停产C产品，该企业利润=45 000+37 500-60 000=22 500（元）。

通过计算可知，C产品虽然是亏损产品，但它提供了52 500元的贡献毛益，能补偿一些固定成本。如果停产C产品，该产品应负担的固定费用60 000元（因其为共同性固定成本）就要转给A、B两种产品负担。如果停产就会减少利润52 500(75 000-22 500)元。所以，不应停产C产品。

2. 剩余生产能力可以转移时，亏损产品是否停产的决策

【例10-10】假设【例10-9】中该企业准备停产C产品。停产后腾出来的生产能力可以用来转产D产品。D产品的销售单价为95元，单位变动成本为60元，销售量预计为1 700件。如果将停产后腾出来的机器设备出租，可得到租金收入60 000元，但要发生机器维修费1 000元，且该项固定资产的折旧尚有15 000元未提完。

试问:(1)是否应该停产 C 产品? (2) 是转产还是出租好?

(1) 转产 D 产品的贡献毛益=(95-60)×1 700=59 500(元)。转产后,D 产品获得的贡献毛益 59 500 元大于 C 产品提供的贡献毛益 52 500 元,所以应停产 C 产品。

(2) 租金净收入=60 000-1 000=59 000(元)。转产 D 产品的贡献毛益为 59 500 元。所以应该转产 D 产品,这样可多获利润 500 元。

另一解题思路:把出租方案的净收入 59 000 元作为转产 D 产品方案的机会成本,结果相同。

由于出租或不出租,固定资产的折旧费用都要发生,故在决策时不予考虑。

六、不同加工工艺方案的决策

企业在生产经营过程中,往往可以采用不同的设备加工某种产品或零部件,而采用不同设备加工同一产品或零部件相关成本是不一样的。为了降低成本,通常应选择相关成本最低的设备来加工。为达此目的,必须确定有关产品在不同设备下的相关成本及其构成。这类决策设备的调整准备费和加工费属于相关成本,在决策分析时需要考虑。设备的调整准备费对于所加工的每批产品来说,不管批量为多大,其费用数额总是不变的,具有固定成本的性质;而加工费则随产品加工批量的增减而增减,具有变动成本的性质。同时,先进程度不同的设备,其调整准备费和单位产品加工费也有差别:先进设备的每次调整准备费一般大于普通设备的调整准备费,而其单位产品加工费则小于普通设备的单位产品加工费。反之,普通设备的每次调整准备费一般低于先进设备的每次调整准备费,而其单位产品加工费却高于先进设备的单位产品加工费。因此,需要计算两个加工方案成本相等时的数量,即成本分界点,可以据此进行决策。

【例 10-11】某企业生产某型号的齿轮,该齿轮既可用普通铣床加工,也可用万能铣床或数控铣床加工,有关资料如表 10-10 所示。

表 10-10 某企业加工用铣床的有关资料

单位:元

铣床类型	每次调整准备费	每个齿轮加工费
普通铣床	10	0.5
万能铣床	30	0.3
数控铣床	60	0.1

要求:为使该齿轮的生产成本最低,应选用哪一种铣床对其进行加工?

设 x_1 为普通铣床与万能铣床的成本平衡点,x_2 为万能铣床与数控铣床的成本平衡点,x_3 为数控铣床与普通铣床的成本平衡点。则:

$$10 + 0.5x_1 = 30 + 0.3x_1$$
$$30 + 0.3x_2 = 60 + 0.1x_2$$
$$60 + 0.1x_3 = 10 + 0.5x_3$$

得：

$$x_1 = 100$$
$$x_2 = 150$$
$$x_3 = 125$$

以上计算结果如图 10-1 所示。

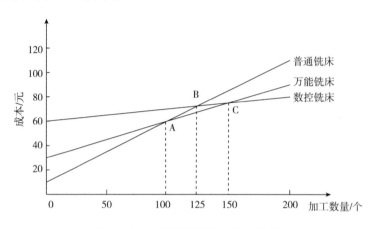

图 10-1 选择不同工艺加工的决策

图 10-1 表明，当该齿轮实际加工数量小于 100 个时，应选用普通铣床进行加工；当该齿实际加工数量大于 100 个、小于 150 个时，应选用万能铣床进行加工；当该齿轮实际加工数量大于 150 个时，应选用数控铣床进行加工。若万能铣床因故不能加工该齿轮，当其实际加工数量小于 125 个时，应选用普通铣床进行加工；而实际加工数量大于 125 个时，应选用数控铣床进行加工。

七、最优生产批量的决策

在成批生产的企业里，有时在同一条生产线上要分批转换生产几种不同的产品，有些设备要分批替换生产几种不同的半成品，这时就会遇到每批产品生产多少、每年（或每季、每月）分几批进行生产，其相关成本最低的问题。此时可以通过确定最优生产批量进行决策。

（1）同一生产设备生产一种半成品（或零件）时确定最优批量和批数的方法。

设 A 代表每年产量，Q 代表每批产量（即生产批量），则：

$$\text{批数} = \frac{\text{全年产量}}{\text{每批产量}} = \frac{A}{Q}$$

显然，批量和批数两者互为倒数，即批量越大，批数越少；批量越小，批数就越多。对这类问题进行分析决策时，要考虑两种成本，即调整准备成本和储存成本。至于制造产品所发生的直接材料、直接人工等成本与此项决策无关，不需要考虑。

调整准备成本是指在每批生产开始前进行调整准备工作而发生的成本，比如调整机器、下达派工单、清理现场、准备工卡模具、领用原料、准备生产作业记录和成本记录等。这种成本与生产批数成正比,与生产批量却没有直接关系。

储存成本是指产品在储存过程中所发生的仓储及其设备的维护费和折旧费、保管人员的工资、保险费、利息支出、损坏和盗窃损失等。这种成本与产品的批量成正比。

由于调整准备成本和储存成本之间存在矛盾,管理层常常关心如何确定批量和批数才能使两种成本之和达到最低。

所谓最优生产批量,就是指调整准备成本和储存成本之和最低时的批量,也叫最优生产批量。

确定最优生产批量的方法,常用的有逐次测试列表法、图示法和公式法。接下来主要介绍公式法。

$$每批生产终了时的最高储存量 = \frac{每批产量}{每日产量} \times (每日产量 - 每日耗用量)$$

$$= 每批产量 \times \left(1 - \frac{每日耗用量}{每日产量}\right)$$

$$= Q \times \left(1 - \frac{d}{p}\right)$$

$$年平均储存量 = \frac{1}{2} \times 每批生产终了时的最高储存量$$

$$= \frac{每批产量}{2} \times \left(1 - \frac{每日耗用量}{每日产量}\right)$$

$$= \frac{Q}{2} \times \left(1 - \frac{d}{p}\right)$$

$$年调整准备成本 = 每批调整准备成本 \times 批数 = S \times \frac{A}{Q}$$

年储存成本 = 单位半成品(或产成品)年储存成本 × 年平均储存量

$$= C \times \frac{Q}{2} \times \left(1 - \frac{d}{p}\right)$$

全年总成本(T) = 全年调整准备成本 + 全年储存成本

$$= S \times \frac{A}{Q} + C \times \frac{Q}{2} \times \left(1 - \frac{d}{p}\right) \qquad (式10\text{-}1)$$

式中,A 为全年产量;Q 为每批产量;A/Q 为批数;S 为每批调整准备成本;p 为每日产量;d 为每日耗用量;C 为单位半成品(或产成品)年储存成本;T 为全年储存成本和全年准备成本合计(简称年成本合计)。

式(10-1)给出了全年总成本 T 的方程式。下面利用微分学知识,建立经济批量的财务模型。

以 Q 为自变量,求 T 的一阶导数:

$$T' = \frac{C}{2} \times \left(1 - \frac{d}{p}\right) - \frac{SA}{Q^2}$$

令 $T' = 0$,可得式(10-2):

$$Q = \sqrt{\frac{2SA}{C\left(1-\dfrac{d}{p}\right)}} \qquad \text{(式10-2)}$$

式（10-2）就是最优批量的公式，用文字表示如下。

$$最优批量 = \sqrt{\frac{2 \times 每批调整准备成本 \times 全年产量}{单位半成品(或产成品)年储存成本 \times \left(1-\dfrac{每日耗用量}{每日产量}\right)}}$$

将式（10-2）代入式（10-1）可得到最优批量的全年总成本公式（10-3）。

$$T = \sqrt{2SAC\left(1-\frac{d}{p}\right)} \qquad \text{(式10-3)}$$

【例10-12】某企业某种零件全年需用90 000个，每日产量为100个，每日耗用量为60个，每批调整准备成本为400元，单位零件年储存成本为5元。试问其最优批量为多少？

已知 $A=90\,000$，$S=400$，$C=5$，$d=60$，$p=100$。

根据式（10-2），求出最优批量：

$$Q = \sqrt{\frac{2SA}{C\left(1-\dfrac{d}{p}\right)}} = \sqrt{\frac{2 \times 400 \times 90\,000}{5 \times \left(1-\dfrac{60}{100}\right)}} = 6\,000(个)$$

最优批数：

$$\frac{A}{Q} = \frac{90\,000}{6\,000} = 15(批)$$

（2）如果同一生产设备分批轮换生产几种零件或半成品时，就不能应用上述财务模型，因为它们的最优批数各不相同，企业不可能据以在同一设备上生产。这时就要根据下面公式（10-4）计算共同最优生产批数。

$$共同最优生产批数 = \sqrt{\frac{\sum A_i C_i\left(1-\dfrac{d_i}{p_i}\right)}{2\sum S_i}} \qquad \text{(式10-4)}$$

式中，i 表示半成品或零件的品种，S 表示调整准备成本，即由一种半成品或零件的生产转为另一种半成品或零件的生产而发生的成本。

由式（10-4）得出各半成品或零件的最优批量公式：

$$各半成品或零件的最优批量 = \frac{各半成品或零件的全年需要量}{共同最优生产批数}$$

【例10-13】某企业有设备一台，分批轮换生产甲、乙两种零件，有关资料如10-11所示。

表 10-11　某企业轮换生产两种零件时的有关资料

项目	甲零件	乙零件
全年产量/个	8 800	6 000
每次调整成本/元	180	192.2
每个零件年储存成本/元	2	4
每日产量/个	50	60
每日耗用量/个	20	40

要求：确定甲、乙两种零件的最优生产批量。

由式（10-4）得出

$$\text{共同最优生产批数} = \sqrt{\frac{8\,800 \times 2 \times \left(1 - \frac{20}{50}\right) + 6\,000 \times 4 \times \left(1 - \frac{40}{60}\right)}{2 \times (180 + 192.2)}} = 5(\text{批})$$

甲零件最优生产批量=8 800÷5=1 760（个）；乙零件最优生产批量=6 000÷5=1 200（个）。

结论：全年生产 5 批，每批生产甲零件 1 760 个、乙零件 1 200 个，这时的全年总成本最低。

第三节　定价决策

一、定价决策的概念

定价决策是指企业为实现其定价目标而科学合理地确定商品的最合适价格。影响产品价格的因素很多，在完全自由竞争的市场经济条件下，产品的价格是由市场上众多的供给者和需求者之间的供需竞争决定的。一般来说，企业在进行定价决策时，应充分考虑产品价值、产品市场供求关系、价格政策、竞争态势四个方面的因素。此外，还有很多其他影响产品价格的因素，如产品的成本消耗水平、产品质量、产品所处的寿命周期等。企业定价常用的策略有以下几种。

1. 需求导向的定价策略

所谓需求导向的定价策略，是指根据消费者的不同消费心理区别对待，采取不同的定价方法。

（1）需求弹性定价策略。需求弹性较大的商品适宜制定较低的价格，实行薄利多销；需求弹性较小的商品，应制定相对较高的价格，以获得较高的利润。

（2）消费者心理定价策略。企业在进行定价决策时，常常可以利用消费者的某些心理特征制定合适的价格。例如，对某些常被消费者视为身份和地位象征的奢侈品，制定较高的价格更易被消费者接受，较低的价格往往适得其反；对中低档商品，很多厂商常使用尾数定价法，即让价格的尾数为非整数，以零头结尾，如 9.99 元、19.98 元等。

2. 竞争导向的定价策略

所谓竞争导向的定价策略，是指根据竞争对手的情况制定价格，区别对待，采用不同的定价方法。

（1）根据竞争对手的实力定价。如果竞争对手实力较弱，一开始可以采取较低的价格挤走竞争对手后再行提价；如果竞争对手的实力较强，适宜制定稍低于竞争对手的价格紧紧跟随，即对手提价我也提价，对手降价我也降价；如果双方的实力不相上下，双方宜协议定价，以免两败俱伤。

（2）根据双方产品的质量差异定价。如果竞争对手的产品质量较高，企业宜制定较低的价格，以低价吸引消费者，采取薄利多销；如果企业的产品质量较高，对手望尘莫及，企业应利用这一竞争优势，制定较高的价格以获取丰厚的利润。此外，双方还可以在交货时间、售后服务等方面展开竞争。

3. 新产品的定价策略

企业推出新产品需要进行定价决策，但由于新产品存在诸多的不确定性，如消费者对新产品的接受程度、市场销售量、市场上已有产品对新产品的替代程度、产品的推销成本等方面有很多的未知数。所以，许多企业在推出一项新产品时，常常先选择在某些地区采用不同的价格进行试销，以获得新产品在不同的销售价格下有关销售量、销售价格与销售量的关系以及竞争对手的反应等信息，根据试销阶段收集的这些信息，为新产品制定能给企业带来最大经济效益、最适宜于企业长远发展的定价策略。

二、成本加成定价法

成本加成定价法，就是以成本为基数，再在这一基数上加上预计的百分率，得出目标售价的方法。成本加成定价法中的成本，可以是按全部成本加成定价法计算的全部成本，也可以是按变动成本加成定价法计算的变动成本。由于按全部成本加成定价法与按变动成本加成定价法计算出的产品成本内涵各不相同，加成的内容也各有差异。

1. 全部成本加成定价法

采用全部成本加成定价法，其成本基数是指单位产品的制造成本，成本内容包括制造成本（如销售成本及管理成本）及目标利润。

【例 10-14】某公司正研究甲产品的定价，预计生产 10 000 件，其相关单位成本及总成本资料如表 10-12 所示。

表 10-12　甲产品的成本资料

项目	单位制造成本/元	总成本/元
直接材料	14	140 000
直接人工	10	100 000
变动制造费用	8	80 000
固定制造费用	16	160 000
变动销售及管理费用	4	40 000
固定销售及管理费用	3	30 000
合计	48	550 000

经研究决定,在制造成本的基础上加成40%作为甲产品的售价,按照全部成本加成定价法计算甲产品的单位制造成本作为成本加成定价的基础。

以制造成本为基础加上相当于制造成本的40%,作为甲产品的售价,即甲产品售价=48+48×40%=48+19.2=72(元)。

这里成本加成19.2元中包含了单位产品的非制造成本(变动销售及管理费用和固定销售及管理费用)7(40 000÷10 000+30 000÷10 000)元,目标利润=19.2-7=12.2(元)。

2. 变动成本加成定价法

采用变动成本加成定价法,其成本基数是指单位产品的变动成本,成本内容包括全部固定成本及目标利润。

【例10-15】根据表10-13,计算在变动成本基础上加成100%作为甲产品售价的目标售价。

表10-13 甲产品的单位变动成本

单位:元

直接材料	14
直接人工	10
变动制造费用	8
变动销售及管理费用	6
变动成本合计	38
固定成本合计 (固定制造费用+固定销售及管理费用)	20

以变动成本为基础加成200%,作为甲产品的目标售价,即甲产品售价=38+38×200%=38+76=114(元)。

这里成本加成76元中包含了固定成本(固定制造费用、固定推销及管理费用)20元,利润为56元。

本章要点

本章主要阐述了生产经营决策的相关概念与方法体系,包括决策分析概述、决策分析的相关成本、生产经营决策、定价决策等。决策是经营管理的核心内容,是关系企业兴衰成败的关键因素。决策分析贯穿生产经营活动的始终。

案例讨论

某公司是一家大型服装生产公司。现生产A、B、C三种款式的服装,其中,B款式服装是亏损产品。若让B款式服装停产,则其生产能力将闲置起来。该公司盈亏计算结果表明,A款式服装获利28 000元,B款式服装亏损14 400元,C款式服装获利38 400元,如此，致使该公司利润总额为 52 000 元。假定三种款式服装的有关资料如表 10-14 所示。

表 10-14　某公司产品销售、售价及成本

项目	A 款式服装	B 款式服装	C 款式服装
销售量/件	1 000	4 500	8 000
销售单价/元	300	80	30
单位变动成本/元	200	64	18
固定成本总额/元	216 000（按各种产品销售金额比例分摊）		

思考：

结合所学知识试讨论亏损产品应否停产。

练习题

一、单项选择题

1. 进一步加工决策中，加工前的半成品成本属于（　　）。
   A. 估算成本　　　　　　　　B. 重置成本
   C. 机会成本　　　　　　　　D. 沉没成本

2. 边际成本具体表现为（　　）的概念。
   A. 固定成本　　　　　　　　B. 变动成本
   C. 产品成本　　　　　　　　D. 可变成本

3. 在价格决策中，某产品的有关资料如表 10-15 所示。

表 10-15　产品资料

销售单价/元	36	35	34	33	32	31
预计销量/件	400	440	480	520	540	570
利润增加额/元	280	200	120	40	-280	-210

则该产品的最优售价为（　　）元。
   A. 31　　　　　　　　　　　B. 32
   C. 33　　　　　　　　　　　D. 36

4. 在短期经营决策中，企业不接受特殊价格追加订货的原因是买方出价低于（　　）。
   A. 正常价格　　　　　　　　B. 单位产品成本
   C. 单位变动生产成本　　　　D. 单位固定成本

5. 在管理会计的定价决策中，变动成本加成定价法属于（　　）。
   A. 以成本为导向的定价方法
   B. 以需求为导向的定价方法
   C. 以特殊要求为导向的定价方法
   D. 定价策略

6. 在零部件自制或外购的决策中，如果零部件需用量确定，选择自制需要追加专属成

本，应当采用的决策方法是（　　）。

A. 贡献毛益法　　　　　　　　　B. 差量分析法

C. 相关成本法　　　　　　　　　D. 机会成本法

7. 在经济决策中应由中选的最优方案负担的，按所放弃的次优方案潜在收益计算的资源损失即（　　）。

A. 增量成本　　　　　　　　　　B. 加工成本

C. 机会成本　　　　　　　　　　D. 专属成本

8. 变动成本加成定价法，其"成本"基数是指（　　）。

A. 单位产品的固定成本　　　　　B. 单位产品的变动成本

C. 单位产品的成本　　　　　　　D. 单位产品的差量成本

9. 在新产品开发的决策中，当单位产品资源消耗定额增加时，单位资源边际贡献（　　）。

A. 增加　　　　　　　　　　　　B. 减少

C. 不变　　　　　　　　　　　　D. 不能确定

10. 在半成品是否进一步加工的生产决策分析中，当差量收入大于差量成本时，应当（　　）。

A. 进一步加工　　　　　　　　　B. 出售半成品

C. 都可以　　　　　　　　　　　D. 不能确定

二、多项选择题

1. （　　）一般属于无关成本的范围。

A. 历史成本　　　　　　　　　　B. 机会成本

C. 联合成本　　　　　　　　　　D. 沉没成本

2. 短期经营决策分析主要包括（　　）。

A. 生产经营决策分析　　　　　　B. 定价决策分析

C. 销售决策分析　　　　　　　　D. 战略决策分析

3. 企业在进行定价决策时，应充分考虑（　　）方面的因素。

A. 产品价值　　　　　　　　　　B. 产品市场供求关系

C. 价格政策　　　　　　　　　　D. 竞争态势

4. 下列各项中属于生产经营相关成本的有（　　）。

A. 增量成本　　　　　　　　　　B. 机会成本

C. 专属成本　　　　　　　　　　D. 沉没成本

5. 下列成本属于无关成本的有（　　）。

A. 专属成本　　　　　　　　　　B. 共同成本

C. 差额成本　　　　　　　　　　D. 不可避免成本

6. 零部件自制还是外购的决策一般采用（　　）。

A. 贡献毛益法　　　　　　　　　B. 利润比较法

C. 差量分析法　　　　　　　　　D. 本量利分析法

7. 产品的售价与以下哪些因素有直接关系？（   ）
  A. 销售量 B. 企业目标利润
  C. 单位销售成本 D. 销售利润
8. 半成品是否进一步加工包括（   ）情况。
  A. 半成品 B. 联产品
  C. 副产品 D. 产成品
9. 以下表述正确的有（   ）。
  A. 批数与每批产量成反比 B. 批数与每批产量成正比
  C. 批数与全年产量成反比 D. 批数与全年产量成正比
10. 企业的生产决策包括（   ）。
  A. 零部件自制还是外购的决策 B. 剩余生产能力利用的决策
  C. 产品最优组合的决策 D. 经济订货批量的决策

三、判断题

（   ）1. 企业在进行生产决策时，只要是亏损的产品都应当停产。
（   ）2. 商品供大于求，价格将会下降；价格下降又会刺激需求和抑制供给。
（   ）3. 短期经营决策一般不涉及固定资产投资。
（   ）4. 最优生产批量，就是指调整准备成本和储存成本之和最低时的批量。
（   ）5. 生产何种产品的关键是看哪种产品提供的利润较多。

四、业务题

1. 已知：某企业尚有一定闲置设备台时，拟用于开发一种新产品，现有 A、B 两个品种可供选择。A 品种的单价为 100 元/件，单位变动成本为 60 元/件，单位产品台时消耗定额为 2 小时/件，此外，还需消耗甲材料，其单耗定额为 5 千克/件。B 品种的单价为 120 元/个，单位变动成本为 40 元/个，单位产品台时消耗定额为 8 小时/个，甲材料的单耗定额为 2 千克/个。假定甲材料的供应不成问题。

要求：
用单位资源贡献边际分析法做出开发那种品种的决策，并说明理由。

2. 已知：某企业每年生产 1 000 件甲半成品，其单位完全生产成本为 18 元（其中单位固定制造费用为 2 元），直接出售的价格为 20 元。企业目前已具备将 80% 的甲半成品深加工为乙产成品的能力，但每深加工一件甲半成品需要追加 5 元变动加工成本。乙产成品的单价为 30 元。假定乙产成品的废品率为 1%。

要求：
请考虑以下不相关的情况，用差量分析法为企业做出是否深加工甲半成品的决策，并说明理由。
（1）深加工能力无法转移。
（2）深加工能力可用于承揽零星加工业务，预计可获得贡献边际 4 000 元。
（3）同（1），如果追加投入 5 000 元专属成本，可使深加工能力达到 100%，并使废品率降低为零。

3. 已知：某企业每年需用 A 零件 2 000 件，原由金工车间组织生产，年总成本为 19 000 元，其中，固定生产成本为 7 000 元。如果改从市场上采购，单价为 8 元，同时将剩余生产能力用于加工 B 零件，可节约外购成本 2 000 元。

要求：

为企业做出自制或外购 A 零件的决策，并说明理由。

4. 已知：某公司生产甲产品，甲产品产量为 500 件时的有关成本费用资料如下：直接材料 20 000 元，直接人工 11 000 元，变动制造费用 12 000 元，固定制造费用 10 000 元，销售及管理费用 1 800 元。已知该公司计划实现 30 000 元的目标利润。

要求：

分别按完全成本加成定价法和变动成本加成定价法确定甲产品的目标售价。

5. 已知：某产品按每件 10 元的价格出售时，可获得 8 000 元贡献边际；贡献边际率为 20%，企业最大生产能力为 7 000 件。

要求：

分别根据以下不相关条件做出是否调价的决策。

（1）将价格调低为 9 元时，预计可实现销售 9 000 件。

（2）将价格调高为 12 元时，预计可实现销售 3 000 件。

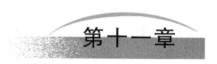

绩效管理

本章结构图

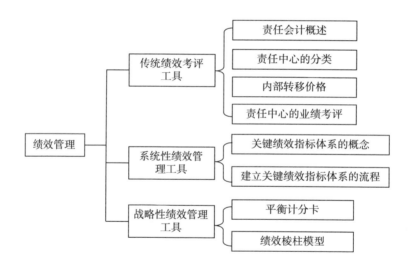

本章学习目标

- 了解传统绩效考评工具责任会计的相关概念及考评方法。
- 理解绩效管理的含义、组织机构和基本程序。
- 掌握关键绩效指标法、平衡计分卡、绩效棱柱模型评价方法的具体运用。

第一节 传统绩效考评工具

绩效管理,是指企业与所属单位(部门)、员工之间就绩效目标及如何实现绩效目标达成共识，并帮助和激励员工取得优异绩效，从而实现企业目标的管理过程。绩效管理的核心是绩效评价和激励管理。绩效评价，是指企业运用系统的工具方法，对一定时期内企业营运效率与效果进行综合评判的管理活动。激励管理，是指企业运用系统的工具、方法，调动企业员工的积极性、主动性和创造性，激发企业员工工作动力的管理活动。激励管理是促进企业绩效提升的重要手段。

企业应用绩效管理工具方法，一般按照制订绩效计划与激励计划、执行绩效计划与激励计划、实施绩效评价与激励、编制绩效评价与激励管理报告等程序进行。责任会计是传统绩效考评工具之一。

一、责任会计概述

责任会计是指以企业内部的各个责任中心为主体，以责任中心可控的资金运动为对象，对责任中心进行规划、控制和考评的一种会计制度。这种制度要求将企业内部按照可控责任划分为各个责任中心，然后为每个责任中心编制责任预算（计划），并将其与实际执行结果进行比较分析，来考评各个责任中心的业绩，并兑现奖惩。责任会计的工作环节包括建立责任中心、完善跟踪核算系统、编制责任报告。

二、责任中心的分类

建立责任会计制度，首先应建立与企业组织机构相适应的责任中心。凡是管理上可以控制、责任可以划清、业绩可以单独考评的单位，都可以划分为责任中心，大到分公司、车间、部门，小到班组甚至个人。根据企业内部责任单位权责范围以及业务活动特点，责任中心通常分为成本中心、利润中心和投资中心。

1. 成本中心

成本中心是只对其可控成本或费用负责的责任中心，即只考评所发生的可控成本或费用，而不形成或不考评其收入的责任单位。这类责任中心大多是指只负责产品生产的生产部门、劳务提供部门以及给予一定费用指标的企业管理科室。这里的"可控成本"是指可以事先预知将要发生的成本，并且可以计量、能为该责任中心所控制、为其工作好坏所影响的成本；反之则称为不可控成本。可控成本与不可控成本是相对特定的成本中心和特定的期间而言的。

成本中心控制和考评的成本是责任成本。所谓责任成本，是指成本中心的各项可控成本之和。成本中心的主要责任就是控制和降低其责任成本。成本中心的责任成本与产品成本既有联系又有区别，两者在性质上是相同的，同为企业在生产经营过程中的资金耗费，两者的区别主要在于以下四方面。

（1）成本核算对象不同。产品成本以产品为成本核算对象；而责任成本以责任中心为成本核算对象。

（2）成本核算原则不同。产品成本核算原则是"谁受益，谁负担"；而责任成本核算原则是"谁负责，谁负担"。

（3）成本核算内容不同。产品成本核算内容是应计入产品成本的各项生产费用，包括直接材料、直接人工和制造费用，不管是可控成本，还是不可控成本，只要属于生产费用，都要计入产品成本；而责任成本核算内容只包括可控成本，只要是该成本中心的可控成本，不管是生产费用，还是非生产费用，都应计入该成本中心。

(4) 成本核算目的不同。产品成本核算的目的是为考核产品成本计划完成情况以及计算利润、制定产品价格提供依据；而责任成本核算的目的是为评价并考核责任预算执行情况和规划目标成本、控制生产耗费提供依据。

2. 利润中心

利润中心是对利润负责的责任中心，是既能控制成本，又能控制收入的责任中心。这类责任中心往往处于企业中较高的层次，一般是指有产品或劳务生产经营决策权的部门，如分厂、分公司及有独立经营权的各部门。利润中心的权利和责任都大于成本中心。

3. 投资中心

投资中心是对投资负责的责任中心，是既对成本收入和利润负责，又对资金及其利用效益负责的责任中心。投资中心不仅在产品、劳务和销售上有较大的经营自主权，而且能够相对独立地运用其所掌握的资金。投资中心的责任对象必须是其能影响和控制的成本、收入、利润和资金。投资中心是分权管理模式的最突出表现。它在责任中心中处于最高层次，具有最大的经营决策权，也承担着最大责任。

三、内部转移价格

内部转移价格简称内部价格，又称内部转让价格，是指企业内部各责任中心之间发生内部交易结算和内部责任结转所使用的计价标准。其中，内部交易结算简称内部结算，是指在一个责任中心向另一个责任中心提供中间产品或劳务的前提下，由接受产品或劳务的责任中心向提供产品或劳务的责任中心支付报酬而引起的一种结算行为。

在同一个企业中，由于各责任中心的类型不同，相互提供的产品或劳务不同，不可能存在一个适用于各种情况的内部转移价格。在实践中，确定内部转移价格的方法包括市场价格法、协商价格法、成本加成法、双重价格法。市场价格法，是指以市场上产品或劳务的价格作为内部转移价格依据的方法。协商价格法，也称议价法，是指各责任中心的买卖双方经过讨价还价，形成企业内部模拟的"公允市场"价格，以此作为内部转移价格的方法。成本加成法，是指以中间产品或劳务的单位成本加上单位目标利润作为内部转移价格的方法。双重价格法，就是对买卖双方的责任中心采用不同的内部转移价格进行计价的方法。企业可根据各责任中心的具体情况确定内部转移价格。

四、责任中心的业绩考评

1. 成本中心的业绩考评

成本中心的业绩考核与评价是通过一定期间实际发生的责任成本与预定尺度（责任成本预算或目标成本）进行对比，编制责任报告，分析差异形成的原因及责任。

由于成本中心的职责比较单一，成本中心的业绩考评往往集中于预算责任成本的完成情况。在实际工作中,差异分析一直被广泛使用,即将目标水平与实际水平相比较,计算差异,对重要的差异进行调查来分析原因,采取相应行动。其考评指标一般采用目标成本降低额和目标成本降低率,其计算公式为:

$$目标成本降低额 = 目标(或预算)成本 - 实际成本$$

$$目标成本降低率 = \frac{目标成本降低率}{目标(或预算)成本} \times 100\%$$

对成本中心进行考评时,应该注意如果预算产量与实际产量不一致,就按弹性预算的方法先调整预算指标,然后再进行差异分析。各成本中心应定期根据差异分析结果逐级编报责任报告。

【例11-1】某厂下属甲、乙、丙部门,甲部门下设 A、B、C 三个小组。厂部成本中心责任报告如表 11-1 所示。

表 11-1 成本中心责任报告

单位:元

项目	当月		全年	
	预算	超支(节约)	预算	超支(节约)
A 小组:				
直接材料	4 500	(80)	54 400	(320)
直接人工	13 200	180	96 000	110
管理人员工资	1 200	(30)	11 800	(120)
其他	700	20	5 400	(18)
合计	19 600	90	167 600	(348)
甲部门:				
A 小组	19 600	90	167 600	(348)
B 小组	17 820	112	134 200	940
C 小组	13 580	(78)	114 500	(742)
各组合计	51 000	124	416 300	(150)
部门成本:				
管理人员工资	12 360	0	83 410	0
其他	1 390	(70)	12 570	(212)
合计	64 750	54	512 280	(362)
全厂:				
甲部门	64 750	54	512 280	(362)
乙部门	92 340	(102)	683 250	(1 008)
丙部门	107 420	315	745 140	742
各部门合计	264 510	267	1 940 670	(628)

续表

项目	当月		全年	
	预算	超支（节约）	预算	超支（节约）
厂部成本：				
折旧	4 200	0	29 500	0
行政管理费	21 540	320	156 220	960
热电	8 570	168	99 870	1 020
全厂合计	298 820	755	2 226 260	1 352

2. 利润中心的业绩考评

利润中心的业绩考评是通过一定期间实际发生的责任利润与责任利润预算所确定的利润进行对比，编制责任报告，并对产生差异的原因和应负的责任进行具体分析。

利润中心的考核指标主要有以下几种。

利润中心贡献毛益总额＝利润中心销售收入总额－利润中心变动成本总额

利润中心负责人可控利润总额＝利润中心贡献毛益总额－利润中心负责人可控固定成本

利润中心可控利润总额＝利润中心负责人可控利润总额－利润中心负责人不可控固定成本

公司利润总额＝各利润中心可控利润总额之和－公司各种管理费用、财务费用等

对利润中心进行考评时，将各利润中心的固定成本进一步划分为可控成本和不可控成本，这主要考虑有些成本费用可以规划、分摊到有关利润中心，却不能为利润中心负责人所控制，如广告费、保险费等。因此，在考评利润中心负责人业绩时，将其不可控的固定成本从固定成本中剔除。

【例11-2】某公司利润中心责任报告的一般格式如表11-2所示。

表11-2 利润中心责任报告

单位：万元

项目	预算	实际	差异
利润中心销售收入	40	40.20	-0.20
减：利润中心变动成本	20	20.12	-0.12
利润中心贡献毛益	20	20.08	-0.08
减：利润中心负责人可控固定成本	2	2.20	-0.20
利润中心负责人可控利润	18	17.88	0.12
减：利润中心负责人不可控固定成本	3.60	3.60	0
利润中心可控利润	14.40	14.28	0.12

3. 投资中心的业绩考评

投资中心不仅要对收入、成本、费用和利润负责，而且要对资金的利用效果负责。因此，对投资中心的业绩考评，除收入、成本、费用和利润指标外，还要考核投资效益，考核重点应放在投资报酬率（也称投资利润率）和剩余收益两项指标上。

(1) 投资报酬率。

投资报酬率又称投资利润率,是指投资中心所获得的年均利润与投资额之比,主要有以下两种表现形式。

$$投资报酬率 = \frac{年均税前利润}{净资产} \quad (式11-1)$$

$$投资报酬率 = \frac{年均息税前利润}{投资额（或经营总资产）} \quad (式11-2)$$

式（11-1）中的净资产是指投资中心的总资产扣除负债后的余额,即投资中心总资产中以公司产权为其资金来源的部分。它主要说明投资中心运用公司产权供应的每一元资产对整体利润贡献的大小,或投资中心对所有者权益的贡献程度。

式（11-2）中投资额是指投资中心生产经营中占用的全部资产。因资金来源中包含了负债,分子是年均息税前利润,等于税前利润加利息费用,所以,式（11-2）主要用于考核和评价由投资中心掌握、使用的全部资产的盈利能力。后面提到的投资报酬率,如无说明,均指式（11-2）。

投资报酬率公式中的分子没有考虑所得税,是因为所得税税率是固定的,不影响企业如何有效运用资产以获得利润,所以没有采用税后净利。公式分母中的资产没有按年初与年末的平均数计算,主要考虑固定资产的账面价值（原值减累计折旧）是逐年递减的。如果取平均数,利润不变,投资报酬率却逐年增高,显然,这并不是经营的成果,而是计提折旧的"功劳"。因此分母按原始投资额计算。

投资报酬率还可进一步展开：

$$投资报酬率 = \frac{利润}{成本费用} \times \frac{成本费用}{销售收入} \times \frac{销售收入}{投资额}$$
$$= 成本费用利润率 \times 销售成本利润率 \times 资产周转率$$

投资报酬率把影响投资中心经营成果的各个方面——经营收入、成本费用、利润及资金运用都包括进去了,具有最大的综合性。同时,投资报酬率将各投资中心的投入与产出进行比较,剔除了因投资额不同而导致的利润差异的不可比因素,从而具有横向可比性,有利于进行各投资中心的业绩比较。而且还为企业合理调整资金布局、优化资源配置和选择投资机会提供了依据。因此,以投资报酬率为考评的尺度,将促使各投资中心盘活闲置资产,减少不合理资产占用,及时处理过时、毁损资产,促使管理者像控制费用一样控制资产占用或投资额,综合反映一个投资中心的全部经营成果。但是,该指标也有局限性：一是使用投资报酬率会使投资中心只顾本身利益放弃对整个企业有利的项目；二是投资报酬率的计算与资本支出预算所用的现金流量分析方法不一致,不便于投资项目建成投产后与原定目标的比较；三是由于一些共同费用无法为投资中心所控制,投资报酬率的计量不全是投资中心所控制的。为了克服投资报酬率的上述局限性,往往采用剩余收益作为考评投资中心的核心指标。

(2) 剩余收益。

剩余收益也称剩余利润,是指投资中心获得的利润扣减经营总资产按规定投资报酬率计算的投资收益后的差额。其公式为：

剩余收益=年均息税前利润-经营总资产×规定的投资报酬率

=经营总资产×（投资报酬率-规定的投资报酬率）

经营总资产是账面价值，规定的投资报酬率是指公司的平均利润率或企业要求的最低报酬率，也可以是企业的综合资本成本。比较合理的做法是把经营总资产的账面价值改成经营总资产的市场价值。

以剩余收益作为投资中心的业绩考评指标，各投资中心只要投资报酬率大于规定的投资报酬率，该项目便是可行的。它避免了投资中心的狭隘本位主义倾向，即单纯追求投资报酬率而放弃一些有利可图的项目。

【例11-3】某公司下设投资中心A和投资中心B。该公司的加权平均资本成本为12%，采纳投资机会之前的资料如表11-3所示。假设投资中心A面临一个投资项目：投资额为20万元，每年可获利2.6万元。投资中心B也有一个投资项目：投资额为30万元，每年可获利3.3万元。

要求：分别以投资报酬率和经济附加值为标准，分析投资中心A、B是否应采纳各自的投资项目，是否与企业的总体目标一致。

表11-3 投资中心指标计算

项目		投资额/元	利润/元	投资报酬率/%	经济附加值（剩余收益）/万元
追加投资前	A	20	3	15	3-20×12%=0.6
	B	15	1.2	8	1.2-15×12%=-0.6
	企业	35	4.2	12	4.2-35×12%=0
投资中心A采纳投资项目（20万元）	A	40	5.6	14	5.6-40×12%=0.8
	B	15	1.2	8	-0.6
	企业	55	6.8	12.4	6.8-55×12%=0.2
投资中心B采纳投资项目（30万元）	A	20	3	15	0.6
	B	45	4.5	10	4.5-45×12%=-0.9
	企业	65	7.5	11.5	7.5-65×12%=-0.3

采纳投资后，投资中心A、B的投资报酬率、经济附加值的计算如表11-3所示。

由表11-3可知：投资中心A，如果以投资报酬率为标准，由原来的15%下降到14%，不应采纳该项目；以经济附加值为标准，由原来的0.6万元上升到0.8万元，应采纳该项目；从整个公司来看，投资报酬率由原来的12%上升到12.4%，经济附加值由原来的0增加到0.2万元，应采纳该投资。这说明，采用经济附加值指标，使投资中心的局部利益与公司的整体利益相一致，因此，应以经济附加值为标准，采纳该投资项目。同样，投资中心B，如果以投资报酬率为标准，应采纳该投资项目；以经济附加值为标准，不应采纳该投资项目；从整个公司来看，报酬率从原来的 12% 下降 11.5%，经济附加值从 0 变成 -0.3 万元，不应采纳该投资项目。这同样说明，采用经济附加值指标，使投资中心的局部利益与公司的整体利益相一致。如果采用投资报酬率指标，就会为了投资中心的局部利益而损害公司的整体利益。所以，以经济附加值为标准，可以使各投资中心获利目标与公司总体获利目标保持一致。

传统的绩效评估存在着自身的局限性和不足，单纯的绩效考评难以持续改善绩效。系统的绩效管理思想也正是在对这些传统绩效评估进行改进和发展的过程中逐渐形成和发展起来的。

第二节 系统性绩效管理工具

20 世纪 70 年代后期，基于行为科学的研究成果，研究者拓展了绩效的内涵，在总结传统绩效评估不足的基础上，美国管理学家第一次提出了"绩效管理"的概念，随后人们便展开了系统而全面的研究。西方众多学者提出应该用绩效管理系统代替绩效评估，认为从绩效评估到绩效管理应该是一个组织整体文化的变化，包括指导、反馈、薪酬及晋升决定以及法律上的阐述。这其实包括了现在认为的绩效管理的大部分内容，20 世纪 80 年代后期和 90 年代早期，随着人们对人力资源理论和实践研究的重视，绩效管理逐步成为一个被广泛认可的人力资源管理过程和理论研究的重点。这主要表现为，企业开始重视对客户、质量、技术、品牌和文化等非财务要素的评价，出现了财务指标评价和非财务指标评价、过程评价和结果评价紧密结合。与此同时，评价绩效管理的工具也有了极大发展，关键绩效指标管理工具应运而生。

一、关键绩效指标体系的概念

关键绩效指标法，是指基于企业战略目标，通过建立关键绩效指标体系，将价值创造活动与战略规划目标有效联系，并据此进行绩效管理的方法。关键绩效指标，是对企业绩效产生关键影响力的指标。关键绩效指标法可单独使用，也可与经济增加值法、平衡计分卡等其他方法结合使用。关键绩效指标法的应用对象可为企业、所属单位（部门）和员工。建立明确的切实可行的关键绩效指标体系，是做好绩效管理的关键。

关键绩效指标是用于衡量工作人员工作绩效表现的量化指标，是绩效计划的重要组成部分。关键绩效指标法有助于根据组织的发展规划来确定部门或个人的业绩指标；监测与业绩目标有关的运作过程；及时发现潜在的问题，发现需要改进的领域，并反馈给相应部门/个人；关键绩效指标输出是绩效评价的基础和依据。基于关键绩效指标的绩效考核体系与一般绩效评估体系的区别如表 11-4 所示。

表 11-4　基于关键绩效指标的绩效考核体系与一般绩效评估体系的区别

项目	基于关键绩效指标的绩效考核体系	一般绩效评估体系
假设前提	假定人们会采取一切积极的行动努力达到事先确定的目标	假定人们不会主动采取行动以实现目标,假定人们不清楚应采取什么行动来实现目标,假定制定与实施战略与一般员工无关
考核目的	以战略为中心,指标体系的设计与运用都为组织战略目标的达成服务	以控制为中心,指标体系的设计与运用来源于控制的意图,也为更有效地控制个人的行为服务
指标产生	在组织内部自上而下对战略目标进行层层分解产生	通常是自下而上由个人以往的绩效与目标而产生
指标来源	基于组织战略目标与竞争要求的各项增值性工作产出	来源于特定的程序,即对过去行为与绩效的修改
指标构成及作用	通过财务与非财务指标相结合,体现关注短期效益,兼顾长期发展的原则;指标本身不仅传达了结果,也传递了产生结果的过程	以财务指标为主,非财务指标为辅。注重对过去绩效的评价,且指导绩效改进的出发点是过去的绩效存在的问题,绩效改进行动与战略需要脱钩

二、建立关键绩效指标体系的流程

关键绩效指标体系建立的流程可以概括为以下几个环节。

1. 关键绩效指标的提取

要做到在各层面都从纵向战略目标分解、横向结合业务流程提取关键绩效指标。关键绩效指标的提取流程如图 11-1 所示。

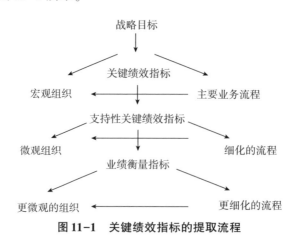

图 11-1　关键绩效指标的提取流程

2. 分解企业战略目标

分解企业战略目标,分析并建立各子目标与主要业务流程的联系。企业的总体战略目标在通常情况下均可以分解为几项主要的支持性子目标,而这些支持性的更为具体的子目标本身需要企业的某些主要业务流程的支持才能在一定程度上达成。因此,在本环节上需要完成以下工作:企业高层确立公司的总体战略目标(可用鱼骨图方式);由企业(中)高层将战略目标分解为主要的支持性子目标(可用鱼骨图方式);将企业的主要业务流程与支持性子目标之间建立关联。战略目标分解鱼骨图示例如图11-2所示。

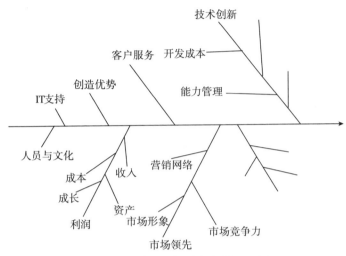

图 11-2 战略目标分解鱼骨图示例

3. 确定各支持性业务流程目标

在确认对各战略子目标的支持性业务流程后,需要进一步确认各业务流程在支持战略子目标达成的前提下的流程本身的总目标,并运用九宫图的方式进一步确认流程总目标在不同维度上的详细分解内容,如表11-5所示。

表 11-5 确认各支持性业务流程目标示例

流程总目标:低成本快速满足客户对产品质量和服务的要求		组织目标要求(客户满意度高)			
		产品性能指标(合格品)	服务质量(满意率)	工艺质量(合格率)	准时齐套(发货率)
		产品设计质量	工程服务质量	生产成本	产品交付质量
客户要求	质量高	产品设计好	安装能力强	质量管理	发货准确
	价格低	引进成熟技术			
	服务好		提供安装服务		
	交货周期短			生产周期短	发货及时

4. 确认各业务流程与各职能部门的联系

本环节通过九宫图的方式建立流程与工作职能之间的关联,从而在更微观的部门层面建立流程、职能与指标之间的关联,为企业总体战略目标和部门绩效指标建立联系,如表11-6所示。

表 11-6　确认各业务流程与职能部门的联系示例

流程：新产品开发	各职能所承担的流程中的角色				
	市场部	销售部	财务部	研究部	开发部
新产品概念选择	市场论证	销售数据收集	—	可行性研究	技术力量评估
	—	—	—	—	—
产品概念测试	—	市场测试	—	—	技术测试
产品建议开发	—	—	费用预算	组织预研	—
	—	—	—	—	—

5. 部门级关键绩效指标的提取

在本环节中，要将从通过上述环节建立起来的流程重点、部门职责之间的联系中提取部门级的关键绩效指标，如表 11-7 所示。

表 11-7　部门级关键绩效指标提取示例

项目		关键绩效指标维度			指标
		测量主体	测量对象	测量结果	
绩效变量维度	时间	效率管理部	新产品（开发）	上市时间	新产品上市时间
	成本	投资部门	生产过程	成本降低	生产成本率
	质量	顾客管理部	产品与服务	满足程度	客户满意率
	数量	能力管理部	销售过程	收入总额	销售收入

6. 目标、流程、职能、职位目标的统一

根据部门关键绩效指标、业务流程以及确定的各职位职责，建立企业目标、流程、职能与职位的统一，如表 11-8 所示。

表 11-8　目标、流程、职能、职位目标的统一示例

流程：新产品开发流程		市场部部门职责		部门内职位职责			
				职位一		职位二	
流程步骤	指标	产出	指标	产出	指标	产出	指标
发现客户问题，确认客户需求	发现商业机会	市场分析与客户调研，制定市场策略	市场占有率	市场与客户研究成果	市场占有率增长率	制定市场策略，指导市场运作	市场占有率增长率
			销售预测准确率		销售预测准确率		销售预测准确率
			市场开拓投入率		客户接受成功率		销售毛利率增长率
			公司市场领先周期		领先对手提前期		销售收入月度增长幅度

关键绩效指标法的主要优点有：一是使企业业绩评价与战略目标密切相关，有利于战略目标的实现；二是通过识别的价值创造模式把握关键价值驱动因素，能够更有效地实现企业价值增值目标；三是评价指标数量相对较少，易于理解和使用，实施成本相对较低，有利于推广实施。关键绩效指标法的缺点有：关键绩效指标的选取需要透彻理解企业价值创造模式和战略目标，有效识别核心业务流程和关键价值驱动因素，指标体系设计不当将导致错误的价值导向或管理缺失。

第三节 战略性绩效管理工具

战略性绩效管理是建立科学规范的绩效管理体系，以战略为中心牵引企业各项经营活动，依据相关绩效管理制度，对每一个绩效管理循环周期进行检讨，对经营团队或责任人进行绩效评价，并根据评价结果对其进行价值分配的管理。

在21世纪的管理领域，战略是新的必然趋势。随着知识经济时代的到来，绩效管理体系的设计越来越注重战略导向，战略性绩效管理的发展逐渐走向成熟。战略性绩效管理承接组织的战略，是由绩效计划、绩效实施和辅导、绩效考核、绩效反馈和绩效考核结果的应用五个环节构成的一个封闭循环，通过以上五个环节的良性循环过程，管理者确保员工的工作活动和工作产出与组织的目标保持一致，不断改进员工和组织的绩效水平，促进组织战略目标的实现。这种新趋势使绩效管理走在员工发展的前面，超前于发展并引导发展，关注企业未来的绩效。绩效管理成了组织达成战略目的的一种手段或方式，必须与战略高度匹配并对战略形成有效支撑才具有实际意义。战略性绩效管理的主要方法有平衡计分卡和绩效棱柱模型等。

一、平衡计分卡

平衡计分卡，是指基于企业战略，从财务、顾客、内部业务流程、学习与成长四个维度，将战略目标逐层分解转化为具体的、相互平衡的绩效指标体系，并据此进行绩效管理的方法。平衡计分卡通常与战略地图等其他工具结合使用。平衡计分卡的基本结构如图11-3所示。

从图11-3可以看到，财务、顾客、内部业务流程和学习与成长四个方面紧密联系，确立了综合业绩考评制度的基本结构；但综合业绩考评制度既不是上述四个方面的简单综合，也不是一些财务指标和非财务指标的拼凑。不仅每个方面的考评指标和业绩动因充满了因果链（考评指标与业绩动因的因果链，以及考评指标相互之间和业绩动因相互之间的因果链），各方面之间也遍布层层的因果关联。例如，要实现财务方面的指标（如经济附加值），这个财务指标的动因是现有客户的重复、扩大销售以及现有客户忠诚的结果（顾客方面）。要做到保持客户，就需要按时、保质保量地向客户支付产品或提供服务，这就需要在经营过程中缩短生产周转时间并提高产品或服务质量（内部业务流程），而要缩短生产周转时间和提高质量，就要培训员工并提高他们的技术（学习与成长）。由此可以看出，当一个纵向指标穿过平衡记分卡四个方面时，一个因果关系链就建立起来了。

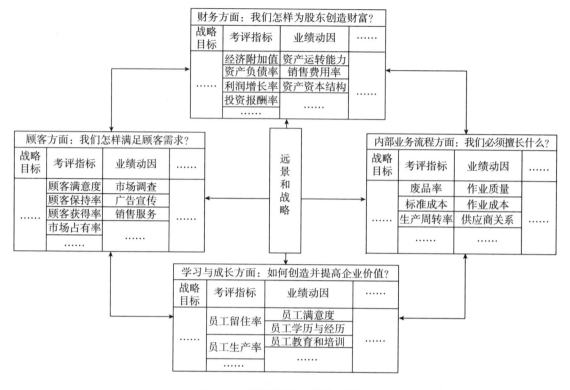

图 11-3 平衡计分卡的基本结构

平衡记分卡的每个方面都是由相互联系的项目组成的，通常应包括战略目标、考评指标、业绩动因、标准数据指标、具体措施、评分。

（1）战略目标，是指完成企业理念和战略的基本目标。

（2）考评指标，是指为确保目标实现，能够持续测定的反映战略目标业绩结果的指标。

（3）业绩动因，是指为实现考评指标，直接驱动业绩结果的因素。

（4）标准数据指标，是指为考评指标确定的标准数据，它可以是预算数、计划数、行业标准数等。

（5）具体措施，是指为使平衡记分卡能贯彻到各个部门（责任中心）、实现战略目标而制订的具体对策或行动计划。

（6）评分，是指业绩期间结束时，将平衡记分卡的日常记录与标准数据指标进行对比，依据事先确定的评分标准和权重给出评分，根据评分对各部门（责任中心）及企业整体进行评价，并与薪酬计划等激励机制相对接。

平衡计分卡的主要优点有：一是战略目标逐层分解并转化为被评价对象的绩效指标和行动方案，使整个组织行动协调一致；二是从财务、顾客、内部业务流程、学习与成长四个维度确定绩效指标，使绩效评价更为全面完整；三是将学习与成长作为一个维度，注重员工的发展要求和组织资本、信息资本等无形资产的开发利用，有利于增强企业可持续发展的动力。

平衡计分卡的主要缺点有：一是专业技术要求高，工作量比较大，操作难度也较大，需要持续地沟通和反馈，实施比较复杂，实施成本高；二是各指标权重在不同层级及各层级不同指标之间的分配比较困难,且部分非财务指标的量化工作难以落实;三是系统性强、涉及面广,需要专业人员的指导、企业全员的参与和长期持续的修正与完善,对信息系统、管理能力有较高的要求。

二、绩效棱柱模型

绩效棱柱模型,是指从企业利益相关者角度出发,以利益相关者满意为出发点,以利益相关者贡献为落脚点,以企业战略、业务流程、组织能力为手段,用棱柱的五个构面构建三维绩效评价体系,并据此进行绩效管理的方法。

1. 绩效棱柱模型的五个方面

绩效棱柱模型(Performance Prism)是由克兰菲尔德学院教授与安达信咨询公司于2000年联合开发的三维绩效框架模型。用棱柱的五个方面分别代表存在内在因果关系的五个关键要素:利益相关者的满意、利益相关者的贡献、组织战略、业务流程和组织能力,如图11-4所示。

图11-4 绩效棱柱模型

第一个方面:利益相关者的满意。股东固然重要,但企业的可持续发展离不开顾客、供应商、员工、政府、债权人等多个利益相关者的共同作用。这些利益相关者向企业投入了其所拥有的资本,企业只有满足了他们的需求,才能获得利益相关者的持续支持,企业才能获得可持续竞争优势,并持续发展。因此,企业绩效考核的首要任务是了解利益相关者及其需求。

第二个方面:利益相关者的贡献。这与"利益相关者的满意"正好相反。企业及其利益相关者必须意识到他们的关系是互惠的,对于每一个利益相关者来说都存在着等价交换,企业想从利益相关者那里获得所需,利益相关者也想从企业那里获得所需。利益相关者不能被忽略的一个重要问题是企业将试图满足他们的需求,但是还会期待利益相关者履行在企业中的相关角色。这就使得企业和利益相关者之间存在着微妙的动态关系。

第三个方面:组织战略。在了解企业利益相关者的需求之后,企业要考虑实施何种战略来寻求满足利益相关者和实现企业自身发展之间的平衡。对一个企业而言,企业的战略可以分为总体战略、业务单元战略、品牌战略、产品和服务战略、经营战略、财务战略。

第四个方面:业务流程。企业在制定了战略之后,要通过业务流程来实现其战略。有效的业务流程和系统可以帮助企业实现其潜力。有效的系统和业务流程是企业成功运作的重要部分,也是企业实现目标的机制。业务流程具体包括生产运作流程、资源整合流程、财务流程等。

第五个方面：组织能力。为了实现流程必须培育相应的能力，企业实现流程应该具有的能力主要有：拥有特定技能的员工能力、运营管理能力、程序和政策设计与运用能力、基础设施和技术创新能力、财务管理能力、营销能力、服务能力、价值链管理能力等。

2. 绩效棱柱模型的应用程序

在应用绩效棱柱模型工具时，一般按照明确主要利益相关者、绘制利益相关者地图、优化战略和业务流程以及提升能力、制订以绩效棱柱模型为核心的绩效计划等程序进行。

（1）明确主要利益相关者。企业应结合自身的经营环境、行业特点、发展阶段、商业模式、业务特点等因素界定利益相关者范围，进一步运用态势分析法、德尔菲法等方法确定绩效棱柱模型的主要利益相关者。

（2）绘制利益相关者地图。企业应根据确定的主要利益相关者，绘制基于绩效棱柱模型的利益相关者地图。利益相关者地图是以利益相关者满意为出发点，按照企业战略、业务流程、组织能力依次展开，并以利益相关者贡献为落脚点的平面展开图。利益相关者地图可将绩效棱柱模型五个构面以图示形式直观、明确、清晰地呈现出来。

（3）优化战略和业务流程以及提升能力。绘制利益相关者地图后，企业应及时查找现有的战略、业务流程和组织能力在满足主要利益相关者满意方面存在的不足和差距，进一步优化战略和业务流程，提升组织能力，制定行动方案并有效地实施。

（4）制订以绩效棱柱模型为核心的绩效计划。绘制利益相关者地图后，企业还应以绩效棱柱模型为核心编制绩效计划。绩效计划是企业开展绩效评价工作的行动方案，包括构建指标体系、分配指标权重、确定绩效目标值、选择计分方法和评价周期、签订绩效责任书等一系列管理活动。

3. 绩效棱柱模型指标体系内容

（1）利益相关者满意评价指标。与投资者（包括股东和债权人，下同）相关的指标有总资产报酬率、净资产收益率、派息率、资产负债率、流动比率等；与员工相关的指标有员工满意度、工资收入增长率、人均工资等；与客户相关的指标有客户满意度、客户投诉率等；与供应商相关的指标有逾期付款次数等；与监管机构相关的指标有社会贡献率、资本保值增值率等。

（2）企业战略评价指标。与投资者相关的指标有可持续增长率、资本结构、研发投入比率等；与员工相关的指标有员工职业规划、员工福利计划等；与客户相关的指标有品牌意识、客户增长率等；与供应商相关的指标有供应商关系质量等；与监管机构相关的指标有政策法规认知度、企业的环保意识等。

（3）业务流程评价指标。与投资者相关的指标有标准化流程比率、内部控制有效性等；与员工相关的指标有员工培训有效性、培训费用支出率等；与客户相关的指标有产品合格率、准时交货率等；与供应商相关的指标有采购合同履约率、供应商的稳定性等；与监管机构相关的指标有环保投入率、罚款与销售比率等。

（4）组织能力评价指标。与投资者相关的指标有总资产周转率、管理水平评分等；与员工相关的指标有员工专业技术水平、人力资源管理水平等；与客户相关的指标有售后服务水平、市场管理水平等；与供应商相关的指标有采购折扣率水平、供应链管理水平等；与监管机构相关的指标有节能减排达标率等。

（5）利益相关者贡献评价指标。与投资者相关的指标有融资成本率等；与员工相关的指标有员工生产率、员工保持率等；与客户相关的指标有客户忠诚度、客户毛利水平等；与供应商相关的指标有供应商产品质量水平、按时交货率等；与监管机构相关的指标有当地政府支持度、税收优惠程度等。

企业分配绩效棱柱模型指标权重，应以主要利益相关者价值为导向，反映所属各单位或部门、岗位对主要利益相关者价值贡献或支持的程度，以及各指标之间的重要性水平。首先根据重要性水平分别对主要利益相关者分配权重，权重之和为100%；然后对不同主要利益相关者五个构面分别设置权重，权重之和为100%；单项指标权重一般设定在5%～30%，对特别重要的指标可适当提高权重。

企业设定绩效棱柱模型的绩效目标值，应根据利益相关者地图的因果关系，以利益相关者满意指标目标值为出发点，逐步分解得到企业战略、业务流程、组织能力的各项指标目标值，最终实现利益相关者贡献的目标值。各目标值应符合企业实际，具有可实现性和挑战性，使被评价对象经过努力可以达到。

绩效棱柱模型绩效目标值确定后，当自然灾害等不可抗力因素对绩效完成结果产生重大影响时，企业应规定对目标值进行调整的办法和程序。一般情况下，由被评价对象或评价主体测算确定影响额度，向相应的绩效管理工作机构提出调整申请，报薪酬与考核委员会或类似机构审批。

【例11-4】甲公司是一家服装生产企业，公司的利益相关者应该包括以下几个方面：投资者、顾客、供应商、定规者、集团及社区。对于每一个利益相关者，按照绩效棱柱模型，分别从利益相关者的满意、利益相关者的贡献、组织战略、业务流程、组织能力五个方面进行评价。运用绩效棱柱模型对甲公司进行绩效综合评价的模型设计如下。

①采用平均法确定指标权重，假设各利益相关者同等重要，各占20%；各利益相关者内部绩效棱柱的五个方面同等重要，各占20%。

②对指标中的定量数据进行无纲量化处理，数据区间定在1～5，计算公式为：

$$X_j = \frac{X_i - X_{\min}}{X_{\max} - X_{\min}} \times 4 + 1$$

其中，X_i表示每一项指标中的定量值，$X_{\max}$表示近五年中该项指标的最大值，$X_{\min}$表示近五年中该项指标的最小值，X_j表示该定量值无量纲化之后的值。

③对每一利益相关者分别进行评分，计算公式为：$Y_j = \sum X_j P_j$

其中，X_j表示各利益相关者每项指标的值，P_j表示该值所占的权重。

④综合评分，计算公式为：$F = \sum Y_k P_k$

其中，k表示各利益相关者，P_k表示各利益相关者所占的权重。

下面以甲公司利益相关者中的顾客一项为例，对其进行绩效评价。与顾客相关的测量，应从绩效棱柱的五个方面进行，如表11-9所示。

表11-9 顾客的满意、贡献、战略、流程、能力的测量

五个方面	指标	定量分析		定性分析（五分制）	
		2018年	2019年	2018年	2019年
与顾客相关的满意测量	产品质量的可靠性	10年	10年		
	服务态度和能力			4分	4.3分
	产品保证权利水平			5分	5分
	次品返还水平比率	0.01	0.008		
与顾客相关的贡献测量	顾客忠诚度	0.8	0.9		
	顾客改进建议的执行水平			3分	3.2分
	顾客预测需求的准确性	0.6	0.6		
	顾客信用风险水平			4分	4.2分
与顾客相关的战略测量	顾客数量	28万人	36万人		
	新产品的销售趋势水平			2分	4分
	市场占有率	0.13	0.17		
与顾客相关的流程测量	准时交付承诺比率	0.93	0.95		
	平均订单周期	10天	9天		
	广告促销反应程度			2分	3分
	对新产品的投资水平			2分	3分
与顾客相关的能力测量	需求与能力对比水平	1.2	1.1		
	顾客细分和概况			4分	4.2分
	品牌意识			2分	4分
	销售代表的收入	4万元/年	5万元/年	2分	3分

按照综合绩效评价的模型，将数据进行无量纲化处理，并对顾客进行评分，最终处理结果如表11-10所示。

表11-10 与顾客相关的综合测试

年度指标	2018年/分	2019年/分	权值/%
满意	3.531 401	3.656 763	20
贡献	3.424 538	3.954 423	20
战略	2.297 303	3.800 599	20
流程	1.998 316	2.790 813	20
能力	2.417 429	3.215 383	20
最终得分	2.733 797	3.483 596	

采用绩效棱柱模型对甲公司的顾客这一利益相关者进行绩效评价，相比 2018 年来说，2019 年顾客绩效稳中有升，发展势头良好。可以用同样的方法对甲公司的其他利益相关者进行绩效评价，并得出公司 2018 年和 2019 年各利益相关者最终的绩效得分。通过对比发现问题，找到存在的不足，然后对症下药，制定出更加切合公司实际的措施，从而进一步提高公司的整体效益和竞争力，实现公司更快、更好、全面长远的发展。

绩效棱柱模型适用于管理制度比较完善、业务流程比较规范、管理水平相对较高的大中型企业。绩效棱柱模型的应用对象可为企业和企业各级所属单位（部门）。绩效棱柱模型的主要优点有：坚持主要利益相关者价值取向，使主要利益相关者与企业紧密联系，有利于实现企业与主要利益相关者的共赢，为企业可持续发展创造良好的内外部环境。绩效棱柱模型的主要缺点有：涉及多个主要利益相关者，对每个主要利益相关者都要从五个构面建立指标体系，指标选取复杂，部分指标较难量化，对企业信息系统和管理水平有较高要求，实施难度大、门槛高。

本章要点

绩效管理，是指企业与所属单位（部门）、员工之间就绩效目标及如何实现绩效目标达成共识，并帮助和激励员工取得优异绩效，从而实现企业目标的管理过程。企业进行绩效管理，一般应遵循战略导向、客观公正、规范统一、科学有效的原则。企业应用绩效管理工具方法，一般按照制订绩效计划与激励计划、执行绩效计划与激励计划、实施绩效评价与激励、编制绩效评价与激励管理报告等程序进行。责任会计是传统绩效考评工具之一。根据企业内部责任单位权责范围以及业务活动特点，责任中心通常分为成本中心、利润中心和投资中心。系统性绩效管理工具包括关键绩效指标法、平衡计分卡等方法。战略性绩效管理的主要方法有平衡计分卡和绩效棱柱模型等方法。

案例讨论

某企业从 2018 年年初起，把平衡计分卡作为公司的一项考核制度，开始在这家 2 000 人规模、年产值数亿元的企业内实施，张小姐作为绩效经理直接负责平衡计分卡的推广事宜。然而，将近一年的时间过去了，平衡计分卡的推行并没有顺利实施，反而在公司内部有不少抱怨和怀疑。甚至有人说："原来的考核办法就像是一根绳子拴着我们，现在想用四根绳子，还不就是拴得再紧点，为少发奖金找借口？""其实，我们发现有些公司遇到的情况和我们现在差不多。因此，我不知道这到底是我们的问题，还是因为平衡计分卡真的不适合中国企业。"张小姐说起这些，显得颇有些无奈。

要求：分析如何在企业应用平衡计分卡工具。

练习题

一、单项选择题

1. 既对成本、收入和利润负责,又对资金及其利用效益负责的责任中心是(　　)。
   A. 成本中心　　　　　　　　　　B. 利润中心
   C. 投资中心　　　　　　　　　　D. 信息中心

2. 成本中心的成本是指(　　)。
   A. 产品成本　　　　　　　　　　B. 责任成本
   C. 目标成本　　　　　　　　　　D. 期间成本

3. 某投资中心的资产周转率为0.3,销售利润率为48%,则投资中心的投资报酬率为(　　)。
   A. 42%　　　　　　　　　　　　B. 22.5%
   C. 14.4%　　　　　　　　　　　D. 6%

4. 下列属于平衡记分卡财务方面考评指标的是(　　)。
   A. 增值能力　　　　　　　　　　B. 市场占有率
   C. 时间指标　　　　　　　　　　D. 员工生产率

5. 下列属于平衡记分卡顾客方面考评指标的是(　　)。
   A. 质量指标　　　　　　　　　　B. 市场占有率
   C. 成长速度　　　　　　　　　　D. 员工生产率

6. 在绩效管理基本程序中,首要环节是(　　)。
   A. 绩效计划　　　　　　　　　　B. 绩效评价
   C. 绩效报告　　　　　　　　　　D. 绩效指标

7. 某企业市场销售部绩效考核中,"年销售额在30万~40万元"等概念属于(　　)。
   A. 绩效目标　　　　　　　　　　B. 绩效指标
   C. 绩效标准　　　　　　　　　　D. 以上都不正确

8. 绩效评价的基础和依据是(　　)。
   A. 关键绩效指标输入　　　　　　B. 关键绩效指标输出
   C. 关键绩效指标评价　　　　　　D. 关键绩效指标报告

9. 建立明确的、切实可行的(　　),是做好绩效管理的关键。
   A. 战略绩效指标标准　　　　　　B. 战略绩效指标体系
   C. 关键绩效指标标准　　　　　　D. 关键绩效指标体系

10. 绩效棱柱模型指标体系中资产负债率、流动比率指标属于(　　)。
    A. 利益相关者满意评价指标　　　B. 企业战略评价指标
    C. 业务流程评价指标　　　　　　D. 组织能力评价指标

二、多项选择题

1. 绩效管理的核心是(　　)。

A. 绩效考评 B. 激励管理
C. 绩效评价 D. 业绩考评

2. 责任中心通常分为（　　）。

A. 销售中心 B. 成本中心
C. 利润中心 D. 投资中心

3. 为了计算责任成本，必须把成本划分为（　　）。

A. 可控成本 B. 不可控成本
C. 可避免成本 D. 不可避免成本

4. 平衡记分卡的基本内容包括（　　）。

A. 财务方面 B. 顾客方面
C. 内部业务流程方面 D. 学习与成长方面

5. 下列属于平衡记分卡业务流程方面考评指标的有（　　）。

A. 质量指标 B. 成本指标
C. 时间指标 D. 新产品研究开发损益平衡时间

6. 下列属于平衡记分卡学习与成长方面考评指标的有（　　）。

A. 增值能力 B. 市场占有率
C. 员工留住率 D. 员工生产率

7. 责任会计的环节包括（　　）。

A. 建立责任中心 B. 完善跟踪核算系统
C. 编制责任报告 D. 评价与反馈

8. 基于关键绩效指标的绩效考核体系与一般绩效评估体系的区别在于（　　）等方面。

A. 假设前提 B. 考核目的
C. 指标产生 D. 指标构成

9. 企业在制定了战略之后，要通过业务流程来实现其战略，具体业务流程有（　　）。

A. 实施战略流程 B. 生产运作流程
C. 资源整合流程 D. 财务流程

10. 绩效棱柱模型包括（　　）和组织能力关键要素。

A. 利益相关者的满意 B. 利益相关者的贡献
C. 组织战略 D. 业务流程

三、判断题

（　　）1. 投资中心在责任中心中处于最低层次。

（　　）2. 平衡记分卡是一项综合业绩考评制度。它考评财务指标，也考评非财务指标。

（　　）3. 平衡记分卡每个方面业绩考评指标的数量不是固定不变的。

（　　）4. 平衡记分卡不是简单的业绩评价工具，而是一个综合的业绩考评制度。

（　　）5. 关键绩效指标法应该单独使用，不能与其他绩效管理方法结合使用。

（　　）6. 企业应根据确定的主要利益相关者，绘制基于绩效棱柱模型的利益相关者地图。

（　　）7. 企业分配绩效棱柱模型指标权重，根据重要性水平分别对主要利益相关者分配权重，权重之和为50%。

（　　）8. 绩效评价报告通常由报告正文和管理建议构成。

（　　）9. 战略性绩效管理中绩效计划、绩效实施和辅导、绩效考核、绩效反馈和绩效考核结果的应用五个环节是开放的。

（　　）10. 绩效棱柱模型适用于管理水平相对较高的大中型企业。

四、业务题

1. 假定某分部的经营资产为 400 000 元，经营净利润（息税前利润）为 120 000 元。

要求：

（1）计算该分部的投资报酬率。

（2）如果最低利润率按 14% 计算，其剩余利润是多少？

（3）如果采用投资报酬率来衡量其工作成果，预计对管理部门的行动有什么影响？

（4）如果采用剩余利润来衡量其工作成果，预计对管理部门的行动有什么影响？

2. 某企业下设甲投资中心和乙投资中心，要求的投资报酬率为 10%。两家投资中心均有一项投资方案可供选择。预计产生的影响如表 11-11 所示。

表 11-11　追加投资对甲、乙投资中心预计产生的影响

项目	甲投资中心		乙投资中心	
	追加投资前	追加投资后	追加投资前	追加投资后
总资产/万元	50	100.0	100.0	150.0
息税前利润/万元	4	8.6	15	20.5
投资报酬率/%	8		15	
剩余利润/万元	-1		5	

要求：

（1）计算并填列表中的空项。

（2）运用剩余收益指标分别就两投资中心是否应追加投资进行决策。

3. 某公司是中小型的技术型企业，主要分为五大部门：财务部、工程部、服务部、进出口部、设备及备件部。在确立公司整体的关键绩效指标时，为了更加清晰明了地突出指标，选择用鱼骨图进行分析，根据公司战略分解得到的四个关键领域指标：内部的管理、客户满意度、利润的增长以及文化的建设，进一步地对这四个维度进行细化。

要求：

（1）编制包括四个关键领域指标的鱼骨图。

（2）设计各部门关键绩效指标图。

4. 某公司是国内知名的房地产公司，在应用平衡计分卡的过程中，用文字明确总结了公司的宗旨远景价值观，形成了滚动的中期战略制定与检讨系统，开展每年一度的集团战略全国宣讲活动，发展并完善了公司的评价指标库并用来考核所有一线公司。

要求：选择一家房地产公司，从财务、顾客、内部业务流程和学习与成长构建平衡计分卡基本结构模型。

5. 高校绩效指标体系的构建需要全面反映利益相关者的满意与贡献，因此高校的绩效评价体系是一个全面、系统的工作，其中不仅包括所有主要利益相关者的指标设计，还需要考虑过程指标与结果指标、定性指标与定量指标等。

要求：基于绩效棱柱模型框架对高等院校绩效评价体系进行设计。

参 考 文 献

[1] 崔国萍. 成本管理会计 [M]. 北京：机械工业出版社，2017.

[2] 孙茂竹，王艳茹，李朝晖. 成本管理会计 [M]. 大连：东北财经大学出版社，2017.

[3] 赵书和. 成本与管理会计 [M]. 北京：机械工业出版社，2019.

[4] 于富生，张敏. 成本会计学 [M]. 北京：中国人民大学出版社，2017.

[5] [美] 查尔斯·亨格瑞，[美] 斯里坎特·达塔尔马达夫. 成本与管理会计 [M]. 王立彦，刘应文，译. 北京：中国人民大学出版社，2017.

[6] 李守武. 管理会计工具与案例——成本管理 [M]. 北京：中国财政经济出版社，2018.

[7] 于富生，黎来芳，张敏. 成本会计学 [M]. 北京：中国人民大学出版社，2018.

[8] 朱琦. 基于支持向量机的最终预警动态评价模型 [J]. 矿业科学技术大学学报，2016（12）：141-147.

[9] 南玮玮. 新形势下成本管理会计在物流企业中的应用——以作业成本法为例 [J]. 山东农业工程学院学报，2018（10）：51-52.

[10] 中华人民共和国财政部. 管理会计应用指引 [M]. 上海：立信会计出版社，2018.